教育部人文社会科学研究青年基金项目《社会管理创新视野中的金融犯罪防控：基于法律政策学的分析》（12YJC820054）研究成果

Shehui Guanli Chuangxin Shiye xia de
Jinrong Fanzui Fangkong Yanjiu

社会管理创新视野下的金融犯罪防控研究

李 娜 著

ZHEJIANG UNIVERSITY PRESS
浙江大学出版社

目　录

第一章　金融犯罪社会治理的缘起

改革开放以来,我国的政治、经济、社会环境稳定,金融体系整体有序运行,金融产品日益丰富,金融法治日益完善,金融监管不断完善,一些金融违法犯罪现象得到了有力的打击。金融行业步入良性发展的轨道,服务经济、社会的功能日益强化。在维护金融稳定、控制金融风险的过程中,各方面的积极因素被调动起来,形成了有效的金融安全防护网。要继续保持这种有利的金融环境,应对经济社会带来的风险,消减国际金融体系波动带来的不利影响,需要更大规模、更深层次地发挥法律、监管以及其他金融稳定治理方式,保证在某些机制失灵时能够有其他机制及时弥补。因此,需要创新金融风险应对处置体系,探索更广泛的治理之道。

第一节　金融发展与金融风险

一、市场经济与发达的金融

金融活动在前市场经济时代已经存在并发挥经济效用。在市场经济环境下,金融成为最要害的行业之一。著名经济学家熊彼特在 20 世纪初叶就指出,银行体系所能提供的金融服务特别是评估投资机会并给予融资的功能可以促进创新与经济成长[①]。麦金农指出,金融发展可让资本市场强化某

---

① 刘志铭、郭惠武:《创新、创造性破坏与内生经济变迁——熊彼特主义经济理论的发展》,《财经研究》2008 年第 2 期。

种定价功能。对于存款人而言,可以通过银行存款获得合理的利息报酬,可以根据利率报酬的高低来调整其储蓄意愿。从长期正向看,会诱使存款增加,为经济成长提供资本,对经济成长发挥积极的影响①。管制理论也认为,健全的金融中介活动可减少交易成本及信息不对称的问题,适当的金融活动机制可提高资金的配置效率,降低流动性风险,提升资源分配效率,加速技术创新与长期经济成长②。具体到金融系统中的各个部门,银行体系可以解决流动性不足的问题,减少投资风险,加快资本累积速度。股票市场体系可以为产业提供长期稳定、低成本的资金,有助于企业实现投资计划,刺激经济成长。当前,金融日益全球化、自由化。为了壮大本国金融实力,吸引全球资本,增强本国对外来投资的吸引力,不少国家减少了金融发展的法律限制,鼓励金融机构灵活经营。有些国家和地区还对金融实施特殊支持政策,形成了离岸金融市场和离岸金融中心,如伦敦、巴黎、法兰克福、苏黎世等城市及卢森堡、新加坡、巴拿马、巴哈马、开曼群岛等国家。这些市场和中心完全国际化,开设金融机构高度便利,对金融活动税收给予优惠,在资本流动、外汇、公司注册、会计等方面的法令管制上非常宽松,得到了一些风险经营机构和金融控股公司的青睐③。

　　无论是哪一类金融体系,都必须考虑金融监管的制度设计和实施问题。从全球范围来看,金融监管基本按照内部监管加外部监管的模式来构建。一方面,通过金融机构内部设置的风险控制系统、信用评级系统、内部稽核系统、案件调查系统、股东会、监事会、独立董事等进行风险防控;政府对金融机构的风险机构组建会提出一些指导意见或规则指引④。另一方面,政府主导或支持着金融监管窗口,政府的金融主管机构、相对独立于政府但与政府关系紧密的中央银行、证券监管委员会,以及类似美联储的机构有权颁布

---

①　石倩:《麦金农和肖的金融深化理论评述》,《知识经济》2011 年第 19 期。
②　刘素英:《关于政府管制理论和实践的新思考》,《理论与现代化》2010 年第 4 期。
③　罗国强:《离岸金融内控机制与监管措施研究》,《武汉理工大学学报(社会科学版)》2010 年第 2 期。
④　江春、许立成:《金融监管与金融发展:理论框架与实证检验》,《金融研究》2005 年第 4 期。

金融法令、处罚甚至关闭金融机构,对金融机构从业人员也可以进行资格审查。同时,市场经济体系下还通过会计机构、审计机构、信用评级机构、金融行业协会、金融工会等非官方机构对金融机构实施评估、调查,提示金融机构注意金融风险。

在金融监管基础上,各国正在努力建设金融安全体系。金融安全体系是对应金融安全各个环节的制度、规则、安排、管理和组织,它意味着金融安全事务应当是整体性的、相互关联的,它强调以一定的组织形式为基础,金融安全体系内的构成主体运行相互联系、相互关切。金融安全体系的形成既有自发性,也有人为设计成分,既有依赖法律运行的机制,也有依赖行政力量、经济力量、社会力量运行的部分①。金融安全体系也是不断成长的、不断演化的系统。在全球范围内,各国的金融安全体系实现了部分的合作,但要实现完全对接难度相当大,尤其是在汇率、资本流动、金融机构发展等与各国经济实力紧密相关的事务方面。

二、金融风险的危害性

金融活动既能创造财富,也会制造风险,吞噬财富。尽管市场经济发展日趋成熟,但是系统性、破坏性强的金融危机仍时有发生。美国在 2008 年金融危机中倒下了雷曼兄弟、贝尔斯通等投资银行,房地美、房利美等金融中介机构,AIG 等保险公司,欧洲则有富通银行等老牌金融机构关闭。

金融危机的产生不是一天两天的事情,而是金融风险长期积累所致。金融风险以及比风险更恶劣的金融犯罪、金融危机,不但会使不特定的存款人和投资人产生损失,还会损害国家的信用体系和金融资本体系,使得纳税人承担损失。如果进一步计算因应对金融风险而进行的财政、货币政策调整带来的经济损失,那金融风险对于社会财富的侵蚀更是无法估量。比如2001 年美国安然能源公司因会计丑闻倒闭,公司的破产不仅使几千名员工失去工作,而且使退休保障投资计划损失惨重。据估计,作为全美排名前十位的上市公司,安然公司的破产使美国半数投资于股市的家庭受到波及。

---

① 李娜:《金融安全的刑法保护》,武汉大学出版社 2009 年版。

我们再把目光转向银行体系,当银行出现倒闭危险时,政府会竭力救助避免其倒闭,政府所掏的巨额救助资金来自于公共预算和社会财富。在 2007 年因次贷危机引发的全球金融风暴中,各国财政部和中央银行可以说是"挥金如土",8 月初欧洲中央银行向相关银行提供 948 亿欧元的资金。8 月中旬欧洲中央银行再向欧元区银行系统注资 610 亿欧元。美联储下属的纽约联邦储备银行向银行系统注入 240 亿美元资金。日本中央银行向日本货币市场注入 1 万亿日元的资金以缓解流动性不足问题,并稳定信贷市场[①]。如果银行破产,中央存款保险机构会给存款人适当的补助,存款保险机构所支付的资金中一部分是由商业银行缴纳,还有一部分是财政拨入资金。因此,克服金融风险实际上是全民买单。

金融风险进一步诱发金融犯罪。传统上认为金融犯罪是一种职业化的犯罪以及白领犯罪,而现在金融犯罪已经走出了职业犯罪的圈子,犯罪牵涉面更广泛。从主体上看,金融犯罪是金融机构内部人员、外部人员单独或共同针对金融资产、金融交易资格、金融工具等实施的破坏金融管理秩序的行为总称[②]。根据金融犯罪的发生部位以及内部人员的岗位,金融犯罪可以细分为银行犯罪、证券犯罪、期货犯罪、保险犯罪、货币犯罪等。从犯罪手法上来看,传统的金融犯罪多采取侵占、欺诈、伪造等方法,如侵占贷款、伪造金融凭证、诈骗保险金等。新近出现的侵入金融机构网络、进行证券内幕交易、洗钱等也是金融犯罪的实施手段。美国财政部国税局出版的 *Financial Investigation：A Financial Approach to Detecting and Resolving Crimes* 中列举了金融犯罪的手法,包括欺诈、偷税、受贿、侵占、窃取财物、伪造或变造货币、仿冒、利用职务或工作上便利勒索财物、收受回扣、敲诈、洗钱[③],比我们平素理解的金融犯罪范围要广一些。

---

① 余永定:《美国次贷危机:背景、原因与发展》,《当代亚太》2008 年第 5 期。

② 李娜、赵辉:《防控金融犯罪的刑事政策研究》,《北京工业大学学报(社会科学版)》2011 年第 2 期。

③ 张莉萍:《美国的金融犯罪及其对策》,《上海公安高等专科学校学报》2001 年第 6 期。

第二节　防控金融犯罪的路径选择

金融风险防控是全球范围内金融领域共同关注的主题,金融风险的防控是系统性工程,不能单靠一个或几个政府部门、司法机关,一家或几家金融机构来实施,必须有一定的协同性。

一、防范金融犯罪的法治路径

在金融风险防控和金融安全建设系统工程中,首当其冲的是法治建设。金融领域的日益复杂化、金融主体的日益多元化、国际国内金融市场的日益一体化使得金融领域的治理必须具有统一、完备的法律体系[①]。过去,对于国有金融机构占据绝对优势的金融体系,我国政府可以以国有资本出资人和人事任免权等影响力作为后盾直接进行金融决策,指令金融机构和其他金融主体执行政府的意旨。但随着金融机构资本结构、法人治理机构的变化,政府不再是金融机构的唯一出资人,不能直接向金融机构下达指令。在这种情况下,通过法律制度来约束金融机构成为必然的选择。金融法治的建设涵盖了金融法、公司法、产业法、财税法、刑事法、国际法等多个方面[②]。由于立法的慎重性和严格性,目前在金融领域中有一些方面还没有完成立法建设,暂时通过单行性、试行性法规、规章和政府规范性文件作为处理依据。由于金融法律适用上的被动性,一些隐藏较深的金融违法行为不容易被发现,法律对它们的纠正效果不显著。如在证券法律非常严格的美国,近些年照样出现了安然公司虚假陈述案件,在日本,也出现了东芝株式会社多年篡改公司利润欺骗投资者的事件。在金融风险治理过程中,法律执行和救济的成本也是必须考虑的,比如金融机构的破产除了造成股东的损失外,金融机构所开展的资产负债业务所影响的投资者损失则更为巨大,还会连

---

① 朱大旗、危浪平:《关于金融司法监管的整体思考——以司法推进金融法治为视角》,《甘肃社会科学》2012 年第 5 期。

② 胡启忠:《金融犯罪立法研究(一)——论金融犯罪的设立》,《西南民族学院学报(哲学社会科学版)》2001 年第 1 期。

带影响对金融活动依赖程度高的各种产业。

人们希望在市场经济环境下法治能成为可信赖的正式解决机制,可以带来统一的标准、统一的秩序,以替代道德责任、社会善良风俗等不稳定机制。当前,道德无用论有一定的市场。有人为此举出一个例子,比如在传销者群体中,欺骗自己亲属者比比皆是。的确,由于市场经济的创富机制、知识资源等快速的变化,很大一部分人无法跟上市场经济的步伐,丧失了竞争力,原先具有一定约束力的主观化的伦理、道德受到冲击后或产生崩塌,如职业上义务的遵守被抛之脑后。但不能仅凭这一点而完全否定道德、规则、信仰等层面。在改革过程中原有的规矩受到冲击、文化被轻视是难免的,在建立法治的同时,重建规矩和文化是不可或缺的。如果把法治比喻成"看得见的手",道德、规矩等软约束就是"看不见的手",两者各有其存在的必然性①。

二、防范金融犯罪的政府管制路径

政府是金融行为防范资源的最大供给者。政府管制涉及经济、社会生活的方方面面,对于金融体系,政府一直是开展严格管制的,如货币发行、金融机构设置、金融产品种类及价格(利率)、金融机构的信息披露、金融机构高级管理人员的任职资格等事项。我国政府对金融体系的监管不仅仅是业务监管,长期以来金融机构绝大多数是国有企业,因此还要接受政府的组织、人事监管。近年来,我国的金融监管得到了大幅度的加强,以中国人民银行、中国证监会、中国保监会、中国银监会为首脑的一行三会金融监管体系基本建成。在此基础上,党中央还建立了金融党工委,各级政府内还设置有金融办公室,进行统筹协调。对于政府金融监管在金融风险中的作用,有着不同的评价。不可否认的是,我国的政府金融监管充分发挥了我国的政治优势、组织优势、干部优势,加上监管本身的专业优势和资源优势,体现出较强的执行力,在化解金融风险方面的成效非常突出②。如20世纪末,我国

---

① 王淑芹、刘畅:《德治与法治:何种关系》,《伦理学研究》2014年第5期。
② 张成福、毛飞:《论政府管制以及良好政府管制的原则》,《北京行政学院学报》2003年第3期。

针对信托投资公司经营管理混乱的局面,由政府出面果断关闭了广东省国际信托投资公司、中国科技信托投资公司等金融机构。在 21 世纪初,政府使出"重拳"治理证券市场,对一批证券公司进行了清理、关闭、托管,取得了一定的成效,保证了新生证券市场向正确的方向发展。

近几年来,政府在打击非法集资行为、规范民间金融活动等领域的监管成效是显而易见的。但政府监管同样有着较强的局限性。金融是高度市场化的领域,政府监管如果按照市场规则办的话,政府需要拿出大量的资金来干预市场,而不能仅仅凭借几道行政命令来让市场主体听命于政府,这意味着政府要向市场注入大额度的风险资金,会加重政府的财政负担。政府不是最了解金融市场的主体,政府管制行为的意图有时会被市场错误领会,有时则被少数操纵市场的金融势力所利用和歪曲①。比如政府对于股票市场调控的意见和行为可能被曲解成"政府要出面救市"、"政府希望股市降温"等谣言。这些都会使政府监管调解的效果越来越差。

三、防范金融犯罪的德治资源

在国家治理层面上,存在法治和德治的并行、分工和竞争。在不同历史时期,法治和德治对国家和社会控制所发挥的控制作用存在着差别,但其作用方向是一致的。尤其需要辩证看待的是德治。德治涉及用道德评价和价值引导来塑造规范人的行为和思维,作用对象是人,但不能简单地与人治画等号②。在解决社会矛盾和调节社会关系等方面,德治有持久作用的优势,比如在金融活动中发挥重要作用的信用传统、见票即付规则、签名规则,虽然这些已经成为法律规范要素,但从其出现到流行,到金融领域从业人员坚守执行,在背后起支撑作用的是金融伦理、金融信用观和金融行为准则。过去我们往往把德治局限在道德礼仪层面、人文榜样层面、社会风评层面、乡规民约层面、宗族家法层面、前辈教化层面③。在商业和金融活动中,同样存

---

① 陈冬华、章铁生、李翔:《法律环境、政府管制与隐性契约》,《经济研究》2008 年第 3 期。
② 张千帆:《法治、德治与宪政》,《法商研究(中南政法学院学报)》2002 年第 2 期。
③ 孙莉:《德治及其传统之于中国法治进境》,《中国法学》2009 年第 1 期。

在着行业翘楚所立下的行为范例和教化,同样存在着行业风评和仪式传统,同样可以用社会的眼光去理解和建构。在金融行业内,违反规则、破坏共同价值观会受到同行的抵制,会出现不为其融通头寸、断绝金融往来等严重的后果①。现在金融行业风行的信用评价就是将行为、品德、能力等因素复合起来去看待一家金融机构和一个客户面对金融风险时的能力和态度,丧失信用或者信用评价下滑对于金融活动者而言就是一种硬约束。

随着时代发展,一些金融领域沿袭的规则、伦理外化为法律规范,但金融机构从业人员和其他金融主体熟悉和传承这些规则主要是依靠教化和示范,而不是靠法律来习得。一些法律规则发挥着备而不用的作用,即金融主体、金融市场只要能合理地配置好权利与义务,都遵循金融规则、金融信用去办事,法律就尽可能地减少处罚空间。遵守金融道德规则就是守法的表现,德治的规范性、普遍性和操作性在金融活动中都有具体的对应事项②。

在解决金融领域出现的一些混乱风潮和探索形成新的秩序的时候,德治也能发挥先行作用。当前,互联网金融方兴未艾。但是人们在互联网上的金融行为选择和实体金融有一定的区别,人们的信息披露意愿和行为的可反悔性有较大的差异。同时,金融服务提供者之间的不正当竞争发展到一种新的烈度。为了争抢客户,可以无限度地利用客户的信息甚至隐私,可以降低业务门槛和合理的盈利空间,可以诋毁竞争对手。互联网金融领域的立法已经起步,但在全世界范围内都还不成熟,互联网金融需要塑造正确的道德氛围,确立好新的行为规则,才能减少混乱无序,填补相关的法律欠缺。互联网金融的良善道德对防止金融欺诈、减少金融风险已经发挥出一定的作用。一些 P2P 网络信贷平台在运行过程中,从业人员凭借金融操守坚持对客户负责的想法,在经营遇到困难时没有草率关闭或破产,更没有卷款潜逃。在一些民间借贷案件中,借贷人在分析债务人的经营困难情况后发现债务人非常勤勉,但因为宏观经济环境和经营上的不成熟出现无法偿

① 狄小梅:《建立适应市场经济的金融道德规范》,《福建金融》1998 年第 5 期。
② 应飞虎、戴劲松:《法治与德治——基于伦理学、经济学和法学的比较分析》,《深圳大学学报(人文社会科学版)》2001 年第 3 期。

还债务的情况,对于未能还款债务人表现出较强道歉和诚意,对于扭转经营困境也有较为可行的方案,借贷人基于对于债务人守信的道德约束力的信任,采取放宽期限,减免利息,接受实物抵债、追加资金或物资支持等行动,既帮助债务人挺过了债务支付困难,也减少了金融风险的连锁反应①。这些积极机制的发挥体现出金融领域内部还是存在着一定的道德标准的,金融从业人员的道德信念没有灭失,还有相当一部分金融业者没有钻破产、逃债的法律空子。通过发挥德治的影响力,可以使无害化的金融行为增加,大大节约动用法律的成本,可以促进金融领域各种社会成员道德层次的维持和提升,使行业自律、道德教育成为法治的后盾,这样方能应付更加复杂、更加动荡的金融形势。

尽管德治的效用非常明显,但德治也不是天然而来的,需要有组织、有资源地进行培育、扶持,需要走上专业化的轨道,将自生自觉的德治转化为社会化的常态治理,将小范围的道德教化转化为大规模的行业净化②。

第三节　社会管理与金融犯罪防范

一、社会管理的缘起

三十多年来我国经济获得迅速发展,相比较而言,社会发展和社会建设处于滞后状态,国家对社会的单极控制在某些方面出现无力的趋势,但沿用已久的权力管控方式还是延续下来,自上而下压力反应型的管理思路和手段屡见不鲜。但是,社会不买政府的账,政府管得了国企、管得了国家工作人员,但对于民营经济、对于多元所有制人员鞭长莫及似乎成为一种定式。这种状况非常不利于政策和法律的实施,不利于社会和谐,不利于国家稳定,在经济社会多个领域带来一些摩擦。2006 年,党的十六届六中全会做出

---

① 杨延波、刘百利、安少锋:《金融道德浅析》,《民营科技》2010 年第 9 期。
② 张康之:《论社会治理模式中的德治及其制度安排》,《云南行政学院学报》2002 年第 5 期。

了《中共中央关于构建社会主义和谐社会若干重大问题的决定》,明确提出了加强和改进社会建设和社会管理的历史任务,社会管理问题引起了国内外的瞩目。社会管理指的是为促进社会系统协调运转,对社会系统的组成部分、社会生活的不同领域以及社会发展的各个环节进行组织、协调、指导、规范、监督和纠正社会失灵的过程。社会管理的任务和使命包括协调社会关系、规范社会行为、解决社会问题、化解社会矛盾、促进社会公正、应对社会风险、维持社会和谐等方面[1]。党和政府是领导和推进社会管理的核心力量,各种社会组织、社会成员、经济主体则是社会管理目标实现的主要行动者和受益者。社会管理与以前所强调的国家、社会一体化管理相比,有一些新的特点:

第一,社会管理使人们的视野从建构各种规则、规训延伸到实现某种过程。社会发展是动态的、相互关联的,制度和规则是对过往管理活动的确认和延伸,主要针对固定化、可控化的社会场景,而社会生活的方方面面是丰富的、变动的,必须以细致的方法和务实的介入,循序渐进地实现某种秩序。同时,这种社会改造过程不应当是运动式的、跃进式的,而应当是上下结合、由内而外的[2]。

第二,社会管理与政治管理、企业管理相比,不能完全强调服从和效率,而要更加追求调和。社会有其自生自发的规律,外部力量的介入既可能带来积极效应,也可能破坏社会的自稳定、自适应机制[3]。人们对解决社会问题能够形成共识,但对解决社会问题的方式和解决前景往往抱有不同的看法,通过管理艺术将各方面的积极因素汇集起来,将各种不同的意见统合起来,避免造成博弈和对立,以柔性的管理代理权力的管理,是社会管理探索的目标。

第三,社会管理的开放性和多元性使人耳目一新。社会差别的客观存

---

① 蒋传光:《法治思维:创新社会管理的基本思维模式》,《上海师范大学学报(哲学社会科学版)》2012 年第 6 期。

② 孙立平:《走向积极的社会管理》,《社会学研究》2011 年第 4 期。

③ 李友梅:《中国社会管理新格局下遭遇的问题——一种基于中观机制分析的视角》,《学术月刊》2012 年第 7 期。

在、社会发展的不均衡是社会生活的常态,社会中的各阶层都需要有其代言机制,有自我规划和发展空间。它们既需要在法律上享受相对合理的平等,又需要在社会生活中分享权利,分担责任。单纯由某一种力量主导社会建设,忽视其他利益诉求不符合多元社会的特征。在社会管理的语境下,不同的主体,尤其是所有制性质上存在差别的主体和社会权力方面存在强弱的主体应当能够共济共生,减少互相排斥,形成对话和协商的良好氛围,并通过利益交换和妥协,充分实现各个群体的利益和目标,从而推动社会整体发展,避免社会分裂。简而言之,社会需要增加共识,减少差别,社会主体能够沟通交流,相互影响,合作、监督、分享等活动超过彼此之间的竞争、对立状态[1]。

金融领域是社会涉及面广阔的行业,金融领域中蕴含着丰富的社会资源和社会问题。当前,我国社会已经从熟人社会逐渐走向变动型社会,人口、资源在高速地流动[2]。从金融业角度观察,金融业服务的人群中很多不再是固定化的人,而是流动化的人。大量的人口进入城市的同时,也把他们的固定财富资源和财富机会带到城市,使城市成为金融的主战场。近十年来,工商银行、农业银行、建设银行、中国银行等大型国有商业银行加快了经营网点调整的速度,其中共有的趋势是大量裁撤在农村地区和不发达地区的经营网点,有些分析认为这是由于上述银行进行了股份制改造和股票上市,为了提高单位网点的盈利能力、压缩行政开支而采取的措施。但这种举动的背后也表明了金融资源越来越多地向城市、向发达地区集聚的趋势。城市存在着较多的商业机会,但城市氛围下各种商业人际关系比传统的乡土社会更为松散,更为复杂。很多场合下人们必须同陌生人进行交往,要思考和评估风险,比如金融机构审核客户的信用卡申请和贷款要求时,已经无法依赖常住户口这类指标了。人际关系的原子化会让机会主义、道德风险步步抬头,因此在金融行业中开展社会管理已势在必行。

---

① 罗英:《基于共享权的共治型社会管理研究》,《法学论坛》2013 年第 1 期。
② 张明军、陈朋:《社会管理研究在中国:进路与焦点》,《学术界》2012 年第 1 期。

二、从社会管理转向社会治理的凝练提升

党的十八届三中全会《关于全面深化改革若干重大问题的决定》强调"创新社会治理体制",表明中央希望以社会治理提升和引领之前开展的社会管理理念和实践,将社会治理活动抬升到国家治理体系的一部分[①]。社会治理是在各级党委和政府的统一领导下,组织和依靠各部门、各单位的人民群众的力量,运用政治的、经济的、行政的、法律的、文化的、教育的手段,通过加强打击、防范、教育、管理、建设、改造等方面的工作,解决社会治安问题,实现从根本上预防和打击违法犯罪,维护治安秩序,保障社会稳定的社会系统工程。

在长期的社会建设过程中,我们也发现,在涉及人的价值观、道德观、行为认知等领域,外在力量干预的效果肯定比不上劝导和示范等软性措施。在这种现实背景下,党和政府提出,不但在社会建设领域,同时在各项改革领域,都有必要变管理为治理,在改革发展过程中发挥治理的软实力优势,将治理活动和经济建设、文化建设、法治建设、组织建设等方面衔接起来,保障改革发展事业的顺利推进[②]。在民商事活动领域,通过管理性的思维和措施来确保秩序,在公众认可度、投入与产出等方面并不具有突出的优势,时间长了更会带来经济活动依附和依赖行政权力的弊端[③]。进一步聚焦到金融领域,由于法律调控、金融规则调控、行政指令调控并不能涵盖金融活动的方方面面,金融领域涉及的主体和行为方式多种多样,金融和社会、金融和人的结合关系日益紧密,必须将社会化思维、社会化语言、社会化行为引入金融领域,解决金融风险,促进金融健康发展。

从属性上看,社会治理是社会学范畴,需要相应的专业理念、知识、方法作为支撑。社会治理用于解决金融问题、化解金融风险涉及社会学、法律、金融等多个学科的融合和提升。金融领域是众人之事,金融活动的社会化

---

① 范逢春:《创新社会治理要实现"五个转变"》,《光明日报》2014 年 7 月 20 日。

② 学习时报评论员:《社会治理需做到四个结合》,光明网 2015 年 10 月 10 日。

③ 江必新、李沫:《论社会治理创新》,《新疆师范大学学报(哲学社会科学版)》2014 年第 2 期。

倾向已经非常明显,尤其是互联网环境下,金融更是成为人与人之间的社会联系手段之一。与此同时,金融技术的发展又使得金融机构和金融客户之间不需要面对面就可以完成金融活动,金融主体之间的连接方式发生了转变。在大的社会经济变迁以及小的金融生态变迁双重作用的格局下,金融领域的社会治理怎么开展、针对哪些主体、采取哪种形式,需要进行新的规划和研究。作为社会治理开展的基础,需要考虑如何设置针对金融风险防范的社会治理组织机构,谋划其职能、职权、资源、流程,通过政策、法律、行业力量对其进行赋权增能;需要在法律和政策窗口为金融领域的社会治理提供政策和法律依据,进行政策和法律效果评估,提出法律与政策以外的补充治理方案;需要就社会治理方式的个性化与普遍化、社会治理过程的可控化和创新化、社会治理效果的度量化与信息化等问题形成较为可行的行动框架。

第四节　金融犯罪社会治理的类型划分

一、常态化治理与应急治理

金融风险的积累性和骤变性说明金融风险的治理既需要关键性的灭火器,也需要日常性的防洪堤。因此,金融风险的社会治理必须坚持常态治理与应急管理相结合。

在某些金融领域和金融活动处于常态化阶段时,人们尽管意识到可能会受到金融风险侵扰或者积累着一些风险隐患,但出于金融效率的考虑,以及考虑到强调金融风险可能造成的金融紧张氛围,金融从业人员和金融活动参与主体往往不愿意去探测金融风险的危险系数,去认真考虑长远金融风险和当前金融收益的取舍。因此,常态化的金融风险管控一直是一个难题。社会治理的理念和手段在日常的金融经营中往往会被置于一旁。事实上,金融外在环境中包含着较多的风险因素,如宏观经济的走势、国内外其他市场力量的冲击,这些因素是金融体系难以事前做出应对和防范的。过于保守的经营路线对于金融行业和金融机构来说是缺乏吸引力和竞争力的。但是，一旦外界环境变化导致金融风险骤然升级，或者从潜态变为显态，积极采取的金融风险管理措施与不采取金融风险管制措施相比，不同的效果就会显示出来。积极的风险管理措施包括经常进行金融风险要素测试、对抗演练，重要金融单位手中有较充足的支付头寸，有较完备的补充合同条款等①。除了这些金融技术手段之外，如果还能有较为常规性的金融风险治理手段的储备，金融机构和金融领域在遇到风险加剧升级时将会更加从容，有更大的调控和避险空间，比如，在金融业务开展之前和运行过程中有相应的金融信用变动报告系统，有相应的金融惯例、规则提醒、警示系统，有金融风险分析和咨询系统，有金融主体沟通系统，并将这些系统和金融业务管理系统有机地衔接起来，保证一个或几个子系统能够实时发挥作用，对小型的、个别化的金融风险实现快速的预警，对于金融主体进行提醒和必要的限制，对于违反规则的金融行为进行跟踪监测，提示采取法律介入或者通过其他渠道来解决问题。金融机构的风险管理主管可以保持与金融业务部门和金融客户的沟通，向金融业务人员和客户递送各种政策、管制信息，定期进行金融风险提示，通过随访、座谈等形式了解金融领域各方主体的动态，递送金融信息和信用规则，在金融行业出现风险苗头时能够及时提高预警级别，开展教育、恳谈，进行舆论管理和道德强化，稳定金融行为，与金融信用平台、金融信息平台等分享事件、行为信息，评估下一步应采取的缓解金融风险方案。

　　社会治理机制在应急管理中有较明显的优势。在常规性的金融活动中，法律规制、政府管制承担着基本性的保障职能②。但面对新型金融问题、突发金融风险时，原有的管理模块和管理方式可能会出现中断，危机爆发的概率会大幅增加，寄望正式化的法律和政府管制不一定有效，而源自于金融体系和金融主体的自我控制和自我修复机制在此时能够迅速地启动③，去识别和应对金融风险事件。原万国证券公司违规经营国债案件就是这方面的

---

①　曾康霖：《试析金融风险、金融危机与金融安全》，《金融发展研究》2008 年第 2 期。
②　李建军：《现代社会治理危机及其化解策略》，《河北学刊》2009 年第 1 期。
③　张康之：《论高度复杂性条件下的社会治理变革》，《国家行政学院学报》2014 年第 4 期。

典型例子。万国证券公司成立于 1988 年,是上海市当时第一家证券公司。万国证券公司初期快速发展,一度在国内证券发行承销业务上占领了 60% 市场份额,在证券市场经纪业务中占比近 40%。20 世纪 90 年代初期,股票市场低迷,万国证券公司开始进入国债期货市场。国债期货的主要交易品种是未到期的国债债券,证券公司手中实际没有国债债券,而是通过买空卖多的方式赚取国债市场价格和兑付价格之间的息差[①]。当时我国的国债期货市场本身就存在很多制度漏洞及伴生风险。首先是没有期货交易的相关法律依据。其次,国债期货交易保证金极低。当时上海证券交易所的国债期货保证金比例是 2.5%,缴纳 1 万元保证金,就可以做 40 万元的期货交易;深圳证券交易所的国债期货保证金标准是 1.5%;武汉证券交易中心的规定是保证金低到 1%,这意味着缴纳 100 万元保证金,就可以买卖 1 亿元的国债期货,而如果期货交易的日亏损达到 1% 以上,交易所会员的保证金就会全部亏空,出现爆仓。再次,没有对期货交易建立实时预警监控,在期货价格大幅波动时没有技术措施,证券交易所的电脑无法及时判断出交易的真实性,对交易大幅波动无法及时进行动态审查。第四,期货从业者中透支现象比较普遍,违规经营、操纵市场时有发生。在国债期货市场上,1992 年发行的 3 年期国债交易非常活跃,被称为国债"327"品种。该国债发行总量为 240 亿,1995 年 6 月到期兑付,利率是 9.5% 的票面利息,另外保值贴补率待定。由于同期人民银行的储蓄保值利率提高,因此市场上认为国债也应当享受保值贴补率。1995 年年初,期货市场上"327"国债的交易价格约为 148 元。1995 年 2 月 23 日,从财政部方面流出的消息称"327"国债到期后将按 148.50 元兑付本息。此时,期货市场上做多的力量居于主流,"327"国债的期货交易价格一度上扬到 151.98 元,而万国证券有限公司负责人管金生则认为国债交割价格不会这么高,决定采取做空手段。他指令万国证券公司开出 50 万口卖单(每单 20000 份国债),把"327"国债价格拉低至 150 元,然后继续开出卖单,使"327"国债市场报价降到 148 元,最后,管金生孤注一掷,以透支交易方式开出 730 万口价值 1.46 万亿元的巨大卖单,将"327"国

---

① 魏雅华:《"证券教父"管金生沉浮录》,《四川监察》2000 年第 2 期。

债价位拉低到 147.40 元。如果按照 147.40 元的收盘价格交割,万国证券公司将赚取 42 亿元的收益。而处于多头地位的其他交易商将爆仓,即账面亏损额大于交易商在证券交易所交存的保证金数额。当天夜里,上海证券交易所开展紧急调查,认定当日 16 时 22 分 13 秒之后的万国证券公司为首的多空双方的所有"327"国债品种的交易异常,应当作为无效交易不计入当日结算价、成交量和持仓量的范围,于是将当日国债成交额调减为 5400 亿元,将当日"327"国债品种的收盘价定为违规前最后签订的一笔交易价格151.30 元。根据估算,如果按照 151.30 元价格全部交割,万国证券公司必须从市场上买回巨量的高票面价国债平仓,将亏损 60 亿元,如果按照151.30 元价格和调整后的交易量计算,万国证券公司将亏损 16 亿元[1]。消息传出后第二天,万国证券公司就出现了挤兑现象。受到这一事件影响,中国证监会 1995 年 5 月 17 日发出通知,暂停全国范围内国债期货交易试点,关闭了国债期货市场。"327"国债炒作事件后,中国证监会、财政部才颁布了《国债期货交易管理暂行办法》,在此之前没有这一领域的立法[2]。

与万国证券事件类似,前一段时间还曾经出现的光大证券公司因为交易员错误操作而发生的巨额股票指数跃动事件(又被称为光大证券"乌龙指"事件)[3]。2013 年 8 月 16 日 11 点 05 分上证指数出现大幅上涨,证券交易所电脑系统显示,在一分钟内上证股票指数上涨了 5.62%,指数一度达到2198.85 点,引起市场哗然。直到 11 点 44 分,上海证券交易所发出紧急通告,当日上交所交易系统没有出现报价故障,上述股票指数上涨是某些交易行为所导致。当日下午 2 点,光大证券公司发出公告,说明当天由于光大证券公司的策略投资部门在开展自营业务时错误触发了交易指令,导致股票指数非正常上涨。主要故障原因是套利策略系统在 11 时 05 分 08 秒之后的2 秒内瞬间重复生成 26082 笔预期外的市价委托订单,并将这些巨量市价委

---

① 周燕明:《期市过度投机的原因及对策》,《浙江金融》1996 年第 4 期。

② 韩嫄:《对我国证券市场监管的思考》,《税务与经济(长春税务学院学报)》2000 年第1 期。

③ 唐广熙:《从风险管理角度看企业内部控制发展——以光大证券"乌龙指"事件为例》,《经营管理者》2015 年第 8 期。

托订单发送到交易所,光大证券公司此次交易失误涉及 150 只股票,其中有 59 只证券交易所权重股价格瞬间涨停,交易金额达 79 亿元。在出现这一怪象时,有一些投资者积极盯住光大证券所交易指令,也跟单买入股票。事后一些股票价格迅速回落,导致投资者被"套住"。这起异常交易事件虽然比较罕见,但从中还是可以吸取一些教训。调查发现,作为交易的始作俑者,光大证券策略投资团队在交易当日 11 点 02 分准备进行一宗涉及上证指数的 180ETF 套利交易下单,交易员发现有 24 个个股申报不成功,就想使用"重下"的新功能,并咨询了程序员是否可行,程序员查看后草率进行了下单,但由于下单系统功能设计模糊,系统将指令误读为买入 24 组 180ETF 成分股,而不是买入 24 个成分股,结果导致了订单剧增。在巨大买盘推动下,这些交易标的股票很快就出现涨停。事故发生后,为了挽回损失,光大证券公司没有声张自己交易出错,而是在当天下午通过提交 180ETF 卖出合约和卖空股指期货合约,企图平仓。光大证券公司隐瞒交易过程和交易目的使得事件性质更加模糊,投资者更难以得知事件真相。中国证监会、上海证监局对光大证券公司启动了调查和处罚,一些投资者也向法院提出了民事诉讼,要求光大证券公司赔偿他们的资金损失[1]。这起案件给我们的启示在于,如果单纯去考虑利用金融法律、行政监管来处置金融突发事件,难以阻止事件的恶化,金融风险的蔓延,只有通过加强金融机构的内部示警、风险风控机制才能做出迅速的反应[2]。并且,对于金融风险的性质、原因和可能的控制手段,金融主体是最清楚的,只有他们自身行动起来,利用贴近金融特点的风险管控手段才能奏效。比如光大证券公司错误触发股票交易安全的事件,如果光大证券公司在第一时间公开错误成交的内幕,劝解有关的投资者停止跟踪和交易,就不会将诸多投资者拖入到股票指数数值"游戏"当中。光大证券公司如果执行较为严格的交易员交易权限,采取复核手段,这种错误交易就可能不会发生。金融市场的高度专业化和抽象化,随时

---

① 张俊亮:《8·16 光大证券"乌龙指"事件法律问题浅析——以内幕交易对投资者民事侵权损害赔偿司法救济为视角》,《时代金融》2014 年第 15 期。
② 葛丰:《投资者"博傻"积习为何难改?》,《中国经济周刊》2013 年第 33 期。

可能发生突发事件,正式化的金融管制要与自我培育性的社会治理手段相结合,形成两手都硬的局面。

二、政府介入的治理和金融机构自身开展的治理

（一）政府介入的治理

金融的重要性不言而喻,金融服务惠及政府、企业、民众等各方面主体,金融安全更是关系到国家和民众的切身利益。因此,政府机构在金融风险治理中的作用应当进一步加强。但政府的作用应当演进为主持、指导,融合使用政府行政手段和社会治理手段,而不是凡事必管必纠。

政府是规则制定者和秩序维护者,其影响力是非常明显的,但是保持这些影响力的行政成本也非常巨大,并且政府开展的一对多监管难免只能监管到部分金融领域,只能监管到金融行为的表面或上层,难以深入里层。在金融风险个别化发生的情况下,政府可以集中行政资源去救助,如某一家金融机构出现兑付困难问题或违规经营问题,政府可以关闭它并主持清算,但当多处金融节点、多家金融主体接连出现问题,政府的力量也会非常有限。如 2012 年以来,温州等地区连续出现民营企业关厂倒闭、企业负责人跑路、民间金融借贷风险陡升的局面。温州市金融管理部门疲于应付,后来通过发动公安司法机关、行业协会、商会、金融业协会、企业、社区等多个主体的参与,采取应急措施和综合调控措施,才逐步稳定了金融局面。这表明金融风险治理中政府和其他各种力量都不可缺席。

采取社会治理措施对政府而言并不是全然陌生的话题,在我国金融体系建立和运行的初期,政府主办的金融机构就善于运用国家的影响力和民众的爱国心理、储蓄意识,千方百计组织和稳定存款。在个别金融机构工作人员出现违法犯罪时,政府机关、公安司法机关常常靠民众提供的线索开展调查、统计违法金融和资金流向,并通过金融投资者所在的单位、社区、亲友等一起做稳定工作,这种措施收到一定的效果。但近年来政府机关忙于在金融领域设定合法与违法犯罪的界限,向立法机关提出严密金融法网的建议,开展非法金融机构和非法金融业务的打击,对于金融风险处置过程中的

社会化手段运用反而减少了^①。这一方面由于我国在经济社会转型过程中，各种旧的社会结构被打破，人员、资金、物资的流动远非以往可比，加之于人和行为的行政管制出现了松动，政府机构即便是有意愿将这些人和事纳入社会化治理的范围，也会遇到鞭长莫及的问题。另一方面，经济发展和财富积累效应导致目前金融领域的体量非常庞大，一些金融力量堪称"富可敌国"，因金融而衍生出的个人利益、团体利益非常多元，政府所采取的老式的宣传、规诫等手段效果在减弱。这种倾向的蔓延，将使得政府可利用的经济和法律调控手段更加单一，政府和金融领域、金融从业人员之间的互动渠道更加狭窄，政府对非常态的金融活动的监控和反应速度下降，政府的金融决策更加僵化。在 2015 年年中进行的证券市场秩序整治和市场过热调控中，政府推出的一系列政策和政府官员发表的一些谈话，刚开始对证券市场没有产生明显的影响，政府随即拿出组合型的强制性行政清理措施，证券市场过热现象受到了遏制，股票价格和市场交易数量开始下行。但是单纯行政调控措施的局限非常明显，证券市场上很快出现了恐惧心理，一些投资者开始犹豫甚至冻结投资，一些投资者则无保留地退出了证券市场。过往的一些证券投资渠道既吸纳合法的资金，也会开展一些打擦边球的配资业务，经过政府整治，这些投资渠道基本上丧失了向证券市场输血的功能。在这些因素的影响下，我国证券市场成交量、交投意愿出现了明显的萎缩，给上市公司的经营性活动和融资性需求带来了负面影响。诸如低股价影响到上市公司的信贷申请，上市公司难以以股票质押获得较高信贷额度，上市公司在低股价情况下难以申请增发股票、债券以扩大经营规模。综合来看，政府对证券市场进行坚决调控、严格清理符合证券市场发展规律，有利于保护投资者利益，有助于避免外来势力操纵市场，有益于维护国家金融安全，证券市场中一些不健康甚至风险高的因素，如高利率的借贷配资得到了遏制。但略显不足的是，政府在对证券风险进行调控时主要运用的是行政力量，缺乏相应的社会治理手段作为辅助^②。比较明显的表现有：

---

① 余沛：《浅析我国金融证券市场监管方面存在的问题》，《时代金融》2015 年第 23 期。
② 郝旭光：《证券市场监管者非理性行为研究》，《中央财经大学学报》2015 年第 2 期。

　　第一，政府在证券市场调控中只有宣告政策、发表讲话而没有对话沟通，很多投资者无法明确政府的意图，甚至误解政府意图，做出与政府筹划的市场调控反方向的投资决策。投资者的真实想法无法反映到政府那里去，政府说的话投资者不能全听懂，或者听了觉得不相信，这就形成了沟通的症结。社会化治理强调多元协商、平等对话，政府对证券市场的管控意图并不涉及保密因素，只是管控时机、管控手段等方面需要保密，但这不妨碍政府向投资者充分、准确地传递政府信息，并使投资者理解和愿意配合政府的风险治理意图。

　　第二，政府和证券行业之间缺乏充分沟通，政府整治证券市场的核心措施是针对证券经营机构的，需要证券经营机构负责执行。证券经营机构执行的积极性一方面取决于政府的权威性，另一方面涉及其自身的经济利益。2015 年下半年的证券市场调控的目的是清理和规范证券公司为证券投资者提供融资的行为，制止一些不合格投资主体在证券市场上过度操作。由于这种融资行为能够给证券公司带来利息、佣金、手续费收入，证券公司以往经常采取睁一只眼闭一只眼的态度。但从当前证券市场态势看，融资行为已经带来了股市阶段性暴跌与股票价格增幅失控交叉出现、个别股票的成交价格严重偏离证券市场趋势、证券公司的融资客户偏爱炒作投资价值不高但盈亏风险高的股票等不正常现象，证券公司在融出资金安全上也承受着较大压力。政府要求证券经营机构严格自查，清理不规范的融出资金行为，对于证券公司而言既是法定义务，也是降低风险的有效手段[①]。但政府在要求证券公司进行上述清理时，对证券市场上资金流入流出机制没有进行充分考虑，只是按照其他行政活动的做法，规定了一条死期限。这导致了证券公司和其他为投资者提供资金的金融机构为确保完成政府的"军令状"，只能严令借款人马上归还资金。而早已进入股票市场的资金要变现别无他法，只能在市场上迅速将股票成交。这种举动使得股票市场上卖方出现压倒性优势，仿佛千军万马挤着过独木桥，一时间股票出现不理性抛售和

---

　　① 柯湘：《中国证券市场监管权配置——基于不同监管模式的比较》，《中南财经政法大学学报》2014 年第 4 期。

价格严重波动。虽然证券公司按照政府行政指令完成了证券市场配资清理，但造成的另一个严重后果是政府启动的单方清理行为造成了证券市场上的资金供求关系平衡出现了严重错位。证券公司本身所持有的大量的自营性质股票，以及普通投资者所开展的正常投资活动，都受到了政府清理行为的严重波及[①]。回看这次规范证券市场的行动，在实施干预之前，政府和证券行业之间的具体沟通方式和沟通内容我们还不得而知，但如此大规模的、一次性的影响市场的重大经济决策是不可能没有商讨甚至反对的声音的，而我国证券行业中没有证券经营机构或行业协会性组织对政府的行为提出意见、发表评论，财经性的舆论传媒也没有就此种干预做出多元化的报道，把证券公司和投资者的真实想法披露出来。政府在实施这种干预后才发现目前的市场承压能力、市场健全程度相当有限，市场复苏需要相当长的时间。这从反面说明，采取激进式、一致性的市场干预活动和采取渐进式、差别性、多方参与的调控活动相比，各有各的利弊，起码从市场恐惧性这一点来看，前者的负面效果更明显。这也提示我们，对于证券市场实施外来政府力量干预时，应该从市场共同繁荣的角度出发，由政府和市场主体之间开展好沟通，政府需要在推出行政措施之前认真倾听市场意见，重视研究市场反应，重视交流、辩论等社会化治理手段的调和作用，利用社会治理的力量使行政调控手段更加柔性化。

在经济新常态环境和互联网信息技术深刻普及的经济社会条件下，政府的社会治理措施范围可以更加广泛，方式可以更加多元，瞄准性可以更加精确[②]。如对于分散的金融投资者，政府可以通过互联网通信工具，把他们结成一张互动网络，还可以充分掌握投资者的家庭、工作等社会关系信息；除了政府—投资者这种治理线路，还需要开辟出投资者—投资者、投资者—政府、投资者—金融机构等相互影响、相互关联的治理关系。

政府从事金融风险的社会治理并不意味着要在金融监管部门中设置专

---

① 陈茂芳：《从行为金融理论看我国证券市场监管》，《时代金融》2014 年第 12 期。

② 靳继东：《转型经济视角下政府治理及体制性约束》，《西南大学学报（社会科学版）》2008 年第 2 期。

门的职位,拿出相应的预算去实施,而是应采取社会化和专门化相结合的方法。金融管理部门、金融主体之间的互动就是社会治理的难得舞台,政府可以通过各种场合、各种研究成果来宣扬既重法律规则,又重道德规约的金融氛围。同时,也可以聘请专门机构、专业组织、社会力量参与金融风险调查、疏导、咨询、调解,或者将金融风险管理这一服务外包给专业化的社会服务机构,实现多元化、互补化①,同时也保持一定的竞争性,促使提供金融服务的社会治理工程队伍的形成和壮大。

(二)金融机构参与治理

近年来,我国没有爆发系统性金融风险,但一些突发性金融风险事件时有爆发,如民间借贷纠纷爆发、借贷机构出现兑付危机等,又如金融机构内部工作人员违法事实被曝光,引起投资者大规模挤兑等。防止系统性金融风险和减少阵发性、局部性金融风险成为我国金融风险治理的新常态。金融风险的社会治理机制并不是孤立存在的,它包含在正常的金融活动之中,与金融行为保持着同步关系。一旦金融风险的社会化治理被抛弃或者滞后,就可能导致金融风险的膨胀和失控,尽管这种非正式的社会治理手段不具有消除风险、强制约束金融主体的力量,但在金融生态中重视和培育它是有价值的。金融机构应当成为有动力、有责任的金融风险治理主体,这既是维护金融稳定,合法开展金融活动的法定义务,同时也是金融机构承担社会责任的重要体现。金融机构的风险治理要注重既防止内部工作人员制造的金融风险,又防止外部人员给金融机构带来的金融风险。从现实情况看,金融机构主要关注的是外部金融性风险,如借款人违约造成的金融机构资金安全风险、诈骗性风险以及金融市场波动带来的收益风险,对于金融机构内部的风险,尽管采取了比以往严格得多的金融机构内控措施,但从效果上观察还远远不够。

我国证券市场发展初期出现的南方证券公司被行政接管案件就是一个典型的不重视内部风险治理的案例。南方证券是设立较早、规模较大的证

---

① 何增科:《政府治理现代化与政府治理改革》,《行政科学论坛》2014 年第 2 期。

券公司,其前身为南方证券有限责任公司,成立于 1992 年 12 月 21 日,由工商银行、农业银行、中国银行、建设银行、交通银行、中国人民保险公司以及多家国资企业联合发起,由中国人民银行、深圳市人民政府批准成立,注册资本 10 亿元人民币。2002 年 1 月 19 日,南方证券有限公司获得中国证监会批准进行增资扩股,改制为南方证券股份有限公司。注册资本总额上升到 34.58 亿元,有 56 家股东。1993 年到 1995 年,南方证券避开证券市场不景气的局面,投资大量非证券类资产,并在全国范围内布局,形成了总部、各地分公司、多家证券营业部的经营格局,成为全国券商中的前三位。1998 年到 2001 年是南方证券公司的全盛时期,南方证券公司成功操盘"虹桥机场"等股票,业务大幅提升。在 1999 年时,南方证券公司在一级市场股票上市承销业务中募集资金总额列全国券商第三位,在二级市场上 A 股自营交易额和基金交易额位列全国券商第二名。到 2000 年时,南方证券承销和推荐的上市公司达到 300 多家,公司员工达到 3000 多人,多项业务数据排名全国第一。尤其是南方证券公司的一级市场承销业务有较强竞争力,仅在 2003 年南方证券公司就牵头主承销了 7 个股票上市项目,承销总金额近 100 亿元。2004 年,南方证券投行业绩也处于全国前列①。

但南方证券公司在快速壮大的同时,把金融风险的内部治理抛于脑后,引发了大量致命的金融风险,主要包括几个方面:

(1)委托理财业务风险。2000 年以来,南方证券公司大量开展委托理财业务,与客户签订了大量保底合约,同时也以此为条件吸引投资者参股南方证券公司,形成了股东+投资理财客户的格局②。如南方证券公司与公司的并列第一大股东上海汽车公司签订了 4 亿元的委托理财合同。南方证券公司与华德资产管理公司签署了 3 亿元的委托理财合同。2000 年南方证券受托理财资产为 26.22 亿元,2001 年受托理财资产上升为 45.92 亿元,2002 年受托理财资产为 31.51 亿元。到 2003 年时委托理财的资产规模达到 80 亿元。由于南方证券公司的委托理财客户中有不少机构大客户,为吸引投资,

---

① 刘鹏:《南方证券命断洗牌风暴》,《资本市场》2005 年第 6 期。
② 王健君:《南方证券折戟》,《瞭望新闻周刊》2004 年第 2 期。

南方证券公司与客户签订的委托理财协议多为收益保底协议,保底受益率在 10% 左右。即便南方证券公司将来理财业务亏损,也有义务向客户支付最少 10% 的年保底收益。得到委托理财资金后,南方证券公司将其悉数投入到股票市场上[①]。据统计,南方证券公司先后以重金炒作 ST 天鹅、海虹控股、安彩高科、达尔曼、哈飞股份、哈药集团、金地集团、万家乐等 31 只股票,而且通过收购股权成为二十多只股票的前十大股东。最为甚的是,南方证券公司持有哈药集团股份 72500 万股,占总股本的 58.37%,为哈药第一大股东,所持股票市值达 32.4 亿元。同时,持有哈飞股份 12673.22 万股,占总股本的 37.57%,为公司第二大股东,市值达到 6.5 亿元。这批股票在市场高峰时估价超过 80 多亿元,但是证券市场在 2001 年后持续下滑,南方证券公司二级市场的自营业务不但没有收益,还出现巨亏,导致了南方证券公司资产状况恶化、资金链紧张。最低谷时南方证券公司自营证券业务所持有的股票账面价值仅剩下 40 多亿元,和 80 亿元的理财规模相比已亏损过半。而且南方证券公司不能将所持有的股票全部变现,因为一旦变现,将更加冲击证券市场行情,这部分股票的股价将会出现崩盘,实际能够套现的资金数额将远远低于账面金额。南方证券公司被迫将手中持有的股票和在市场上购入的股票抵偿给客户,并办理转托管手续以偿还部分理财资金。我们应当看到,南方证券公司的失误不仅仅是将委托理财资金全部掷入股市,也不仅仅是在证券市场行情不稳定的时期保持全部股票仓位,而是公司风险治理意识的淡漠[②]。

(2)南方证券长期暗中开展内幕交易和增持上市公司的股票,使公司的非正常风险急剧积累。早在 1996 年,原南方证券常务副总裁熊双文利用南方证券公司被聘请为北大车行股份公司配股主承销商的机会,从上市公司北大车行公司高级管理人员处了解到该年度公司"预计全年每股收益可达0.60 元以上","公司具有每 10 股送 6 股至 7 股的能力","公司将实施大幅

---

① 李自然、杨如彦:《金融机构退出机制研究:南方证券接管案》,《中国制度变迁的案例研究》2008 年第 1 期。

② 谢衡:《南方证券黑洞有多大》,《中国商界》2004 年第 2 期。

度扩张股本的转送股方案"以及当时尚未公开披露的追加海水养殖项目投资计划和受托开发大连高新产业园区的地产投资项目等重大内幕信息。南方证券公司从 1996 年 10 月至 1997 年 4 月利用该内幕信息大量买卖北大车行股票,最高持股数量达到 1711 万股,占北大车行发行总股份的 16.23%,流通股份的 60.61%。北大车行股票价格由此前的 8.86 元上涨到 16.25元,涨幅达到 90%。2001 年以后,南方证券公司故技重演,利用多个挂名虚假账户增持哈药集团股票,致使哈药集团难以合法收购流通股改变股权结构。这些炒作不但影响了南方证券公司的财务健康,也将被控股方拖入到金融风险当中。2005 年哈药集团有限公司对南方证券股份有限公司清算组提起了股东权纠纷诉讼,要求法院依法确认被告违法持有哈药集团上市公司的股票,判令被告以该股票在公司行使股东权利的行为构成对公司控股股东哈药集团有限公司合法权益的侵害,并要求停止侵权、排除妨害、消除影响①。

(3)南方证券公司代客买卖国债,然后将客户账户中的国债挪用后无法偿还。2003 年以来,南方证券公司鼓动一些开立证券交易账户的客户将闲置资金购买国债,并与客户签订了委托购买协议,承诺将来南方证券公司可以为客户办理国债回购,南方证券公司将向客户支付 2.5% 的国债收益,并另外支付 6% 的额外收益。客户认为国债收益是稳定的,而且还有额外收益,就与南方证券公司签订了类似协议。有些客户签订的是个人委托购买协议,有些客户则在南方证券公司工作人员的游说下,将个人的购买国债金额拼凑在一起,以虚构的机构客户的名义签订委托购买协议。据南方证券公司报告,签订委托购买国债协议的个人投资者近 2000 人,委托金额约 4亿元。南方证券公司被接管后,对于以个人名义购买国债的客户,南方证券公司接管组进行了兑付。对于以机构名义购买国债的客户,没有立即进行兑付,只能按照清算程序按照一定的比例兑付本金②。

---

①　王妍:《哈药集团大股东状告南方证券,反目成仇事出有因》,《证券时报》2005 年 6月 21 日。

②　秦天一:《谁对南方证券倒闭负责?》,《决策与信息(财经观察)》2005 年第 5 期。

(4)南方证券公司部分工作人员暴露出的金融犯罪问题。如原南方证券公司北京分公司交易管理部副经理杨增海以代客理财的名义,从 1996 年起以南方证券公司北京方庄证券营业部的名义与北京筑高科工贸集团、中国建筑第一工程局第四建筑公司等公司签订委托理财协议,承诺给予 10% 以上的高息,先后募集到 5000 余万元资金,这些资金被杨增海个人用于炒股。到 2001 年案发时,有 500 余万未能归还。法院判处杨增海有期徒刑 15 年。2005 年 12 月,深圳罗湖区检察院提起公诉,指控南方证券公司、华德资产管理有限公司、上海天发投资有限公司的十名人员涉嫌操纵证券交易价格罪。此案主要是南方证券公司带头炒作哈飞股份公司股票所引起。2000 年 12 月,哈飞股份公司股票在上海证券交易所上市交易,原南方证券董事长沈沛指示对该股票作适当的"维护"。2001 年 3 月,沈沛主持召开了南方证券公司投资分析决策会议,确定了对哈飞股份进行"重点投资",时任南方证券公司总裁助理兼南京分公司总经理、天发公司董事长兼总经理孙田志按照上级的授意买入该股票。2001 年 7 月,南方证券公司组建了华德资产管理公司,加大了对哈飞股份的收购工作。上述 3 家公司(南方证券公司、华德公司、天发公司)陆续在上海、深圳、南京、北京等全国 25 个城市 45 家证券营业部以法人名义或自然人名义开设了 289 个资金账户,并下挂 1611 个股东账户,参与哈飞股份的分仓买卖。南方证券公司及其关联公司先后投入 13.1 亿元人民币,加上其他渠道流动的资金和通过理财业务获得炒作股票的资金,三家公司参与操纵哈飞股份动用了 1611 个股东账户,单日最高买入哈飞股份金额发生额为 7500 多万元人民币,累计交易动用资金额达 15 亿元。

2003 年以来,一些原来委托南方证券公司开展证券经纪业务的单位和个人投资者开始怀疑南方证券公司,纷纷将业务转到其他券商那里。委托理财客户则要求南方证券公司兑付本息。南方证券公司陷入无法兑付的困境,尽管南方证券公司更换了负责人力图挽回颓势,但已回天无力。南方证券公司的股东也未能拿出有效的解困方案。南方证券公司在无路可走的情况下才向证监会报告经营情况。2004 年 1 月 2 日,中国证监会和深圳市政府发布公告,决定接管南方证券公司。公告规定南方证券公司的证券经纪、承销等各项证券业务继续开展,各营业网点照常经营,投资者证券交易和保证金存取正常进行。在接管期间,中国证监会、深圳市政府会同人民银行、公安部成立接管领导小组,并组成由市场专业人士为主的接管组进驻南方证券,接管组行使公司权力,接管组组长行使公司法定代表人职权,公司股东大会、董事会、监事会暂停履行职责,机构债务暂缓偿付[①]。在行政接管时,南方证券的财务状况非常恶劣,公司账面资产约 208.4 亿元,扣除虚计资产及预计减值后,初步测算可用于偿债的资产约 128.1 亿元;账面负债(含保证金缺口、融资性债务、非融资债务)为 236.3 亿,净资产-108.2 亿元,总亏损 142.8 亿元。检查先后发现南方证券历年来挪用客户保证金 81.5 亿元,产生融资性债务 149.1 亿元。

为了处置南方证券公司的风险,中国人民银行向南方证券注入 80 多亿元再贷款用于偿还南方证券公司收取的客户保证金,保留南方证券公司的经纪业务,南方证券公司的投资银行和相关证券资产(包括研究所等业务)被打包向其他券商招标,寻找接盘方。2005 年 4 月 29 日,证监会宣布关闭南方证券公司[②]。

南方证券公司事件爆发后,金融监管部门意识到强化金融机构内部治理的重要性。针对南方证券公司以及多家证券机构频频挪用客户保证金的现象,证监会要求证券公司必须将客户保证金实施"第三方银行存管"措施[③],在证券营业部内开立账户的投资者,将与证券公司、银行签署一份三方协议,客户用于交易的资金将在银行与交易结算中心实时划转,证券公司不能染指客户的资金,只能根据客户指令开展证券交易经纪服务,不能同时充当证券交易资金保管者,以此来杜绝证券公司挪用客户交易保证金的现象。同时,主管部门也规定证券公司实施新的财务会计准则,与客户保证金相关的"客户资金存款"等不再体现在证券公司资产负债的表内业务中,将其改为表外业务,规定证券公司对于表外业务收入不得随意支配。此举使得客

---

①　高莉:《"托管"之外——从南方证券看中国券商之虞》,《银行家》2004 年第 2 期。

②　朱军:《南方证券今日将宣布关闭,建银投资接手证券业务》,《证券市场周刊》,2005 年 4 月 29 日。

③　方玉书:《南方证券率先实现保证金第三方存管》,《第一财经日报》2005 年 2 月 1 日。

户保证金的所有权被明确,不会被证券公司时而作为自有资产,时而作为客户存款,被东挪西借或被用来蒙混监管部门检查。这些措施的目的是内外结合来控制证券公司的违规行为。但关键的风险控制力在于金融机构的内部控制①,因为再完备的金融财务规则也可能因为金融机构账目、资金操作手段等方面的多样性而被架空,只有金融机构从控制风险的最高宗旨出发,斩断内部利益链条,才有望真正堵住内部风险失控的漏洞。

近年来,类似金融机构内部放松风险控制的事件还时有发生,而且暴露出问题的也仍然是一些优质金融机构。如 2015 年平安金融集团的重要组成部门——平安财产保险北京营业机构就爆发出内部工作人员参与不合规金融活动的事件。一些民众向中国证监会举报,平安保险公司在全国各地的一些保险代理人向他们兜售几种保本保息的理财产品,声称是平安保险集团监控的金融产品,没有任何风险。根据投资者描述,有不少平安保险业务人员曾经为他们办理过保险业务,得到了他们的信任,然后这些保险业务员组织他们参与投资培训和回报顾客的休闲、旅游、答谢酒会活动,向他们透露有内部发售的优惠理财产品,声称产品只卖给平安金融集团的老客户。这使得投资者越发相信他们所购买的是一款平安金融集团面向很多地区发售的大型金融理财产品,安全上可以信赖。先后有 200 多名平安保险公司的业务员参与这项销售活动,这些业务员来自西单、通州、延庆、昌平、丰台等多个平安保险的区域营业部。与此同时,上海、鞍山、郑州、深圳、杭州、天津等地也暴露出了当地平安保险营业机构的业务员向投资者兜售此类产品的消息。据估计,投资者因平安保险公司工作人员牵线总计投出去的金额可能高达几十亿元。

这一所谓理财产品本身存在着一些法律疑点。当时,一些投资人拿到合同后发现这种投资产品实际上是由深圳金赛银基金管理有限公司、北京慧融股权投资基金管理有限公司、北京恒达信安资产管理有限公司设计和

---

① 刘瑞珍:《浅谈金融内控制度的设置原则》,《金融理论与实践》1997 年第 4 期。

推出的①。这些产品的名称各种各样,有的叫作"湖南长沙省会地标商务综合体",有的叫作"罗兰金都购物公园",有的叫作"金利源黄金理财协议",产品年息10%到14%不等,有的约定按季付息,有的约定到期一次性付息。投资者在收到部分利息后,后期的付息还本都没有保障,当时向他们推销此类产品的平安保险公司业务员也躲藏了起来。这一纠纷引发了群体性事件,几百名投资者聚集到平安金融集团北京公司,要求平安金融集团确认产品的真伪。

从投资者持有的合同性质上看,此类理财产品实际上属于私募基金公司发行的私募股权基金产品、委托资产产品,没有明确地表明此类产品是保本付息。简而言之,这些产品是从事房地产经营或其他经营活动的债务人向投资者借款,由私募基金管理公司提供中介服务,构成了民间借贷关系,但是平安集团的业务员参与其中,将这些产品说成是平安集团提供给老客户的优惠产品,而且此类产品给予的投资回报与一些银行发布的理财产品有一定的相似性,使得投资者相信这不是一款非法产品。多数投资者还直接把购买理财产品的资金交给平安保险的部分员工,然后才从平安保险的员工手中领到合同。据初步调查,发行此产品的金赛银投资公司、慧融基金公司、恒达信安投资公司等机构的实际控制人之间的关系非常密切,很可能为同一批人。2015年4月,金赛银公司的一些基金产品开始出现到期无法兑付问题,公司千余名员工纷纷离职。公司提出了延缓兑付、补偿投资者收益的方案,但公司无法履行。金赛银公司宣称基金产品本身没有问题,是实际用资人隐瞒了资金的真正用途,导致兑付困难。其他几家发售公司的情况与此类似,均已陷入经营瘫痪。

对于这一事件,平安金融集团认为投资者签订的理财协议中并未出现平安金融集团或者其下属公司的印章、工作人员签名等痕迹,合同文本也不是平安金融集团的标准文本,这种行为属于保险业务员的个人行为,不是平安金融集团的授权行为。这使得投资者和平安集团之间的矛盾加剧。参与

---

① 财经记者:《巨额兑付危机再现,平安集团陷60亿兑付风波》,凤凰网,2015年10月10日。

这些理财产品销售的部分平安保险公司业务员揭发，他们在兜售此类产品时受到了平安金融集团高层管理人员的培训，平安金融集团管理机构是知道此类产品的，而且在产品出现兑付困难后，这些销售人员的上级还要求业务员带着客户直接去找用资方寻求和解方案，也证明平安金融集团并不是完全不知道这种理财行为的。同时，调查还发现平安金融集团下属的平安银行是这几款理财产品的资金托管银行，这些所谓理财资金进入平安银行账户后，其流向很不正常，只有一小部资金到了合同约定的用资方账户，其他资金则流向其他用途。尽管平安银行无权决定托管资金的流向，但起码银行内部是清楚这些资金的用途的。

虽然这一金融产品是否涉及金融犯罪还需要公安司法机关的进一步侦查，但平安金融集团在这一产品风波过程中出现了较为严重的虚假宣传和监管缺位的现象。作为金融风险的治理责任主体，首先应当对金融机构工作人员加强制约，保险行业长期形成的代理人制度虽然在用工性质、报酬收入与管理方式上不同于其他金融机构的工作人员，但对他们的风险防范要求不能降低，而是应当有针对性地采取风险保全措施。平安金融集团的保险业务员为客户介绍金融知识和金融产品，维护好客户关系属于平安金融集团业务开展的一个方面，理应纳入金融风险防范方案中。但是平安金融集团放任甚至默许保险业务员为其他金融机构拉揽业务，其背后的交换可能是这些攀附上平安金融集团的小型金融公司给保险业务员额外报酬，也可能是这些小型金融公司将资金存入平安金融集团属下的平安银行，或在平安集团购买保险等其他金融产品。由此可以看出，在金融业务争夺和金融利润面前，平安金融集团没有更多地考虑风险，甚至抱有一种放任态度，即反正客户没有与平安金融集团签约，今后如果出现了资金委托业务纠纷，与平安金融集团不会扯上关系，平安金融集团也不会造成损失。正是这种缺乏风险防范的心态才给了问题金融机构"搭便车"的机会，使部分投资者陷入较高的金融风险。在内部金融风险已经出现苗头时，平安金融集团没有开展应急管理的打算，想到的仍然是转移投资者的注意力，寻找投资者的过错，而不是去全面开展内部调查，通过集团内部的部门联动搞清用资人的资金流转情况，判断委托合同和账户保管是否存在金融违法问题，导致用资人违约后相当长一段时间内平安金融集团没有实际行动,但最终还是要面对投资人的愤怒情绪和兑付要求,无异于引火烧身。在金融产品日益交叉化、融合化的时代里,传统金融机构和金融活动容易成为新型金融活动的媒介和资金、客户供应者,低风险的金融活动容易被"嫁接"演变成高风险的金融活动,各种金融机构存在联合判明风险、防范风险的共同利益需求。但如果在金融风险治理过程中,各家金融机构都自扫门前雪,无疑会造成金融风险防控网络的断裂,一些投机力量会乘势进入防备较薄弱的金融领域制造风险。如果类似事件在多个领域发生,也将会对我国金融混业化经营的试验产生非常多的负面因素。

在经济全球化、互联网导向化的经济格局中,金融行业面临的传统挑战和创新挑战都非常多,一些以前不太可能发生的金融行为或类金融行为今天都变成了现实,比如现在较为风靡的众筹活动。在一类新的金融产业甚至金融业态出现时,金融体系内外部做出的反应会有所不同。政府主要从金融规则、金融法律的角度考虑其合法性,出资者(投资者)主要从创利能力、可持续模式等方面来审视其赢利性,金融行业会从哪种视角来考虑呢?传统上,金融行业是偏向保守的,认为常规化、固定化的金融行为风险比较可控[1]。金融机构会围绕金融活动制定操作规程及专门的合同票证、印鉴等,会遵循逐级授权、签批、事中事后稽核等控制措施,会使用技术、人力进行合规监控。这些风险控制手段往往是从国外或境外金融机构中学习而来的,比如加入 WTO 后,我国银行也迅速从国外银行中学习和引进了贷款风险分级管理办法,并实施了以授信为核心的贷款管理体制。而面对新型的金融业务,金融机构在信息收集、信用评价、风险测算上没有既定的规程,国外金融机构也难以提供成熟的经验[2],因而,从常理推断我国金融机构在此类业务开展上应该抱有较为谨慎的态度。但事实并非如此。我国金融机构在开办部分与互联网相关的金融业务时,步伐走得非常快。目前我国金融业中的手机银行、手机炒股、移动证券、线上支付等业务与经济发达国家相

---

[1]　桂杨明:《有关我国商业银行金融创新风险管理的探索》,《中外企业家》2015 年第 7 期。

[2]　瞿强:《金融创新、风险与危机》,《金融发展评论》2012 年第 2 期。

比,一点也不显得落后。面对如此快的金融成长和创新节奏,我国金融机构是否做好了应对风险的挑战呢？当前我国金融新生业务的风险并没有集中爆发,但一些风险已经影响到民众的正常生活,如利用互联网实施的银行卡诈骗、电话诈骗、炒作贵重金属期货等、股票配资等。在这些问题上政府管制存在着滞后和判断不全面的风险,恰恰可以作为金融风险社会治理的突破口或者试验窗口。

随着市场经济的发展和经济体制改革的深入,金融领域的所有制形式和结构发生了较大的变化,民营的金融力量、国外或境外金融资本纷纷加入我国金融市场,以往国有金融资本占据绝对优势地位的状况已经被打破。在一些领域,非国有的金融资产已经占据主导地位,如传统的典当行业和近年来兴起的互联网金融借贷行业。对于不同经济成分的金融业态,其风险治理标准应是一致的,但是治理重点和治理难度则有较大的区别。在国有独资或者国有控股的金融机构当中,长期形成的行事方式带有一定的行政化色彩,强调科层秩序,承担着贯彻政府金融意志的责任[①]。这种金融机构的管理格局和治理方式多求稳定,不强调大幅度创新,因而,这些金融机构的风险治理强调自上而下,需要激发金融机构领导层和管理层对金融风险的重视,成立专门的风险管理部门来推动,需要将金融风险治理的方式和节奏与经营格局和惯例结合起来,不搞大改变、大动作,保证金融机构的正常运营[②]。对于已经或正在出现金融风险的金融机构,除了惩办金融风险制造者,挽回金融损失,还需要对金融机构的内部环境、经营管理等各个环节进行"消毒",发挥社会治理的长效机制来亡羊补牢。

---

① 胡可兆:《金融内控制度存在的问题及应策探讨》,《金融科学》2000 年第 1 期。

② 周志芳:《浅析金融创新风险防范》,《河北金融》2010 年第 9 期。

第二章　商业银行的信贷风险及犯罪治理

　　商业银行的主要使命是吸收存款和发放贷款。在我国,商业银行承担独特的国家信誉,所吸收的公众存款是民众的"血汗钱",商业银行不能拒绝兑付,即使储户存款被金融机构内外的不法人员盗走、挥霍,即便商业银行失去兑付能力,也会由政府出面保障兑付,商业银行不会轻易关闭、倒闭。故商业银行系统的风险主要是单边性风险,即客户存款无风险,银行贷款业务有风险①。这种格局有可能在存款保险制度推出后被终结,今后存款人在选择存款银行时将会受到一定的风险考验,在此恕不赘述。

　　信贷是商业银行服务实体经济,发挥金融主渠道作用的重要工具。商业银行的信贷规模、信贷投放方向对国民经济的健康增长发挥着重要的作用。我国企业长期存在着直接融资比例低、间接融资比例高的问题,企业对商业银行依赖性很高。反过来,商业银行也需要把自身利益与企业紧密捆绑起来,通过发放贷款赚取存贷差,实现盈利。贷款意味着资金所有权与支配权的高度分离,这种权能分离后能不能复归不仅关系到银行利润的实现,也关系到资金所有权的安危。商业银行在考虑贷款对象时会出现逐利倾向。同时,商业银行也会根据金融监管要求和自身利益本位,考虑贷款风险方面的问题。我国商业银行长期面临着贷款正常损失和意外损失的困扰,其中后者在很多情况直接表现为借款人逃废金融债务,如利用诉讼时效、凭借企业改制、采取转移财产等方式逃废银行债务。在现实经济、社会环境的复杂性、法律规定和执行的局限性以及商业银行自身的风险管理态度与能

---

　　① 吴国栋:《新常态下贷款风险防控之对策》,《农业发展与金融》2015 年第 2 期。

力等因素的相互影响下,商业银行的贷款风险的形成和解决面临着诸多的问题。

第一节 商业银行信贷风险的主要表象

按照国际权威的金融监管组织——巴塞尔委员会的理解,信贷风险是指"银行的借款人或交易对象不能按事先达成的协议履行义务的潜在可能性"[①]。就信贷业务而言,信贷风险即信贷资金安全系数的不确定性,表现为借款人由于种种原因,无力清偿银行贷款本息,使银行贷款转化为不良资产、无法收回贷款本息而形成损失的可能性。信贷风险存在于贷款发放和收回的全过程,有不同的表现形式,导致信贷风险的因素也是多方面的。

一、因对贷款对象的识别存在着误区带来的风险

我国的信贷格局总的来说是处于"卖方市场"状况,商业银行的信贷规模和信贷扶持政策限制决定了不是所有的借款人都能得到信贷款扶持。一方面,商业银行为规避风险会采取"惜贷"的态度,借款人获得贷款,必须在诸多竞争者之中脱颖而出,赢得银行的青睐。于是有的借款人靠包装自己的"业绩"、"发展前景",隐瞒历史信用记录,夸大真实经营业绩及项目的真实风险状况骗取银行的信任获取贷款,这是积极地制造风险。另一方面,也有不少商业银行乐于将贷款发放给规模大、回报率高的企业、产业,或者向政府、公营事业及国有企业发放贷款。商业银行往往认为,贷款给大客户风险较小,贷款给具有政府信用的客户保障性强,而且这类贷款管理成本低、收息金额大、派生存款多[②]。然而在失信行为居高不下的市场环境中,像"银广夏"、"洪湖蓝田"这样金玉其外、败絮其中的所谓大型企业不在少数,银行放松警惕将巨额贷款投入这类企业,如同把所有鸡蛋放在同一个篮子里,消

---

① 李娜、余翔:《略论我国贷款风险的原因及相应法律对策》,《韶关学院学报》2004 年第 5 期。

② 刘轶、马赢、李旭彪:《银行治理对贷款风险偏好影响的实证分析》,《现代管理科学》2015 年第 3 期。

极地为自身制造风险。

二、行政干预隐含的风险

随着市场经济体制的确立和完善,政企不分、政府直接插手干预企业经营的现象大为减少,但在商业银行经营活动特别是贷款发放决策中还存在着一定的行政权力干预。如政府机关下属公司、关联公司向银行索要贷款,一些地方搞"政绩工程"、"民心工程"但缺乏资金,希望商业银行施以援手,商业银行有时不得不听命于政府。这些政府干预形成的贷款项目并非由商业银行自主选择,而且条件都相当优惠,有些借款人在使用这些贷款时主观客观上都缺乏按期还本付息的约束力,其潜在的风险明显要大于自主选择的项目[①]。

三、转轨时期的特殊环境导致的风险

我国目前正处于经济社会转轨、转型的特定历史时期,市场因素、经济环境、法律政策建构、道德因素、金融机构内部管理因素中隐藏着一些不利于贷款安全的方面。

首先,商业银行信贷风险幅度与经济政策密切相关。一段时期以来,我国政府为了遏制国民经济中的不稳定、不健康元素,要求商业银行控制信贷规模,改变大量信贷资金投向房地产、股票市场等"高烧"领域的倾向,改变过于重视大企业客户、国有企业客户,轻视中小微企业的弊病。但商业银行的信贷"冲动"与政府宏观经济调控的步调不一定同步。在某些年份,商业银行在前三季度就已经差不多用完了全年的信贷额度。在某些时段,只要中央银行的监管稍有放松,商业银行的贷款规模就暴涨。中央银行为此多次提高存款准备金率以冻结更多资金。商业银行则另辟蹊径,通过理财等表外业务让存款搬家,以高额理财收益来诱使客户将资金存入银行,然后继续增贷扩贷。商业银行还通过同业间金融市场大量吸取资金,放任资金使

---

① 凌华、唐弟良、顾军:《公司化运作的地方政府贷款风险控制》,《金融研究》2005 年第 3 期。

用成本一再攀升。而到了年末、年中、季末等业务考核节点，商业银行使用各种手段来吸取社会资金，打出高额理财回报率。按照俗语所说的"羊毛出在羊身上"，融资成本最后变成借款人的沉重利息负担或者成为居高不下的金融服务收费，使企业和民众的金融负担加剧。企业即便获得了贷款，但在宏观经济形势和微观营商环境下企业还款能力保障性在恶化①。

其次，商业银行信贷风险与企业素质密切相关。我国商业银行的客户中，有一些客户自身风险较高。比如一些历史包袱过重、经营起点落后、应变能力差的老企业，经受不住市场竞争被迫停产或者待破产状态，但为了保证社会稳定和职工的基本生活，政府推行一些倾斜政策，要求商业银行对它们实施贷款停息、暂缓还款，要求法院中止执行债权。还有一些企业企图在改制、重组、兼并过程中钻政策漏洞，在地方保护主义的支持下，搞假兼并、假破产，行转移财产、逃废债之实，给银行贷款的正常收回制造了很大的困难。有一些客户利用诉讼时效逃废银行债务，意图利用民法通则关于民事权利主张的时间限制，使得债权银行丧失胜诉权。比如债务人采取各种手段拖延银行工作人员的贷款催收，或采取欺骗、伪造等手段拒绝签收各种债权凭证，形成债权追索的空白记录。有些债务人还以用来偿还债务的银行卡丢失、出现透支等情况回避债权银行强制扣收利息，将贷款拖过诉讼时效保护期。在信贷管理过程中，一些商业银行工作人员玩忽职守，遗漏了债权管理维护；也有一些商业银行工作人员与债务人相互勾结、恶意串通，故意不在债权可主张期内行使债务。民法和民事诉讼法对于诉讼时效中断做了原则性的规定，即主张债权应让债务人知晓。实践中哪类行为以及行为的方式能够导致诉讼时效中断由法院来加以判断。有些法院在案件审理中没有综合债权形成变化的各种情况来考虑债权人是否怠于行使权利，而是比较注重现实的证据尤其是书证，比如由债务人出具或签收的催债通知、还款承诺。司法实践中已经出现债务人故意藏匿，故意以伪造单位公章和个人

---

① 侯晓强：《新形势下银行贷款风险管理及策略探究》，《时代金融》2014年第20期。

签名来签收催债通知、拒收信函等方式回避债权银行催收行为的情形①。作为债权银行，在贷款逾期后被迫千方百计寻找债务人，因为如果债务人不出面配合债权银行确认诉讼时效，银行只能被迫起诉债权人，或采取财产保全措施，尽管此时债务人不一定没有偿还能力。

四、商业银行违法、违规经营造成的风险

由于信贷资金规模的限制，贷款成为一种比较稀缺的经济资源，有的银行罔顾信贷原则，向关系人发放贷款。有的银行信贷人员被借款人用各种手段拉拢、腐蚀，滥用职权，为一己私利违法放贷。有的银行不严格按照商业规律经营，而是搞起违法经营，账外经营，牟取不法收益。这些违反信贷管理制度的贷款比正常的贷款风险更大。在此主要分析商业银行违法发放贷款和账外经营两种行为。

(一)商业银行违法放贷

金融实践中，商业银行违法发放贷款的表现主要有：(1)违反规定提高利率、降低利率或采用其他不正当的手段发放贷款；(2)不对借款人的主体资格、借款用途、偿还能力进行严格审查轻率发放贷款，缺乏贷前评估、贷中审查、贷后检查等必要手段，放任借款人将贷款投入到炒地皮、炒股票等高风险的投机活动甚至违法活动中；(3)不对借款人提供的担保物权属、价值以及实现抵押权和质权的可行性进行严格审查发放贷款；(4)不按照规定与借款人签订贷款合同、保证合同，办理贷款凭证、抵押质押手续。②

根据《刑法》第186条规定的精神，商业银行及其他金融机构向关系人发放信用贷款或者发放担保贷款的条件优于其他借款人同类贷款的条件造成贷款受损，或者银行及其他金融机构工作人员违反法律、行政法规规定向关系人以外的人发放贷款造成贷款重大损失，可构成违法发放贷款罪。这一条文的精神是以结果论罪，但司法实践中因违法发放贷款罪被惩办的商

---

① 窦玉丹、袁永博、刘妍：《商业银行信贷风险预警研究——基于 AHP 权重可变模糊模型》，《技术经济与管理研究》2011 年第 12 期。
② 人法宣：《金融机构账外经营表现及其法律责任》，《金融时报》2000 年 8 月 20 日。

业银行及其他金融机构工作人员并不多。大多数贷款出现逾期无法收回时，商业银行工作人员都能以借款人信用水平低劣、借款人经营失误等理由解释过关，或者因贷款操作程序执行不认真、对贷款质量把关不严等过错接受所在商业银行的批评、惩戒。为了提高信贷资产质量，中国银监会总结了近年来商业银行违法、违规经营信贷业务的主要类型、形成原因、责任主体等方面，发布了《关于整治银行业金融机构不规范经营的通知》，提出"七不准"禁止性规定，即不准以贷转存，强制设定条款或协商约定将部分贷款转为存款；不准存贷挂钩，以存款作为审批和发放贷款的前提条件；不准以贷收费，要求客户接受不合理中间业务或其他金融服务而收取费用；不准浮利分费，将利息分解为费用收取，严禁变相提高利率；不准借贷搭售，强制捆绑、搭售理财、保险、基金等金融产品；不准一浮到顶，笼统地将贷款利率上浮至最高限额；不准转嫁成本，将经营成本以费用形式转嫁给客户。对照这些规定可以看出，商业银行在信贷业务开展过程中的确实施了一些单边性、歧视性行为，这类行为给商业银行带来了短期收益和眼前利益。但是一旦借款人获得贷款，他们对商业银行的依存关系将迅速减弱，双方之间的地位不平衡也会被打破。

（二）商业银行账外经营

除了上述中国银监会禁止性规定所涉及的商业银行信贷业务违纪、违规的情形，金融实践中一些商业银行还采取账外经营的方式违法发放贷款。对于账外经营行为，有的学者理解为："不在账面上经营，即不反映在银行科目里的资金经营，多为将吸收来的存款及发放给企业、个人的贷款不纳入银行科目核算的一种非法经营行为。"①我们认为，这一提法尽管揭示了账外经营的一些特征，但还不够周延。我们尝试将金融业务中常见的账外经营表现形式加以归纳，主要有：(1)不如实记账，指金融机构对发生的存款、贷款、资金业务、证券业务等不按正常、合法的会计程序记账，不在规定的会计科目内进行核算，使其不在会计报表和资产负债表中反映；(2)搞"两本账"、

---

① 林少杰：《金融系统"账外经营"中的犯罪初探》，《政法论坛》1997年第5期。

"账外账",指的是另立账户、账目,隐瞒部分业务活动,将非法吸收的资金和违法发放的贷款进行"体外循环";(3)私设"小金库",转移和隐瞒部分收支等。账外经营见于银行、证券、保险等多类金融机构,尤以银行的账外经营为盛。账外经营会导致巨额资金流于正常金融渠道之外,增大了金融机构的经营风险,尤其容易酿成兑付危机,造成各方的巨大损失。它还严重破坏金融秩序,危及整个金融行业的健康发展。

关于金融机构账外经营行为的法律规定主要见于《会计法》、《商业银行法》两部法律及《金融违法行为处罚办法》等行政法规规章。《会计法》第10条规定:"下列经济业务事项,应当办理会计手续,进行会计核算:(一)款项和有价证券的收付;(二)财物的收发、增减和使用;(三)债权债务的发生和结算;……"《商业银行法》第55条规定:"商业银行应当按照国家有关规定,真实记录并全面反映其业务活动和财务状况,……商业银行不得在法定的会计账册外另立会计账册。"《金融违法行为处罚办法》第11条第一次专门对账外经营行为作出了禁止性规定:"金融机构不得以下列方式从事账外经营行为:(一)办理存款、贷款等业务不按照会计制度记账、登记,或者不在会计报表中反映;(二)将存款与贷款等不同业务在同一账户内轧差处理;(三)经营收入未列入会计账册;(四)其他方式的账外经营行为。"对于账外经营行为的法律责任,《金融违法行为处罚办法》第11条规定:"金融机构违反前款规定的(指账外经营),给予警告,没收违法所得,并处违法所得1倍以上5倍以下的罚款,没有违法所得的,处10万元以上50万元以下的罚款;对该金融机构直接负责的高级管理人员、其他直接负责的主管人员和直接责任人员,给予开除的纪律处分;情节严重的,责令该金融机构停业整顿或者吊销经营金融业务许可证,构成用账外客户资金非法拆借、发放贷款罪或者其他罪的,依法追究刑事责任。"

从现有法律规定上看,监管部门主要将商业银行账外经营作为一种侵犯账务、会计管理制度的违法行为加以制裁。从更深层次考虑,账外经营实际上是商业银行及其他金融机构在受监管的金融业务范围之外的"为所欲为"①②。如果商业银行不记录和报告经营成果和金融风险,监管机关就无从知晓金融机构的经营现状和风险状况,无法对其进行有效的监管,账外经营导致的风险必然会失控。近年来,随着金融监管的加强,账外经营行为没有前期那样猖獗,但也没有完全销声匿迹,还时有反弹③。而且,商业银行账外经营活动延伸到存贷款业务、同业往来业务等上下游业务链,并成为多种金融犯罪的起点和诱因。账外经营的一些具体流程如下所述。

1.账外非法吸储

账外非法吸收储蓄存款在金融机构账外经营中屡见不鲜。与一般的违法吸储相比,金融机构在账外从事违法吸储有四个动机:一是容易逃避监管与查处;二是可以不交或少交各种存款准备金;三是为了方便地支付高息;四是为了更方便地使用那些违法揽存的资金。账外吸储也采用提高存款回报这种惯用方式,主要手法有:在存款当时就从账外返还现金、给予回扣和手续费、给予实物或物质利益作为"奖励"、允诺事后或在支取存款时从账外另行支付"分红"、"贴水"。

账外吸储还有一些特殊的表现形式:(1)账外私设储蓄品种,自行设定利率档次来吸收资金;(2)明知是单位存款或本不应作为储蓄存款的资金却将其按储蓄存款对待,在账外吸收这些资金。④ 由于账外非法吸收的存款手段比较隐蔽,支付高息和手续费比较便利,吸收来的资金运用起来受限制较小,因而一些金融机构在非法吸收公众存款时乐于采用。

我国《刑法》第176条规定有非法吸收公众存款罪,但需要对"非法吸收"行为做出解释和界定,才能判定这一罪名能否适用于商业银行账外非法吸储行为。我们的看法是,首先,刑法第176条中所提及的"非法"中所指的"法"主要就是《商业银行法》、《储蓄管理条例》、《利率管理办法》等法律法

① 李运达、马草原:《信贷风险、资本金约束与货币政策的有效性》,《当代经济科学》2009年第5期。
② 李娜:《论金融机构账外经营行为的表现和防治》,《会计之友》2007年第3期。
③ 李娜:《金融机构账外经营犯罪初探》,《广东财经职业学院学报》2007年第5期。
④ 李军英、方涛:《挪用储蓄资金账外经营,监守自盗被查处》,《中国审计》2004年第6期。

规。国务院发布的《储蓄管理条例》第 34 条就规定，"储蓄机构采取不正当手段吸收储蓄存款的"以及"违反国家利率规定，擅自变动储蓄存款利率的"单位和个人，"情节严重，构成犯罪的，依法追究刑事责任"。这里提到的"储蓄机构采取不正当手段"理应包括账外经营手段。其次，从后果上看，金融机构在账外非法吸收的资金除了违反利率规定、隐瞒负债规模、超范围经营造成了不正当竞争外，如果投入账外运行的资金无法回笼，更会引发兑付危机，波及其他金融机构，危害国家金融稳定，有着很大的社会危害性。可见，金融机构账外吸储并不是简单的业务违规，已经触犯了刑事法律，如果账外非法经营存款的数额和造成的损失达到犯罪构成要件要求，就构成非法吸收公众存款罪。

2. 账外非法出具金融票证

非法出具金融票证案件包括非法出具信用证、保函、存单、票据、信用证明文件等，它们可以用来证明资金往来关系，确定资金所有权归属，是从事账外经营的商业银行掩人耳目的重要工具。在金融机构账外经营活动中，多采用非法出具存单的手法。其行为表现为：(1)收取客户存款后不入账，开出空头存单；(2)将收到的资金极少部分入账，大部分留在账外循环，开出票面金额与金融机构自留底单金额严重不符的存单，即通常所说的"鸳鸯存单"；(3)将允诺付给客户的超出正常利息的高息或好处费、手续费金额也开进存单面额之中，使开出存单面额大于实际入账金额，即虚开高额存单；(4)使用已封存或停止使用的印鉴、空白存单，以及其他不规范的存款凭证等。这些操作手法的目的大多是为了配合非法吸收存款的行为，或者是将账内的正常资金转为账外资金，为账外经营提供方便。

由于存单是金融机构的重要业务凭证和法定的无条件兑付的权利凭证，私自开设存单无视金融凭证的严肃性和要式性，可能给国家和企业、个人造成重大损失，《刑法》第 188 条亦规定了非法出具金融票证罪。实际生活中实施违法出具金融票证的行为，除了少数情况下是金融机构工作人员审查不严或玩忽职守受骗外，多数都发生在账外经营过程中。有的系行为人出于私利，经事前预谋，背着上级领导私自以金融机构的名义出具。还有不少情况是在上级知情、同意或者默许下，由单位领导人员、管理人员、经办人员共同实施的,实际上是单位犯罪的范畴。在关于民间金融活动引发的金融风险中,我们还将进一步讨论此种行为。

3.用账外客户资金非法拆借、发放贷款

商业银行通过隐秘手段吸收到资金,然后用未入账的客户资金来进行拆借、发放贷款是账外经营行为最典型的操作手法,即利用银行的"金字招牌"私下图利。商业银行实施非法拆借、贷款一般分为两个步骤:第一步是金融机构利用办理存储业务之机,收受储户存款或者高息吸存社会闲置资金后不如实记入存款账目;第二步是以高利转贷以牟取利息收入,或者违反金融机构之间拆借资金的用途、来源、期限、利率的规定,将资金拆借给其他金融机构获取高息,或者以金融机构名义为单位之间非法拆借巨额资金做担保以收取手续费,而在账目上往往又反映不出这些业务活动,形成资金的"体外循环"[①]。20世纪末以来,金融系统信贷规模有限,从正常渠道获得银行信贷资金的难度大,于是某些需要融资的企业和个人(称为"用资人")就收买、贿赂金融机构工作人员或者允诺给予金融机构高额利息,要求他们绕过信贷规模和贷款投向的要求,从账外贷给自己资金。有的用资人自己联络资金来源,然后再和金融机构串通,由金融机构账外吸收资金后转贷给其使用。

通过分析已暴露的金融机构账外经营中发放贷款的行为,可以发现两种模式:一种账外贷款是典型违法的,对贷款人特别是关系人的审查敷衍了事,没有完备的借款合同和借款凭证或根本不签合同,而只是仅凭一张转账支票或者其他会计凭证就把大额资金贷出,贷款的担保物徒有其名,抵押形同虚设,保证人根本无代偿能力等;另一种账外放款则是手法隐蔽,花样翻新,表面看起来符合贷款要求,比如将贷款贷给空壳公司后立即转出、由关联公司循环担保、明知担保物有瑕疵或不保值照样贷款等[②]。有的还形成了出资方、金融机构、用资人三方勾结,事先谈妥资金数目和利息条件,然后由

---

① 胡康生:《中华人民共和国刑法释义》,法律出版社1997年版。

② 刘福毅、刘世明、曹京芝:《金融机构账外经营和违规经营的成因与根治对策》,《山东金融》1999年第2期。

金融机构在账外将资金"指定"贷给用资人的情况,这些行为不免引发刑事案件或民事纠纷。引发刑事案件的例子包括:1995年,北京康发公司希望向孝感振财证券部借款900万元,孝感振财证券部提出要找一家银行作为中介。于是孝感振财证券部、湖北金源城市信用社、北京康发公司、应城农业银行杨河营业所四方进行商议,采取了由孝感振财证券部和湖北金源城市信用社签订一份拆借合同,由振财证券部把900万元拆借给金源城市信用社,金源城市信用社再将900万元存到应城农行杨河储蓄所,应城农行给金源城市信用社开出存单,再由应城农行把钱给康发公司使用,由康发公司直接向孝感振财还款,金源城市信用社和应城农行以从中收取高息的方式账外贷款。后来北京康发公司负责人因诈骗罪被逮捕,上述资金拆借关系、存款关系、贷款关系均卷入刑事案件①。引发民事纠纷的例子包括:1995年3月,应城农村信用合作社联社在湖北省金源城市信用社存入300万元,存期一年。同年5月,武汉市九州纺织品公司、湖北金源城市信用社、应城农村信用合作社联社三方签订一份借款合同书,约定九州纺织品公司向金源城市信用社借款195万元,借款期限为一个月,应城农村信用合作社联社作为担保人,承诺以其在金源城市信用社的300万元存款作担保。1995年12月,应城农村信用合作社联社向金源城市信用社出具承诺书,称"我单位为武汉市九州纺织品公司担保的195万贷款已于1995年6月25日到期,现逾期多日,我单位郑重承诺督促九州公司于1996年3月15日之前还清上述贷款本息。若在约定日九州公司不还清贵社贷款本息,我单位在贵行300万元存款也不得提取,并承担相应的法律责任"。1996年3月,应城农村信用合作社联社担保的九州公司还款的宽限期届满,九州公司仅还部分贷款,还欠120万元及利息未能偿还。于是应城农村信用合作社联社又在金源城市信用社存入150万元,期限为一年,并同意以该150万元存款替换原300万元存款重新为九州纺织品公司120万元作担保并在金源城市信用社的"单位定期存款账卡"背面盖章注明"同意以此存单作为九州公司120万元贷款

---

① 李文艳:《银行监管及经营风险规避措施》,《经营管理者》2010年第2期。

本息的担保"①。事后,金源城市信用社扣收了应城农村信用合作社联社的150万元存单抵偿贷款,应城农村信用合作社联社转而起诉金源城市信用社拒绝兑付存单,提出当初三方做出的存贷挂钩的约定属于违法的账外经营行为,应认定为无效。

用账外客户资金非法拆借、发放贷款跨越从账外吸储到放贷、拆借牟利的整个过程,经历吸收存款、转出款项、收取利息等较为复杂的环节。从这一点看,金融机构有组织、有分工、有掩护的犯罪肯定比单个个人或团伙小规模犯罪的成功率高,获利性大②。实践中,有的金融机构不择手段获取利润,制造虚假的经营业绩;有的则是打着"给职工搞福利"、"创收"等旗号,把所得利益在内部私分;有的金融机构则是被某些犯罪分子把持和恶意经营,变成用资人随时提供资金的"提款机"和犯罪工具。

第二节 商业银行信贷风险的主要症结

商业银行在信贷业务上把关不严以及故意从事违法违规经营导致了商业银行不良资产的攀升。多年来,上至国务院、中国人民银行、中国银监会,下至各个商业银行都采取了一系列措施,如从国有银行剥离数以千亿计的不良资产,加大对不良资产的清收力度和逃废债行为的打击力度,消化了很多信贷风险。从宏观上看,只要出现经济增速较高、部分国民经济产业投资过热的现象,商业银行的信贷风险就会上升③。比如从2014年开始,受宏观经济形势尤其是房地产等支柱产业调整的影响,我国商业银行的利润增长出现了不同程度的停滞甚至下滑的倾向。根据16家在国内上市的商业银行2015年上半年的业绩报告,12家银行的净利润增幅与同期相比小于10%,其中中国工商银行净利润增速由2013年同期的7.05%下降至0.7%,中国农业银行的净利润增幅仅为0.5%。与此同时,这些国内主要银行的不

---

① 郭瑞琴、孙峰:《依法遏制金融机构账外经营》,《中国农村信用合作》1999年第4期。
② 吴毅平:《信贷犯罪及其防范对策》,《华南金融研究》2001年第2期。
③ 邱兆祥、刘远亮:《中国商业银行信贷风险与宏观经济因素关系研究——基于2000—2009年面板数据的实证检验》,《广东金融学院学报》2011年第1期。

良贷款余额和不良贷款发生率出现了双双增长,中国农业银行的不良贷款比率上升到了 1.83%。随着商业银行存款利率决定权的下放、存贷比例考核的放宽和贷款监管制度的调整,银行一方面在吸收存款上将面临激烈竞争,另一方面在贷款上将获得更大的弹性,届时不良贷款比例极有可能进一步攀升,形成实实在在的信用风险。因此,我们需要探明信贷业务风险背后的症结。

一、信息资源的不对称

在贷款博弈过程中,借贷双方对信息的获取和在此基础上作出的判断左右着贷款的命运[①]。在目前我国信用市场极度畸形的条件下,信息的不对称对银行信贷业务所产生的风险显得异常突出。信息的不对称性在信贷业务中贷前和贷后两个阶段都有表现,现阶段我国商业银行对企业的调查渠道有限,客户信用评估登记系统内容不够丰富,与各行业信息的互联互通不够紧密,难以识别借款人的真实业绩,无法对企业的守信情况进行准确认定。商业银行不介入企业经营过程,对企业的贷后监控仅限于企业账户资金的收支管理,对企业从事有违贷款目的的活动无法及时察觉,对贷款项目潜在风险的认知和把握能力差[②]。就是这种对经营状况和资金运作风险了解的不对称造成了选择客户和贷款项目的失误,往往使那些最可能造成信贷风险的借款者得到贷款。

二、非商业因素的干扰使商业银行偏离经营目标

商业银行在经营过程中要遵循盈利性、流动性、安全性原则,但是我国商业银行目前所处的经营环境不"纯净",还无法摆脱权力部门千丝万缕的联系和瓜葛,大量的贷款是由"各方诸侯"的安排、干预、介绍,"牵线搭桥"而促成发放的,在贷款回收过程中又经常遇到说人情、打招呼的干扰。有的商业贷

---

① 李娜:《金融犯罪的新型认知模式初探——以危害金融安全为视角》,《武汉大学学报》2008 年第 5 期。

② 贾生华、史煜筠:《商业银行的中小企业信贷风险因素及其管理对策》,《浙江大学学报(人文社会科学版)》2003 年第 2 期。

款明显的是政策性贷款的变味和翻版。商业银行的经营受到各种权力部门的压力和牵制,除了考虑正常的商业因素外,还要考虑体制的一些特殊情况,无法独立思考和决断,这些因素都阻碍着商业银行实现自身的经营目标。

三、诚信风气和良好的信用氛围的缺失

诚信本应是市场经济的基本要求,但我国现阶段市场经济的信用环境,无论是制度法律约束还是伦理道德准则,都显得苍白无力。一时间,商业行为中的制假售假、以次充好、利用签订合同骗取钱财等不守信行为似成时髦,也必然波及贷款活动[①]。贷款作为一种特殊的商品,更容易引发正常商业风险之外的道德风险。某些不良市场主体在通过不偿还贷款而获得非常规利益时,会产生一种很坏的示范效应,使得一部分人认为占用银行贷款,可以代替苦心经营与勤劳致富,从而更积极地寻找贷款,造成了侵占银行贷款的连锁性和传染性。

四、法律意识薄弱,用法律维护自身权益能力差

在贷款纠纷的审判实践中,不少银行在贷款合同的签订、合同的履行、贷款的保全等方面存在问题和漏洞。这些问题集中表现在:(1)商业银行自行制定的格式合同不完备,遣词用句不严谨,条款内容存在歧义,使用不规范,为日后的纠纷埋下隐患。(2)商业银行在履行合同中随意性太强,缺乏谨慎,不严格执行合同,不按期、不足额发放贷款,单方面对合同进行变更不完备手续,造成自身违约。(3)商业银行在追索贷款时,不及时主张权利,错过最佳时机,或未在诉讼时效和保证期内向借款人、保证人主张权利,及主张权利的方法不当,致使借款人、保证人免责[②]。

五、缺乏足够的自律、自警机制

有的商业银行在日常经营过程中未能意识到自身所处的行业的高风险

---

① 朱艳苹、高祥晓、李伟伟:《我国商业银行信贷风险管理问题探讨》,《北方经贸》2015年第9期。

② 鞠惠文:《后危机时代商业银行的信贷风险管理》,《浙江金融》2011年第7期。

性,违背稳健经营的原则,为图一时的业务增长,盲目扩张规模而放松风险防范和内控机制建设。目前银行业的通病是缺乏真正意义上的贷款风险战略计划,对市场的供求判断缺乏系统的分析,见到某个贷款项目有利可图,便不加分析一拥而上盲目放贷,或为争夺大客户而放宽条件,弱化担保质量,放松资金流向的监督检查。有的银行在企业经营恶化、旧贷偿还无望时疏于警觉,不能当机立断[①]。有的银行心存侥幸,一厢情愿地期望通过投入新的贷款从而盘活原来的旧贷,结果忽略了企业经营的根本症结没有很好地解决的事实,又带来新的风险。有的银行对借款人、担保人疏于审查,或者在明知借款人资信较差、放贷风险较大的情况下,自恃有担保或担保企业有实力而给予贷款,致使借款人、担保人有可乘之机轻易获得或骗得贷款,导致贷款一发放就注定了难以收回的结局。

第三节　商业银行信贷风险引发犯罪的治理思路

在经济新常态下,商业银行的贷款投向、贷款对象将更为复杂,商业银行通过扩张资产规模,以大分母的资产去稀释不良贷款的做法将难以为继。唯有通过各方面的共同努力才能控制信贷风险,治理信贷风险,为商业银行经营营造良好的内外部氛围;在社会治理方面,要加强银行的主体性,加强信贷风险的识别能力和处置能力。

一、在坚持重规模与重效率的前提下,促进商业银行的内涵建设和分享式发展

在传统市场经济条件下,商业银行的规模呈现不断扩张趋势,竞争激烈程度也非比往常。在某种程度上,不去进行规模扩张、不抢占市场就有可能在股权交易中陷入资本大鳄之手,或者被竞争对手的强劲攻势拖垮。因此,银行等金融机构变得越来越庞大,股权越来越集中,就像瑞穗银行、摩根大通银行、花旗旅行者金融集团一样。这些机构在进行兼并时都对外宣称,合

[①]　陈祥健、孟旭著:《借贷合同的基本原理与风险防范》,中国政法大学出版社 2001 年版。

并会更有利于股东的利益,能够帮助公司战略的实现。但实践证明,金融机构之间的合并并没有创造出有影响的金融效率,对股东有利的说法也非常可疑,在某种情况下可能只是对大股东有利,而遭遇金融危机的脆弱性甚至连大股东也被其拖累。在我国,商业银行的最大出资人依旧是国家。商业银行通过股份制改革后成为上市公司,从长远看是向现代银行制度靠拢,但在短期磨合过程中造成了一些以前没有出现的金融问题。比如,政府不能随时利用国有银行来进行直接经济调控,只能通过行政指导。国有银行为了满足证券交易所设定的盈利规则而疲于奔命。一些在股份制改造时入股国有银行的境外投资机构采取拉高抛出的策略,在股价高企时尽数抛售所持的中国商业银行股份,当初做出的战略性投资的承诺也不复存在。

作为内涵型建设的商业银行,除了强调金融规模、信用投放能力,也强调分享、合作等元素。现在,多服务民众、多服务社区成为金融发展的新取向[1]。我国近年来也在金融机构布局调整的同时增加村镇银行、社区银行、小额信贷机构、汽车等消费贷款机构的建设,力图使金融服务更贴近民众,而不仅仅是关心赚钱的项目、优待大型的企业。对于小额金融而言,其信息收集难度、管理成本在初期会较高,但当它们与社区及其特定金融服务对象较好地融合在一起时,它的灵活性和价格优势就会发挥出来,而且它能产生的批量化社会效应是大型金融所没有的[2]。

二、创造良好的外部环境,规范和保障商业银行独立运转

商业银行是市场主体,从宏观而言,是一个责任中心,负有有效运用手中资产,实现企业经营战略和目标的使命。就微观而言,商业银行是一个利润中心,负有盈利的核心责任[3]。因而,应排除体制上和实际操作过程中对商业银行的干预和干扰。应更加明确地规定要求商业银行承担某些政策、公益义务的范围,避免商业银行承担非经营性业务。原《商业银行法》第41

---

① 王丹莉、王曙光:《金融抑制到金融自由化与金融民主化》,《新视野》2015年第2期。
② 朱德位、朱罗丰:《社会金融模式论》,《浙江金融》1996年第3期。
③ 吴志攀主编:《金融法学》,北京大学出版社2001年版。

条第 2 款曾规定:商业银行应当承担经国务院批准的特定贷款项目。在新修订的《商业银行法》中去掉了这一规定,直接表述为:"任何单位和个人不得强令商业银行发放贷款或者提供担保。商业银行有权拒绝任何单位和个人强令要求其发放贷款或者提供担保。"这体现了立法的进步。但仅仅依靠法律规定恐怕难以阻止林林总总的权力部门、"官商"把商业银行视为"唐僧肉"、"提款机",因此,需要政府、金融界共同努力,杜绝商业银行经营中的"关系"贷款、"说情"贷款现象、

三、改善社会信用环境,建立守信秩序

建设信用环境是涉及方方面面的浩大工程。首先,我们需要在信用立法的引领下,在全社会范围内建立信用登记和信用核查、信息披露制度,建立信用档案,实现社会成员遵守信用情况的透明化。对于银行应给予一定的便利,如允许银行不受限制地查阅有关企业、个人的信用档案,允许银行接触有关部门保存的企业工商登记资料、会计审计报告,鼓励银行开展独立的客户信用调查,健全跨银行间的信用记录登记、查询系统。其次,要加大对恶意逃废债行为的打击力度和曝光力度[①]。对有逃废债行为的企业和个人实行资格限制和行为限制,商业银行可以建议工商登记部门拒绝有逃废债行为的个人再行登记注册新的企业,并请相关部门对逃废债人员受聘企业的高层管理人员行使不同意权。对有逃废债行为的企业的年度企业报告进行抽查,不允许逃废债企业、个人享受各项优惠政策,不得参与国家投资、招投标活动。再次,无论是银行信贷业务人员还是其他岗位人员,都要加深对合同法、担保法等法规的掌握和运用能力,防止在信贷业务中发生法律失误,提高运用合法手段主张债权的能力。事实上,民事法律中有关信贷债权保护的规定比较丰富,如《合同法》规定的债权人可以行使代位权、撤销权等债权保全手段,最高人民法院关于担保法的司法解释中对抵押权行使期间的扩展规定等,都是商业银行可以引入贷款法律文本和债权行使中的有效手段。商业银行要配合法院开展强制执行,如对有逃废债行为的企业进行

---

① 戴相龙主编:《商业银行经营管理》,中国金融出版社 1998 年版。

财务控制,对在债务尚未还清前的企业除了保障职工生活和企业运转的基本费用外,其他费用经法院同意才能支出,对逃废债的个人实行消费限制,不得进行大额和奢侈消费。其四,推动刑法的修订,打击逃废债行为人的嚣张气焰。现行刑法对借款人的规定大抵在三个方面:一是诈骗贷款,情节严重的,构成贷款诈骗罪。二是以转贷牟利为目的,套取金融机构资金高利转贷他人,违法所得数额巨大的,构成高利转贷罪。三是对人民法院生效判决、裁定有能力执行而拒不执行,情节严重,构成拒不执行判决、裁定罪[①]。我们认为,有必要增加打击逃废债行为的专门犯罪的条款,因为一则借款人以合法形式掩盖非法目的,认定贷款诈骗存在很大难度;二则借款人使用贷款的手段比较诡秘,不一定直接高利转贷他人,也可能是以投资入股等方式转移贷款,不易认定为高利转贷罪;三是借款纠纷不一定会进入诉讼程序,拒不执行判决、裁定罪有时奈何不了他们。我们建议,对现行刑法中关于侵占罪的规定加以扩张,规定:"以非法占有为目的,占用金融机构的贷款,有能力归还而拒绝归还,或采用各种手段脱逃应到期债务,情节严重的单位和个人,处以刑罚"[②]。在量刑中突出罚金刑,以有效打击逃废债行为。与此同时,我国刑法目前没有专门的账外经营犯罪的规定,作为处理账外经营行为的主要依据的《金融违法行为处罚办法》也没有具体指明账外经营行为和若干金融犯罪的关系和适用条件,采取的只是原则性的处理方式申明对金融机构和个人在从事账外经营过程中的行为若触犯刑法有关规定构成犯罪的要定罪处罚。为此,一方面需要论证能否在刑法增设账外经营罪,代替用账外客户资金非法发放贷款、拆借罪,将其条文置换为:"金融机构及其工作人员以牟利为目的,违反法律、行政法规规定,从事账外经营行为,造成重大损失的,处……"[③]其目的是使账外经营罪就可以涵盖以下犯罪行为:(1)数额巨大,情节严重的吸收客户资金不入账行为;(2)账外发放贷款,进行资金拆借,造成损失的行为;(3)其他情节严重,造成重大损失的账外经营活动。但

---

① 陈正云著:《金融欺诈及其防治》,法律出版社1997年版。

② 康均心、李娜:《金融安全的刑法保护研究》,《刑法论丛》第15卷,法律出版社2008年版。

③ 李娜:《金融犯罪罪数形态缕析》,《兰州学刊》2010年第11期。

修改刑法的时机不一定很快成熟。目前,对于账外经营行为应当重点做好内部管控和金融信息技术防范。对于金融机构内部机构和工作人员的强烈图利倾向,金融风险管控部门要引起警觉,加强金融、会计法规和金融机构内控制度培训,动员金融机构各条业务线上的工作人员揭发暗地开展存贷款、结算业务以及其他经营活动的行为,排查各种业务疑点。

四、加强信用风险管理能力建设

风险管理能力是衡量商业银行生存能力的核心标准之一。当前,国际上有一些通行的银行信贷风险管理规程,如巴塞尔银行监管委员会发表的《信用风险管理原则》,与我国银行业在金融风险控制上的目标高度一致,可以作为银行风险控制的战略参考。巴塞尔委员会是指"国际清算银行关于银行管理和监督活动常设委员会",它是于1975年2月,在国际清算银行(Bank for International Settlements)主持下,由美、英、法、德、日、意、瑞士等12国中央银行的官员在瑞士巴塞尔发起建立的,因而又称"巴塞尔委员会"①。其成立的初衷是协调各国中央银行对跨国银行的监督管理,开展国际监督合作,防止因跨国银行发生危机酿成国际银行业危机。巴塞尔委员会成立至今,从制定国际合作监督的准则入手,已发表了多项文件,其中最为重要的莫过于1988年的《巴塞尔银行业条例和监管委员会关于统一国际银行资本衡量和资本标准的协议》以及新版本的资本协议,内容涉及跨国银行的监管分工、资产负债管理、风险管理等,从单纯对跨国银行进行监管逐步拓展到对银行业进行全方位、多角度的全面、系统监控,减少了各国金融管理的差异和金融监管的真空,对银行业的影响广泛而深远。特别值得一提的是,为敦促世界范围内的银行监管者在信贷风险管理方面有良好发展,巴塞尔银行监管委员会于2000年9月发表的《信用风险管理原则》,是新世纪该委员会推出的一个重要文件,它对银行业的主要业务活动——信贷资产业务进行了多方面详尽的规定,对各国银行信贷业务予以指导,充实丰富了以资本充足性管理为核心的风险管理模式,尤其强调了健全银行自身的

---

① 刘丰名:《巴塞尔协议与国际金融法》,武汉测绘科技大学出版社1994年版。

风险防范约束机制,对信贷风险的管理、识别和控制有着很强的针对性①。

在这份《信用风险管理原则》中,值得我们借鉴的主要涉及以下几方面内容②:

第一,建立信用风险战略。管理环境包括组织内部和外部对组织构成影响或潜在影响的任何因素。而管理战略则是企业中带有全局性、长远性和根本性的行动谋划和对策研究。对此,巴塞尔协议文本提出了3项原则,所述内容都是围绕着银行应建立信用风险战略或计划,要求董事会和管理层建设、执行和依照风险战略和政策,识别、衡量、监测、控制和处置信用风险,提高整个银行识别信用风险的能力。该战略计划具有以下特点或要求:(1)含有授信业务目标;(2)具有灵活性、稳定性和连续性,能够长期适用于经济周期的各个阶段;(3)具备权威性,能够令银行的高级管理层严格执行;(4)兼容性,即银行在引进和开展新产品和新业务之前,应采取措施设法将其中的风险置于该战略计划充分的管理和控制之下。

第二,确保贷款行为在稳健的授信程序下运行。授信是指商业银行对其业务职能部门和分支机构所辖服务区及其客户所规定的内部控制的信用高额限度。商业银行应根据国家货币信贷政策、各地区金融风险及客户信用状况,对各地区及客户授信。授信应当遵循4项原则,即银行制定并依据明确可行的贷款标准运营,在审批过程中充分掌握借款人和交易对象的信息,合理、审慎地确定特定借款人的贷款限额,健全贷款的审批发放流程,配置好授信组合,采取适当步骤控制和缓解由于对关系人放贷而产生的风险③。

第三,对信用风险进行有效能的衡量和监测。《信用风险管理原则》对此提出了6项要求,要求银行建立系统性的风险管理体系,能够对风险进行

---

① 中国人民银行管理司翻译:《巴塞尔委员会〈信用风险管理原则〉》,《中国金融》2001年第12期。

② 李娜、余翔:《"巴塞尔委员会"〈信用风险管理原则〉与我国信贷法制的创新》,《广东海洋大学学报》2003年第6期。

③ 翟淑萍:《我国商业银行信用管理水平综合评价的因子分析》,《改革与战略》2007年第5期。

持续管理。要求根据银行规模和资产状况设置好信贷人员管理幅度和职责权限,建立实用、严谨、高效和灵敏的规程,要求风险体系能够监测和评估单笔贷款以及银行资产组合的质量①。鼓励银行开发和使用各具特色的内部风险评级系统来管理信用风险。要求银行掌握一定的信息系统和分析技术以帮助管理层衡量所有表内外业务所蕴含的信用风险。要求银行建设管理信息系统(Management Information System),能以及时、有效和可靠的方式收集、综合、比较和传送银行与客户的内外部信息。

第四,确保对信用风险的控制,在贷款质量出现下降,可能出现信用风险时,银行应具备强有力的补救程序,文件提出了 3 条原则。这些程序包括发现程序、评估报告程序和特殊个案处理程序。对信用风险的控制的原则性要求有:独立、持续进行信用风险管理评估,直接向高层提出报告,确保将信用风险控制在符合审慎监管原则和内部控制限额的范围内,对质量下降和有问题授信进行及时补救和处置等。

第五,应充分发挥监管者的作用。监管部门对银行信用风险的监管职责是必要的,也应当遵循一定的原则。如监管者应要求银行建立识别、衡量、监测和控制信用风险的有效体系作为总体风险管理的组成部分,监管者应对有关银行信贷管理的战略、政策、制度和实践进行独立评估,发挥现场、非现场监管和外部审计师的作用。

巴塞尔委员会《信用风险管理原则》提供的一整套富有操作性的管理思想和行为准则,其积极意义是不言而喻的。从其内容看,主要是针对金融机构的管理性、技术性要求,但也有相当大一部分涉及社会化的管理、调控。因为,巴塞尔委员会出台的这一文件本身就是以金融行业内部的社会认同为制定基础的,文件并不能称之为国际条约,也不能当成专家报告,它的约束力源于各国政府以及金融部门的自我认可②。文件所提出的全面的、深刻的管理原则和新颖的管理制度是不同国家和地区、不同时期的金融监管者和从业者所贡献的,而这种民间性、社会性的规则和惯例对于银行业来说是

---

① 贺俊刚:《信用管理研究综述》,《财会通讯》2011 年第 24 期。
② 吕晓莉:《论巴塞尔协议的法律性质》,《法学杂志》1998 年第 6 期。

内部信条,而不是上级硬性要求去完成的。它能帮助银行制定信贷管理制度和衡量商业银行信贷管理水平,可以供共同搭建一个"注重安全的巴塞尔体制"的范本和标尺。这是一种有代表性意义的超越,即便这一文件发表已有十几年时间,但对于我国日益形成规模的金融业而言,这些原则要点并没有过时,反而恰好能够适应我国银行国际化、纯商业化经营的趋势。

第三章　房地产行业金融风险及其犯罪治理

金融风险是有关金融制度、金融产品、金融主体、金融行为的风险集合。在经济成长的过程中始终存在着结构性或随机性的资金供求矛盾,需要金融机构来扮演资金调剂、信用融通者的角色,为存款人和用款方提供金融服务,但在金融利益和金融便利中也渗透着金融风险。当前我国的金融形势处于全局稳定而局部出现不良倾向的态势,在各类产业中,房地产行业体量庞大,发展不确定性较高,而且它所牵涉的群体非常广泛。因而,房地产行业挟带的金融风险是非常值得警惕的。

第一节　房地产行业引发的金融风险分析

房地产是一个特殊的产业。在经济意义上,房地产行业所集成的上下游的资源要素比较特殊,尤其是核心资源——土地。在社会意义上,房地产解决的是人的生存需要,同时满足人的生活审美,包括人为什么要买房,要在哪里买房,要追求怎样的人居环境等。在我国,随着人口流动、财富增长、城镇化加速,房地产在短短 20 年时间里成为炙手可热的产业。从产业发展的历程看,自 20 世纪 90 年代末国家做出住房制度改革的重要举措,取消福利房、停止单位建房以来,商品化的房地产供应模式成为主流模式,商业化的房地产行业应运而生。但由于市场机制不够健全,政策保护、非市场化干预手段和资源垄断现象并存,中国的房地产经济发育存在一些不健康因素,对金融领域的侵蚀和威胁也比较明显。在房地产经济的各个节点——土地流转、房屋建安和房产消费中,一些非正常风险状况已经浮现。

一、土地流转环节潜藏的金融风险

房地产开发的基础是土地流转,可用于建房的土地由地方政府垄断,由于土地管理法制和城市规划法制的要求,可用于开发的土地处于有偿而且稀缺的状态。有意于进入房地产行业的个人和企业需要拥有一定的购地资本,而成立房地产开发单位没有特殊的资本性要求,只要达到公司法规定的股份有限公司和有限责任公司最低资本即可。为此在克服资金瓶颈的问题上,房地产公司创造了独特的模式[①],也引发了特别的风险。

在房地产行业成长初期,大量鱼龙混杂的公司纷纷出现,它们获取土地的资金来源对外界是秘而不宣的。据研究者分析,能够满足这些资金需求的绝不仅仅是股东的力量,而是金融机构的力量[②]。普遍的做法是通过各种项目包装和人脉,甚至通过暗箱操作,令银行将大量的金融存款资金借贷给房地产开发企业,还有一些信托投资公司从金融同业市场中拆借出大量资金,以委托贷款方式投给房地产商,让他们有能力在土地竞争市场上购地。此举带来的直接后果,一是房地产企业所负担的财务成本与股东出资、企业自有资金、发行公司债等融资方式相比大为升高。二是金融的介入使得土地市场的资金角逐非常宽裕,房地产开发企业有底气报出更高的土地竞拍价格,助长了土地价格的飙升[③]。而接续后果是,金融机构对价性要求房地产开发企业以拍得的土地做出抵押,以防范贷款难以偿还的风险,换言之,金融机构部分承担了土地开发的风险。在 20 世纪末期出现的房地产严重不景气中,全国大中城市尤其是海口、三亚、北海等地区出现的大批烂尾楼、烂尾地就使金融机构深受其害,间接迫使国家推出了关闭部分信托投资公司,将国有银行不良贷款打包给资产管理公司等措施,以"硬着陆"的方式承担了大量的金融风险。

---

① 张莉、高元骅、徐现祥:《政企合谋下的土地出让》,《管理世界》2013 年第 12 期。

② 张立新、秦俊武、俞薇:《我国房地产开发资本的空间聚集——兼论非常规聚集下房地产金融风险的防范》,《武汉金融》2015 年第 4 期。

③ 高鹏、李雪、董纪昌、吴迪、李秀婷:《我国房地产金融风险形成机制的演化博弈研究》,《现代管理科学》2012 年第 5 期。

近年来,随着国家对信托投资机构的强力整顿以及银行上市带来的公司治理制度严格化、信贷风险管理制度的完善化,涉及购地的房地产信贷活动受到较严格的监控,房地产企业不再像以前那么容易就能获得贷款,一批小型房地产企业退出市场,房地产开发资金供应方式上也发生了新的变化。值得注意的有两种倾向:第一,国内各路资金接续为房地产行业慷慨"输血"。2006年以来,各路资本力量大力鼓吹人民币升值利好和中国经济起飞,房地产市场前景光明,营造出房地产行业是支柱性产业的声势,一些在能源、矿业等高利润行业获利的民间资金直接涌入房地产开发市场;金融机构在信贷业务投向受限后,仍然通过委托理财、定向投资等表外业务方式间接将资金供应给房地产开发商,房地产开发商也通过股权质押、联保互保等合规方式持续向各种金融机构借款。第二,一些海外资本尤其是热钱潜入中国房地产开发市场,尤其是土地一级市场。境外资金流入的契机是一些大型房地产开发企业在海外实现上市,它们除了募集到境外股东资金,还结识了复杂的海外金融关系。据标准普尔的统计,2014年前5个月我国在海外上市的大型房地产企业的每月融资额达到了86.16亿美元、51.75亿美元、34.14亿美元、26.18亿美元、69.94亿美元[①],在这些投资银行渠道融资之外还不排除其他境外热钱脱离监管进入内地市场。

房地产行业的兴旺带来的连锁性经济社会效应是多元的。首先,巨量资金供给和多轮次炒作使得土地价格高企,大城市土地价格堪称寸土寸金,北京地区的土地拍卖楼面价格已经攀升到每平方米七八万元,天价土地市场也使得房地产二级市场水涨船高。而高昂的土地和房屋价格最终落到中国企业以及房产消费者身上,使得房地产土地经济占用的社会财富骤然增加,能够补给实体经济、投资其他产业的金钱资源被严重挤压。其次,房地产市场的繁荣和制度漏洞反过来又刺激了土地金融投机,使得本不稳健的房地产行业泡沫化现象加剧。如一些房地产开发企业的理念发生转变,"囤地"现象兴起,即竞得土地后不开发或者慢开发,待到土地价格暴涨后进行

---

① 王营:《标普点名处于危险中的开发商:万达恒大在榜》,《21世纪经济报道》2014年6月18日。

再转让以坐收暴利。而参与投机的国内"金弹"和境外热钱绝大多数都属于非战略性投资,它们的行事逻辑是一致的,当获得丰厚利润或者一有"风吹草动",预期盈利形势不明朗时就迅速撤离。房地产价格处于高位运行时很可能就是这些热钱功成身退之时。如果不能再找到丰厚的资金来接棒土地市场,严重的资金缺口和价格断崖现象将不可避免[①]。

针对这些现象,国家做出了查处土地闲置行为、加强土地增值税计征、调控银行减少房地产信贷等方式,但由于政策的瞄准性和力度性,加上地方政府对土地出让收入的渴求,房地产开发用土地价格节节升高的势头难以刹住车。这种中外金融势力扭结的土地金融怪象已经酿出金融风险的苗头,即名义财富严重虚高的土地使得本国金融机构和其他出资方严重受累,损害了资金安全性和流动性,如果土地供求形势发生逆转,根本无法以原有价格或相似价格变现,金融机构将蒙受巨大损失[②]。同时,也使得境外热钱对国家外部金融安全冲击成为现实。这与日本 20 世纪末以来的房地产大风险相比更为复杂,因为日本房地产市场上主要是本国资本来操控,而中国房地产市场上则是"多国联军"在玩一场危险的游戏。

二、房屋建安环节隐藏的金融风险

房产建安属于传统的建筑行业,是实体经济范畴,有较大的金融需求。和海商法中的在建船舶抵押制度相似,在建工程抵押被创制并广泛运用。其基本原理是,房地产开发企业将购得的土地暨地面在建工程抵押给金融机构,用其他渠道资金和售房所得来偿还借款,当房地产开发企业无法偿还贷款时将承担违约责任,金融机构有权处置抵押物,行使优先受偿权。这意味着,通过上一轮购置土地的融资,房地产开发企业在获得土地使用权的同时,土地又很快再次被设定为金融信用品。房地产开发企业将土地的优先受偿权利让渡给金融机构,金融机构则被捆绑成了房地产开发企业的风险

---

① 李勇、张伟、陈灿平:《房地产估价与房地产金融风险》,《西南民族大学学报(人文社科版)》2005 年第 3 期。

② 罗晓娟:《信贷支持与房地产金融风险》,《西南金融》2013 年第 3 期。

共同体。

　　近年来，在房地产建筑金融兴盛的背后，出现了一些异化倾向。首先，表现在绝大多数房地产开发企业在购地后都面临着开发资金紧张甚至枯竭的状况，它们唯一能想到的是把土地抵押给金融机构，获得建房金融支持，金融机构也觉得有利可图，因而，金融机构成了潜在的土地权利人。这不符合商业银行法的立法精神。其次，在我国的房地产开发过程中，相当大一部分房地产开发企业只是提供土地，房屋设计、建筑原材料、房屋建安施工等环节则由建筑产业部门来实施。由于竞争的激烈，大量的规划、设计、原材料、建安资金往往先由建设企业垫付，在房屋建成销售后再由房地产开发者偿付，因而，这些企业也同样成为房地产风险辐射的对象。再次，我国的房地产建设中掺杂着复杂的旧房拆迁、征用农用土地等问题，牵涉到不少失地民众，他们与单纯购房者相比利益更为复杂，在法律之外对他们还有一些特别的政策保障要求，他们的利益与金融机构、房地产开发企业、房产建安企业的利益追求之间有一定的冲突。一旦房产建安中遭遇工程事故、财务事故，不仅房地产开发企业会空壳化，还会累及金融系统和上下游产业，带来连锁反应。上述几种现象往往是并行的，即房地产开发企业先向银行借贷用以购买土地使用权，随后又向银行借贷用于支付拆迁补偿，再向银行贷款作为建造房屋的启动资金，同时占有关联企业的资金、资源。在这种经营格局下，房地产业搅动的金融风险已经将房地产开发商，土地出让者——地方政府、资金供应者——金融机构、增值服务提供者——建筑材料商、承建商、利害关系者——原地上房屋拆迁受补偿者以及背后难以计数的存款者等主体密实地包裹起来，在这种格局下，原本和其他实体经济行业风险度差异不大的房地产建筑业滑向高投机、高风险地带，房地产开发商更是处于腹背受敌的状况。从风险厌恶的金融操作准则来看，这种状况下的房地产建筑金融不应再被金融机构看好，但在房地产业整体发展失序以及地方政府政绩追求、政府对银行的干预等诱因下，房地产建筑金融在金融市场上所占的份额居高不下，相应的金融风险在多方主体之间肆意流动、互为威胁的情况几乎无处不在,值得警觉①。

三、房地产消费环节隐藏的金融风险及其异化

在房地产中占有主要份额的居住型房产的最终消费群体是广大的民众,而消费房地产产品的基本方式是居民自有储蓄加房地产消费金融,大部分房地产消费者没有能力在短期内支付全额购房费用,必须求助于金融体系。20 世纪后期在香港等地区首先创制出按揭住房(卖楼花)的制度。由房地产开发商在住房尚未竣工的情况下,将房产分割成若干个小单位,让消费者购买"期房"。消费者只需要支付一定比例的购房资金,就可以成为期房产权人,剩余的购房资金则有银行提供。相应的条件是,消费者将买到的期房产权转而抵押给银行,再辅助增加一些保证措施。待房屋建成后,购房者即可入住,再以较长的年限分期向银行偿还贷款②。这一体制与信用卡的设计原理相同,主要的风险在于消费者的还款能力,即只要消费者不出现逾期还款现象,银行可以稳定地获得贷款利息收益,从一定程度上看,是个三赢的制度,房地产开发企业能够有现金流支撑其完成房屋建设,购房者可以提前居住房屋,银行可以有效发挥资金效益。但这一制度在全球范围内都遭遇过危机。第一重危机是购房者出现失业、破产、收入下降等情形,导致住房"断供",银行流动资产硬化成不动产③。第二重风险是消费者还款能力没有出现问题而房价出现问题,即房价迅速下行,消费者在按揭时锁定的购房金额与现时实际房屋价格出现了很大的缺口,购房者认为再偿还贷款十分吃亏,选择主动拒还贷款,让银行行使抵押优先权以止损。而上述两种情形结合起来则更为可怕,在经济不景气下,购房者还款能力下降,房地产价格大幅下跌,甚至无人问津,出现大面积违约现象。美国在 2008 年金融风暴中就遭遇了这种情况,危机前,美国两大住房信贷机构"房利美"和"房地美"忽视对购房者资格和还款能力的审查,轻率地发放大量按揭贷款,加上危机

① 唐平:《中国房地产金融风险分析》,《经济体制改革》2007 年第 2 期。
② 李辉:《楼花按揭探究》,《山西省政法管理干部学院学报》2003 年第 1 期。
③ 刘文辉、郑智、宋高堂:《我国房地产金融风险识别系统的构建思路探讨》,《金融与经济》2007 年第 5 期。

前美国房地产价格高歌猛进，美国人习惯负债消费，使得大批美国人背负了沉重的住房贷款，在金融风暴爆发后，很多购房者收入锐减，丧失工作，无力偿还贷款，只能由住房贷款机构收回住房①。而更致命的是，住房信贷机构所发放的贷款资金并不来源于自身，而是通过复杂的金融资产证券化所筹集的资金，简单地讲，"房利美"和"房地美"将向贷款购房者发放的贷款包装成一种资产证券对外进行了销售，这种债券式证券是以购房者未来偿还房款和支付利息作为支付保证的，投资银行购买了大量的此种债券。当房价泡沫破裂，市场预期这种资产证券偿还风险急剧上升，变为垃圾债券时，这种资产证券价格急跌，使得投资银行首先倒闭，房地产信贷机构顿时失去了资金来源，而另一边的购房者又停止偿还房贷，住房信贷机构岌岌可危，只能向美国政府寻求保护。为了不让住房信贷机构关门，不至于让失业破产者被赶出房屋，雪上加霜，美国政府宁可放弃救助投资银行，也只能咬牙向房地产信贷机构注资，帮助他们渡过难关。

当前，我国社会各界对于用房需求被夸大、房产价格飙升超过正常上涨幅度的质疑越来越频繁，而房地产开发行业则极力澄清这两点。撇开这类争执，我国房地产消费金融中存在的风险是客观存在的，并且呈现出扩大的趋势，主要可以归结为：

首先，我国的房地产消费信贷基础存在扭曲现象。虽然我国并没有像美国一样出现房地产实体交易与复杂的金融衍生工具相勾连的利益局面，但是与美国不同的是，美国住房贷款机构发放的贷款都是已经建成的房屋，而中国住房按揭贷款支持的对象是在建房屋，这当中隐晦的资金关系是，银行向购房者发放贷款后，购房者表面上是将贷款作为房款支付给房地产开发企业，但实际上这笔资金很快就回流到银行，其原因是房地产开发企业先前就向银行申请了贷款用于购买土地或者建筑房地产，即前文所述土地金融和房地产建筑金融，房地产开发企业在收到购房者支付的房款后，必须将这笔资金偿还给银行，用"新账"还"旧账"。也可以理解为，房地产开发企业完全依靠银行进行资金循环，银行全程为房地产开发企业买单，全盘承接其

---

① 冯科：《从美国次级债危机反思中国房地产金融风险》，《南方金融》2007年第9期。

风险。一种危险是,如果房地产企业开发行为失控,或者破产解体,银行从表面上看不会有损失或只损失其先期的土地贷款和建房贷款,但房地产"烂尾"势必造成购房者的群情积愤,甚至带来群体性事件,地方政府在处置时会要求银行搁置购房者的按揭贷款。另一种危险是如果房价下降,购房者收入下降,停止按期偿还贷款,银行贷款资产将成为不良资产,只能靠处置抵押房产来收回按揭贷款,造成信贷资金损失。同时,房价下降、购房能力下降也会打击房地产销售势头,使得房地产开发企业无力偿还尚未还清的土地贷款和建房贷款,并且拖欠规划、设计、施工、材料、劳动力工资等,引发连锁性反应。因此,住房消费金融的单笔数额虽小,依大数法则来看也很少出现大面积违约情形,但在房地产行业不健康的情况下,是一个随时可能被引爆的"定时炸弹"。

其次,判断房地产行业发展是否健康的公认指标是房地产价格。我国当前的房地产价格很大程度上是一种非纯粹市场化的定价方式,也可以说是一种风险性定价[1]。作为大宗的、消费周期长的商品,房地产价格构成绝非只有土地成本、建安成本、财务成本、开发商利润几部分这么简单,还掺杂了大量的政策因素和人为因素。

(1)影响房地产价格的政策因素包括土地供应的稀缺性,规划用途的限定性,房地产购买方式的垄断性,户籍和房屋的勾连性,教育、医疗、文化资源的不均衡性等。具体而言,第一,中国是人多地少的国家,政府对房地产开发用地实施总量控制、分批次投入市场的政策,可用土地资源日益缺乏,人口增长成为房价上升的必然预期;第二,根据建设规划法规,在什么地段允许建造房屋,建造何种户型、何种配套设施的房屋需要经过行政审批,不是有土地就能建房,想怎么建房就怎么建房的,这导致房价中掺加了级差地租等方面的加权因素[2]。第三,随着20世纪90年代末停止福利分房,房产走向市场化以来,机关事业单位自建房被叫停,连部队建房也逐渐减少,房

① 杨永华:《论房价和房价收入比》,《经济学家》2006年第2期。
② 涂杰平、吕双利:《新政下我国商业银行房地产信贷风险探析》,《金融与经济》2011年第5期。

地产市场中只有两股建房力量,即政府和房地产开发企业。多年来,地方政府只是小规模地修建了一批经济适用房、公租房、廉租房,用于满足特定群体如公务员、事业单位职工、低收入或住房困难职工的住房。2010年以来,各地在中央要求下加大了保障房建设力度,将年供应量提高到千万套级别,但由于享受政策对象的严格限定性,住房市场上占据数量上绝对优势的是房地产开发企业,它们掌握了房地产市场的话语权,并逐渐发展出一些巨无霸型企业。这些房地产企业还非常善于调动各种舆论、广告、学术资源,同它们形成合声,高调论证中国房地产市场的前景。还需要提到另一种建房方式——合作建房,这是一种政策试验,即允许个人联合起来,购得小幅土地,自行设计、施工、居住房屋。前几年,广州、北京的一些年轻消费者曾联合起来,自行购地,在网络上征集设计方案,但由于利益的纷争,以及一些显性、隐形的阻扰,至今未能成功实施一宗合作建房。因此,中国房地产市场是孤独竞争者市场,房地产开发商的话语权无人能挑战,从而导致房价的确定方式成为黑箱游戏。第四,户籍是中国非常有特色的社会管理制度,在迁徙自由没有法律化的情况下,人口要得到政府承认的流动,必须取得户籍作为通行证。同时,户籍也成为区分和标志身份的重要方式,如农业户口和城镇户口、大城市户口和小城市户口,其含金量有很大的差别。为鼓励房地产行业发展,大多数地方政府都采取了买房上户籍的政策,规定在房地产所在地购买若干面积的住房,即可突破固有的按个人身份来确定户籍的规定,曲线取得想要的户籍,即所谓的"蓝印户口"。这使得房价不仅仅标记不动产价值,还附带增加的身份价值。第五,长期以来,在教育、医疗、文化、娱乐等公共服务方面,形成了极大的不均衡。不同地域之间、同一城市的不同社区之间的差别显而易见,导致了人们的趋利性选择,即追捧购买中心地段房、地铁沿线房、学区房、医院房等。地方政府也顺势而为,为了激活城市建设,增加财税收入,往往会抛出新区计划,轨道交通修建方案,学校、医院、商业配套设施布局方案等,创造出一个个的房产开发热点,使房价在周密的、有创意的操控下保持坚挺[①]。审视这些政策因素,其目标导向是营造一个表面

---

①　徐美茹:《金融冲击、需求拉动:房价与地价因果关系研究》,《浙江金融》2011年第10期。

上符合市场化需求而实质上带有垄断性供应特征的房地产卖方市场。在这种卖方市场中,房地产消费者的议价权很少。且房地产消费者可选择的房地产消费金融受到政策因素的"夹击",只能是一种被动金融和高成本金融。在消费者被迫选择房地产消费金融时,对于自身偿债能力、房地产市场未来景气趋势等就会出现无暇顾及的倾向。由于房地产消费信贷往往持续数年甚至数十年的时间,在此期间,借款人的财务状况、职业生涯发展顺利程度还存在一些难以确定的因素,如果借款人一开始就陷入某种程度的"风险麻木"的话,后续的风险系数将会趋于增大,而房地产消费者的个人债务风险和整体性的金融风险是同一向度的,前者必然会引爆后者①。

(2)影响房地产价格的人为因素包括置业传统、家庭改善居住条件的需求、民间财富的避险需求、投资投机的可行选择。第一,中国历史上有重产置业的传统,认为"纵有千金不如一屋一瓦",住房和商业用房的长使用年限、家庭生活承载功能、重购房轻租房等思想导致人们即便在职业生涯和财富积累过程的初期就有很强的购房冲动,加上独生子女化后父母比较看重为子女置产的社会风尚,使得房屋的"刚需"成为房价上涨的坚实后盾。第二,改革开放以来,民间财富急剧增长,近年来国内通货膨胀的压力日益显现,富裕起来的国民越来越多地考虑如何使自身财富保值增值,认为购买贵金属、不动产比持有现金更加安全,于是房屋稀缺和升值有了很大的想象空间,从而助长了房地产市场的热度上升,抬升了房价。第三,在实体经济不稳定、盈利水平低的限制下,大批先富阶层的投资空间被压缩,从而使资金涌向了虚拟经济,炒黄金、炒股票、炒商铺住房等行为大行其道,加上政策暗示和商业鼓吹的驱动,不少国内资本扎堆进入房市,使房屋成为投机投资的热门。一段时间里,在证券市场兴旺时,投机者选择将房屋抵押给银行,甚至典当给典当行,套取现金去购买股票。当证券市场萎靡时,大批资金则撤出股市,杀向房市,形成投机循环②。同时,一批来自境外的热钱也渗入房地

---

① 王锋、李宇嘉:《我国经济增长背景下的房地产市场与金融稳定》,《财贸研究》2008年第 5 期。
② 苗国:《"蜗居之痛":一项关于青年置业观念的社会学考察》,《中国青年研究》2010年第 7 期。

产市场,进行炒作,使得楼市高烧不退。从这种角度观察,房地产消费者并不是惯常的"风险厌恶型"群体,而是自觉或不自觉地参与到风险制造和风险扩散当中。当大量的社会群体陷入"迟买房不如早买房"、"买到房就是赚"的亢奋时,亦表明房地产金融风险已经深度侵入房地产消费群体及其财富之中。

尽管房价的上涨造成了广泛的民生怨言,也警醒政府采取调控措施,但从目前看,无论是政府提出的多渠道增加保障房供给、要求地方政府履行房地产调控目标、加大房地产信贷难度等措施都无法有效地遏制房价迅速上涨的势头。

由于实体经济面临转型、相应的货币金融政策展开调整的必然性,结合世界范围内房地产市场价格不可能永远走高的历史规律,我国房地产价格泡沫破裂的危险性逐步增加,从而对房地产消费金融带来直接的打击。作为房地产行业的产业链末端,房地产消费一旦出现明显性的不景气,必然会传导到房地产开发的前部。2014 年发生在宁波奉化的当地最大房地产开发企业浙江兴润置业投资有限公司倒闭事件就非常符合这一趋势。据初步测算,兴润置业及关联企业总负债 35 亿多元,其中银行贷款 24 亿元左右,另外吸收民间资金 7 亿多元,且为非法手段所吸收的公众存款。该公司在兴旺时开发了多处当地房产并参与旧村改造,但近几年来,在房产销售低迷、消费者支付的购房款完全不足以抵偿期满的银行贷款以及剧增的财务成本,公司也不愿意将房产降价抛售,最终导致资金链条断裂,非法吸收公众存款的事实暴露,不但酿成银行贷款违约危机,还带来更为严重的金融犯罪风险①。尽管这家公司的行为有其特殊性,但很大程度上说明当前房地产金融风险出现了异化和扩张的趋势,即便是经营合规程度较高的大型房地产开发企业,最近也收到了来自国外信用评级机构的警告,因为这些公司在过去 1～2 年里债务负担成倍增加,而销售业绩并不显著。对深陷于房地产行业的金融机构而言,抽减对房地产业的金融支持,开展风险压力测试、有针

---

① 葛熔金:《宁波房企负债超 35 亿父子被起诉 7 名机关人员涉案》,中国新闻网,2014 年 3 月 15 日。

对性地启动资产保全工作已被提上日程或开始操作①。但从系统性风险角度看,房地产行业危机的到来令金融机构无法独善其身。

第二节　房地产金融风险诱发犯罪的社会治理展望

从本质上讲,金融风险属于经济、财务型风险,但随着金融活动对社会生活的渗透日益深入,金融行为已演化成社会化行为。该类行为所挟带的风险俨然成为一种社会风险,波及金融主体之外的所有社会成员。我国房地产领域出现的问题表征着金融风险正逐步异化或者社会化,而其带来社会不稳定的消极性将更为突出。

针对日益异化的房地产金融风险,我们认为,既要有一些针对性强的社会治理措施加以干预,以平衡、钝化一些房地产风险,更要着眼于长远的研究,思考市场经济趋向社会化环境下如何将经济活动和社会活动加以整合。对于前一个方面,可以通过法律制度和监管手段的严格执行、加强调控政策的瞄准性、对房地产开发行为实施宽严适度的干预、严密监控房地产金融困境滑向集资诈骗型或逃废债务型金融犯罪等措施来抑制风险;通过及早出手打击已确证的房地产金融犯罪,避免出资人损失扩大来降低风险;通过加快创造多种渠道保障住房消费需求,对房地产金融风险进行客观、实在的舆论指导,令住房消费者能够理性地参与房地产金融活动等措施不助长泡沫和风险,疏导因住房风险焦虑而从事跟风性的抢盘、抛盘、断供行为,加强房地产市场的理性秩序。对于后一方面,我们认为有必要借助社会市场经济的理论来审视如何协调房地产金融风险。

一、社会市场经济理论提要

近年来,在德国产生过重大影响的社会市场经济观念传入我国,引起了研究者的极大重视,被视作市场经济自我回复健康和更好地容纳金融产业发展的一个合适的外壳。因此,我们有必要了解社会市场经济的肇源和其

---

① 齐讴歌:《房地产价格波动对金融体系的传导效应研究》,《统计与决策》2015 年第 16 期。

制度内核。

阿尔弗雷德·米勒-阿尔玛克基于秩序自由主义理念,创造性地提出了"社会"的市场经济,即"社会市场经济"概念[①]。他认为,就服务于共同利益、满足社会正义和个人自由的诉求来说,市场经济被证明是相当有用的工具。但有必要通过一定的经济过程政策和社会政策来实现经济社会目标,即寻求建立一种以市场经济为基础,兼顾经济增长、个人自由和社会安全的"共容性"社会秩序[②]。同时,他又主张经济社会秩序不是既定的、一成不变的,而是应在坚持市场自由和社会平衡原则相结合的前提下,与不断变化的社会环境相适应。换言之,社会市场经济是一种强调市场竞争和社会公正相结合的经济与社会体制,既注重发挥基础性的市场竞争要素,同时也强调社会公正的补充和纠正作用[③]。与在英美国家盛行的主流市场经济模式相比,社会价值是社会市场经济的亮点和优点,社会团体的参与治理或自治也与以往不同。

主张社会市场经济的重要理由是,在市场经济发展到特定阶段,经济自由与经济秩序、经济效率与社会公正之间会产生对立,自由放任的早期市场经济无法很好地解决这一点,需要创新经济模式,在市场元素之外增加法治、秩序、反垄断、社会责任、可持续发展、生态和谐、社会福利等元素,需要在经济人支配下强调社会伙伴关系,将个人与社会统一起来。不能以牺牲社会利益来成全经济效率,而是尽可能地使公平、争议与效率相融合,减少冲突,形成市场与社会的多元均衡,甚至将社会利益、社会均衡置于市场利益之上[④]。这方面的看法与当前我国乃至很多国家面临的房地产行业风险异化发展的情况非常类似。

在社会市场经济模式下,各方主体的角色发生变化,过去的市场经济强

---

① 胡海洋、姚晨:《德国社会市场经济模式分析及借鉴》,《经济研究导刊》2015 年第 4 期。

② 周建明:《从"市场社会"到"社会市场经济"——对 20 世纪西欧资本主义的考察》,《学术月刊》2015 年第 7 期。

③ 迪特里希·狄克特曼、维克多·威尔佩特·皮尔、魏华:《德国社会市场经济:基础、功能、限制》,《德国研究》2001 年第 2 期。

④ 孙宪忠:《德国社会市场经济法律制度初探》,《外国法译评》1995 年第 4 期。

调政府尽可能地少干预或者政府只是在必要的时候干预,而社会市场经济则呼吁政府尽责任建立秩序。市场主体如企业等则应当致力于建立稳定的治理结构,与社会力量之间保持良性的伙伴关系。对于个人而言,需要成为社会责任承担者,也理应享有更多的市场产出回报和社会权利。

社会市场经济不是空泛的理论口号。经济生活中的一些积极现象,如可持续的经济增长方式、稳定的金融体系、充满活力的劳动力供给体系、成熟的分配体系、覆盖面广的社会保障制度都体现了这一思想。它的发展也证明,市场规则和社会规范是可以相互融合的。从根本上看,市场经济主要是一种资源分配工具,是实用主义的,并不存在一成不变的模式。能够满足冒险者利益,实现个人价值的是早期市场经济。而能够满足更大程度的共同利益、实现社会价值的是成熟型市场经济。能够满足社会公正、实现更远大的经济目标的是未来更为完善的市场经济的努力方向。在社会市场经济环境下,相关的经济政策、社会政策被整合起来以便这一目标的实现。

不同国家的社会环境有差异,对市场经济有不同的立场,但我们可以从市场经济的演化过程中寻找一些有价值的元素,就像市场经济的海洋中可以找到一些避免航行触礁的灯塔一样。一些在不同国度都现实有效的市场经济元素将有利于我国市场经济的健康运行,对一些在其他国家的特定经济环境下衍生出的机制也可以被我们重新加以诠释,纳入我们的经济体制中[①]。

二、社会市场经济对房地产金融风险诱发犯罪治理的启示

对于包括房地产金融活动在内的市场经济中的各种金融行为,社会市场经济有望倡导和推进以下一些原则。

首先,在坚持竞争为基础的金融发展路径下,将社会利益(包括但不限于社会公正)作为必不可少的补充。金融自由是竞争的前提,也是竞争得以充分开展的重要条件,但金融自由不能是少数人的自由,或者是高金融风险

---

① 陈金元、高峰:《关于德国社会市场经济对我国市场化改革的几点启示》,《北京理工大学学报(社会科学版)》2001 年第 1 期。

携带者的自由,而是应当考虑到金融受众、社会团体的利益关切。如我国金融行业一拥而起的金融服务收费现象,在解决过往千篇一律的金融服务种类和低质量的金融服务上发挥了撬动作用,但在其发展过程中也出现了脱离金融业的最根本对象——存款人的期望,成为金融经营者的一种自由滥用行为,最终还是由金融监管部门出面要求商业银行等对金融服务收费项目进行认真清理,取消各种不合理收费。这种行为尽管被有些学者批评为开金融监管倒车,过分干预金融市场的成本收益机制。但从中我们也可以看到一个强秩序政府对金融行业发展应当具有的权威性。只是政府介入金融微观活动后,如何才能有效地实现市场和行政的均衡还需要有更高超的技巧①。对于房地产市场供应和房地产信贷之间的平衡,政府也可以照此实施干预。我们不能简单地批评房地产经营者和金融机构贪婪、打政策擦边球的行为,而是应当看到由于缺乏社会市场经济中那种良好的市场观,以及政府干预力度和焦点上的欠缺,使得房地产市场以及相关的金融市场相当不稳定,金融风险被抛至脑后。

其次,在坚持金融机构市场化、现代化的基础上,也要促进金融机构的社会化。近年来,我国金融机构经历了商业银行主体地位的确立、股权结构和治理机制的改革、国外管理经验和团队的引入等改革,在机构发展上发生了很大的变化。金融机构如银行、保险公司等不再是清一色的"国字号",而是非常复杂,甚至非常"前卫"。但随之带来的一些不良现象,引起了社会舆论的广泛关注。比如,存款类金融机构为了压缩成本,进行金融营业网点调整,使得便利社区居民的金融机构数量减少,服务窗口减少,办理金融业务的民众被迫排长队。为了推进金融电子化服务,一些金融机构强制要求客户开设银行卡,甚至将纸质存折以各种方式废止。为了突出客户价值,强行推出小额账户管理费,推出高人一等的 VIP 贵宾服务。我们很难解释是市场经济中的不平等造就了金融不平等,还是金融不平等已经超出了市场经济不平等的可控范畴。在社会市场经济理论体系中,关于社会公平和经济

① 贾爱明:《德国社会市场经济法律制度对完善中国社会主义市场经济法律制度的启示》,《改革与战略》2015 年第 1 期。

效率的看法是很有价值的,它不赞同两者是相互冲突的,为达到其中一方面就需要牺牲另外一个方面,而是认为公平和效率有必要相互融合。市场行动者不应当总是权衡要突出哪一个价值,而是将两者视为协进伙伴。金融机构本身也是一个社会组织,也要承担社会责任。从宏观面上看,金融机构的社会责任是稳定经济、促进投资、服务市场,而微观层面的社会责任应当是服务存款人,服务社区,承担促进就业责任,加强雇员福利,保障客户利益,吸取客户参与等。采取这样的做法并不意味着金融业有特殊性,而是在社会市场经济条件下每一种经济组织都应当努力做到的。只有在市场规则的指导下,并重视能够引导市场规律的社会政策,才能把市场经济中的无序因素所带来的负面效应加以限缩。

房地产经营也需要金融机构的深度参与。在美国建立了政府担保体系和商业保险体系相结合的个人住房抵押贷款担保体系。政府担保体系的主要目的是解决中低收入家庭购房担保问题,它可以扩大银行个人住房抵押贷款发放规模,又可有效地减少信息不对称和道德风险等问题,降低银行抵押贷款风险。商业保险体系可以克服政府担保能力有限、覆盖面积狭窄的不足,通过商业保险机构和商业银行的合作、信息资源共享及相互监督,有效地防范个人住房抵押贷款市场的风险[1]。在英国、德国等西欧国家,金融机构会在发放住房消费贷款时与保险公司合作,由保险公司向借款人提供购买一份抵押房屋财产险或人寿保险,保险金额与保险期限与住房抵押贷款一致,当借款人在保险期内因死亡、残疾丧失劳动力或无力偿还时,由保险公司给付保险金,借款人或其家人可以用这笔保险金来支付贷款余额,既确保了其对房产的所有权,也保障了贷款银行的利益[2]。在加拿大,联邦政府开设了一间抵押贷款与房屋公司,开展住房金融、兴建经济适用房和其他贸易事务。当其他银行和金融机构为中低收入者提供住房抵押贷款业务时,这间公司会出面为金融机构提供住房抵押贷款保险,在保险期内提供全

---

① 刘双良、杨志云:《风险积聚、政策网络与合作治理——房地产风险的合作治理模式分析》,《中国行政管理》2010 年第 6 期。

② 梁景宗:《住房储蓄银行现状与未来发展模式初探》,《华北金融》2011 年第 10 期。

额借款损失保险,一旦发生不能偿还贷款的情况还可以为金融机构提供相应的补偿。这一举措不但使借出贷款银行的风险大大降低,而且使银行可释放部分资金从事其他业务,不用准备大量的坏账储备金。抵押贷款与房屋公司对所有金融机构一视同仁,从而使得金融机构之间的房屋贷款标准和手续费趋向统一,购房人可以便捷地从银行获得住房贷款。德国经过多年的探索,建立了独具特色的住房储蓄体系和住房储蓄银行,成为房地产社会化金融的典范。德国早在1921年就成立了首家住房储蓄银行。到2002年为止,全国有近40家类似银行,总资产3000多亿马克,为20%的购房者提供了金融服务。德国住房储蓄银行受到政府特批专门从事住房储蓄业务,并且承诺居民交存的住房储蓄金专门用作房地产金融,不搞其他风险业务,以保障资金安全。民众可以与住房储蓄银行签订储蓄合约,每月在银行存款。同时,民众有权从住房储蓄银行获得购房贷款,最多可以贷到房屋总价50%左右的贷款。这种贷款利率较为优惠,还款期较长。住房储蓄银行还可以帮助客户联络其他商业银行获得交纳剩余购房款所需要的贷款。政府规定住房贷款银行所吸纳的资金及储户的还款必须专款专用,不得用于其他风险较高的金融活动,以保证资金安全。德国至少有30%的家庭参加了住房储蓄银行[①]。在这些社会化金融的帮助下,一些国家的房地产经营形势较为稳定,金融风险变异的情况得到了遏制。

　　我国当前提供房地产金融的主要是各种商业银行、信托投资公司、住房公积金管理机构。在银行中,房地产金融业务与其他信贷业务为一体,没有形成较为独立的业务模块,对于购房者的服务完全是商业化的。住房公积金管理中心存放着巨额的住房公积金,但是业务高度依赖于银行类金融机构,业务品种也比较单一,职工缴存住房公积金行为和公积金贷款行为各自为政,融合度不高。我们有必要借鉴西方国家的一些做法,将房地产金融业务建设成带有社会化色彩的金融服务。

　　第三,在坚持金融业走市场化道路的同时,解决好社会和政府的角色问题。二十年来,市场经济的理念和要素逐渐被我国接受,变成一个非常受欢

---

① 　彭伟琳、刘艳红:《德国住房储蓄及其中国本土化研究》,《经济论坛》2005年第23期。

迎的事物。但不能确保经过一段时间的摩擦，人们会对市场经济产生失望并且站到市场经济的对立面。当前我国的经济生活中也出现了这种声音，如有个别思想派别运用人们对收入分配不公、高房价、尚未破除的国有垄断机制、腐败现象蔓延、特权现象的反感，怀念过往经济体系中的一些优点，鼓吹改革方向不正确，应当走回头路。党和国家对此问题已经引起重视，重要的舆论媒体也强调，不深化改革，不继续开放，不坚持走市场经济道路，走回过去的老路，我们国家才会死路一条。未来的市场经济制度，应当是兼顾经济效率与社会公正，能够被全社会广泛接受的经济制度，而被社会接受，必定要求其社会性色彩浓厚①。

社会是个内涵丰富的范畴，不同的群体可以有不同的解读。社会本身蕴含着直接的财富，同时也包含着对财富的集聚和创造有神奇催化作用的元素。在市场经济条件下，社会资本、社会交换等元素已经被广泛地承认和运用于商业活动中，并深刻影响着商业伦理和规则。社会有时是聚合的，有时则是离散的，主导社会运动的规则和经济规则相比更为复杂②。社会之间也存在着冲突和竞争，也会存在效率选择，但可以确定竞争和效率不是社会的核心理念。经济竞争只有转化为社会福利的资源，并适应社会公平的发展趋势，才能贡献于社会。同时，社会关系和交往规则也不能破坏经济竞争，把经济推向混乱或者重新变成国家指令。在金融领域，这种规则集中体现在两类关系之中，即金融市场与政府的关系、正式金融与民间金融的关系。

在我国，政府与金融业之间的关系有多重层面③。从资本纽带来说，过去的金融机构是百分之百国有，政府是唯一出资人。根据加入世界贸易组织做出的开放金融市场的承诺，经过股权结构改革，政府不再是金融机构的

---

① 王可园、李剑秋：《政府社会治理现代化：现实挑战与政策选择》，《广州大学学报（社会科学版）》2014 年第 10 期。

② 苗红培：《政府与社会组织关系重构——基于政府购买公共服务的分析》，《广东社会科学》2015 年第 3 期。

③ 王守坤：《政府与金融的政治关联：经济效应检验及中介路径判断》，《经济评论》2015 年第 5 期。

唯一出资人,但还是最大出资人。从监管关系上说,目前我国对金融机构实施监管的政府部门包括中国人民银行、中国证券监督管理委员会、中国保险监督管理委员会、中国银行业监督管理委员会,人民银行属于国家机关,而后三者则属于纳入国家机构体系的事业单位。同时,财政部及其下属的中国投资有限责任公司要对大部分国有金融机构履行出资者管理职能。地方政府的国有资产监督管理委员会要对地方金融机构中的地方国有资产履行出资者责任。在党的组织机构方面,还设有专门的金融工委。在金融人才的管理使用上,目前绝大多数金融管理人才是政府体系培养选拔的,只有少数人才是由国外金融环境和教育体系培养的。与其他企业相比,原先属于国有金融机构的一些银行、保险公司的行政色彩还是较浓的,比如中国银行、中国工商银行等大型银行的主要负责人属于中央管理干部,被确认为副部级级别。银行之间的负责人互相调动,中国人民银行和商业银行之间的负责人相互交流任职的现象非常普遍。政府与金融机构之间的互动非常频繁,既包括法律规定的监管行动,如利用存款准备金制度、中央银行公开市场操作业务来调控货币流量,控制银行的贷款规模[1],规定保险资金的投资用途和限制,规定证券公司融资融券业务,审核信托机构的资质和产品风险提示方式,也包括政策范围内的指导、刺激、推动等。如 2008 年金融危机后,中央决定推动总规模 4 万亿的基础设施和产业投资以保持经济增长速度,避免经济硬着陆。由于政府可使用的财政预算资金无法满足投资需求,银行类金融机构成为这一政策的主要执行者。除了直接向政府编制项目提供金融支持外,银行还大量满足地方政府的借贷需求,或者向地方政府设置的开发投资平台注资,也向房地产等行业大量贷款。政府对银行的活动干预比较明显,如在房地产消费信贷业务上,银行必须执行政府的最高贷款额度、最低首付比例,执行政府的限购、限贷政策。监管活动和干预活动必定会造成相应的社会效应,这种社会效应可能是政府所预期的而不是市场所预期的。明智的监管和干预等能保证整体经济环境的稳定,但是过分围绕政策目的的干预也可能妨碍市场机制发挥作用,造成市场上的一些假象。

---

[1]　齐莲英:《金融制度、政府与金融风险的关系研究》,《山西财经大学学报》2003 年第 6 期。

我国近几年来高度膨胀的房地产开发、消费市场就是明显的例子。如果没有从根源上消除房价上涨的原因,单靠政府强令银行进行限贷、限购,顶多会导致房地产行业停滞不前,而不能解决健康发展问题。反过来,停滞不前的房地产市场又成为影响金融安定的一颗定时炸弹,随时会拖累其他国民经济行业①。而且,被房地产利益链条绑架的民众对于政府和金融体系的满意程度非常低。这种双输结果的市场经济显然不符合社会市场经济的宗旨。

有必要提及的是,除了房地产领域存在的问题,当前的中国社会发展面临着一些新的问题,包括新闻媒体常常提到的网络化社会、老龄化社会、后"人口红利"社会,迅速变化的社会环境和年轻的社会主义市场经济之间的关系非常引人瞩目。从发展前景上看,我国需要在进一步深化改革的基础上探索出一条与传统市场经济不完全相同的自我完善的道路,任何外来的模式只能是给我们提供参考,不能百分之百借鉴。而且,任何一种经济模式都有其不确定性甚至是弊端,就连在德国得到成功实施的社会市场经济模式,近两三年来在遭遇欧洲国家主权债务危机以及欧洲和俄罗斯关系紧张的情况下也出现了增长性困难。我国在实施市场经济体制以来,向西方国家大量学习了金融机构的管理技巧、风险管控方式、金融科技化与信息化手段等,目前很多关于金融领域的商业方法专利、高端金融设备、金融产品开发等都来自国外,这些既有来自于自由市场经济传统的美国、英国等国家,也有来自社会市场经济观念的德国等国家,这些制度的实际运行中不排除出现在其母国运行得好,而在中国运行会遇到各种问题的情况,最为典型的例子是信用征集制度和信贷风险评估原则。

由于金融氛围和配套制度的问题,我国在一些金融行为上与国外有较大的差异,比如,我国近年来已发行了数以十亿计的银行卡(包含信用卡),持有几张银行卡,甚至十几张银行卡的民众比比皆是,而很多银行卡根本没有启用或很少启用,成为沉睡卡。这种情况在欧美国家是极其少见的,因为

---

① 刘蓉、黄洪、刘楠楠:《金融风险与财政分担:基于激励相容的视角》,《财经科学》2015年第5期。

银行卡增多意味着信用记录维护负担增加。持卡人基本上不需要基本上雷同的多项金融服务，而发卡行在发卡时很少关注潜在客户的信用水平和金融活跃程度，异化到了挖空心思、见人就发卡的地步，其目的仅仅是为了扩大市场份额，收取更多的管理费。在银行卡发卡竞争中，各种与金融无关的手段被使用到了极致，如洗车服务、观影优惠、医院挂号优惠等，使得银行卡本身的信用证明功能被异化。同样也是消费金融领域，我国的个人支票、旅行支票业务一直未能规模化推广，消费者个人不愿使用，商家也不愿意接受个人支票。这说明中国式金融发展与市场经济之间的联结性可能与西方不同。

　　我们在此探讨社会市场经济模式可能给金融发展带来哪些变化或者挑战，最有价值的发现是金融活动中本身具有的社会元素在社会市场经济中得到了较高的认可和提倡。而且，有迹象表明解决金融活动中的重大问题需要社会环境、经济环境的配合，并使用足够的社会手段。社会元素对于市场经济非常重要，对于金融发展和金融安全更为重要。无论是促进金融科技化、金融人性化等良性趋势的发展，还是减少金融活动中的人为对立和互相转嫁风险，社会工具都应当被重视和采用。我们越多地吸取社会市场经济中的有用元素，越可以帮助我们提升各种经济体系的社会治理接纳水平，加强、加深金融问题的社会化认识建构，明确改革的方向，寻找金融问题的解决方案。虽然还很难说社会市场经济的模式是使金融运行最为理想的制度体系，因为当前在新自由主义经济和金融资本的胁迫下，社会市场经济的"社会"这一附加内容被大幅度减少了，金融资本选择了攻击社会市场经济体系，导演了令少数行为体获得巨大利润，而整个国民经济受到损害的老套路①。比如，在金融资本的影响下，企业更倾向利用套利赚取利润。与有创新能力的实体企业相比，这种套利企业不创造新价值，并且资本市场容易导致泡沫。这是我们不愿意看到的，也是我们未来在探索更优越的经济管理制度时应当引以为戒的。我们的金融发展一方面需要抵御自由市场经济所

---

① 张泉泉：《系统性金融风险的诱因和防范：金融与财政联动视角》，《改革》2014 年第 10 期。

鼓吹的效率至上，政府少干预的圈套；另一方面，也需要防止一些社会使命损害竞争秩序的倾向，强调秩序、法律、法规、法令等作用，靠制度来治理。任何国家经济制度的形成都是各国政治制度、自然条件、文化传统和发展水平等因素影响下自身演化的结果，我国未来市场经济以及金融体系的演化，需要根据形势发展不断改革，使其更具适应性和弹性。

第四章　民间借贷中的金融风险及其犯罪治理

　　金融市场没有固定的地域边界。改革开放 30 多年以来,我国经济总量成倍增长,社会财富创造速度倍增,国民收入增长迅猛,在经济成长过程中汇集的巨量资金出现了不同的流向。有些继续循环在金融体系内,如银行、证券市场,有的则流入不动产市场,有些则流入实体产业,还有一些沉淀于民间社会。由于缺乏多元化的投资渠道,民间的地下、半地下金融活动非常盛行,尤其是民间的资金借贷活动。主要的借贷形式有三类,一是个人与个人、个人与企业、企业与企业直接面对面的资金借贷。二是借助银行体系,投资公司、典当行、地下钱庄等中介实施借贷。三是近期兴起的互联网金融借贷[①]。由于形式多样、手续简单、借贷回报高于金融机构的利息,民间借贷的存在有一定的必然性。但是民间借贷所带来的风险是显而易见的,它缺乏足够的信用支持,出借资金的一方和使用资金的一方在信息上处于明显的不对称,很容易演变成为非法集资、非法吸收公众存款甚至集资诈骗犯罪行为。我国的法律在很长时间内否定民间借贷,现在虽然承认一定范围内的借贷行为的合法性,但总体上是不鼓励民间借贷行为的,给予的法律保护也不够充分。站在社会治理的视角上,需要着重防范民间借贷中混杂的非法吸收公众存款和集资诈骗行为,同时也应当具体分析,避免民间借贷中出现的纠纷和无法偿还现象被一概泛化为金融犯罪。

---

　　① 席月民:《我国当前民间借贷的特点、问题及其法律对策》,《政法论丛》2012 年第 3 期。

第一节 民间借贷的主要表现形式及其金融风险

一、民间借贷与集资诈骗行为、非法吸收公众存款之间的关联性

(一)民间借贷与集资诈骗

现实生活中很多集资诈骗行为最初是以民间借贷的方式实施的。有不少非法集资者采取夸大集资回报条件的方式来吸引资金,但又因各种原因无力及时按照约定条件返还集资款及红利。有观点认为,在判定集资的性质时,应关注以下方面[①]:(1)考察行为人的目的,即考察行为人是否具有非法占有的目的;(2)考察行为人集资的方法,即考察行为人是否采用欺骗的方法;(3)考察行为人履行集资合同的能力和诚意;(4)考察行为人违约后的态度。上述标准有一定的借鉴意义。我们认为,判断是民间借贷还是集资诈骗行为还可以从以下方面考虑:(1)就范围而言,民间借贷发生在特定、较小的范围内,是依靠债权人对债务人的人身信用以及抵押、质押等物质担保来达成;而集资诈骗涉及的社会范围很广,是针对不特定的多数人进行,其规模比私人借贷要大得多。集资人和投资人很可能仅是素昧平生,前者的目的是敛财,后者的目的是牟利。(2)就涉及的资金数额而言,民间借贷的资金额相对较少,而集资诈骗涉及的资金数额相当巨大,动辄百万、千万甚至几十亿。(3)就利息而言,法律对于民间借贷利息的给付明确规定了其上限,最高人民法院《关于审理借贷案件的若干意见》指出:民间借贷的利率可以适当高于银行的利率,但最高不得超过银行同类贷款利率的 4 倍(含利率本数在内),且不得计复利。超过此限度的,超出部分的利息国家不予保护。而集资诈骗的行为人则向投资者承诺支付高息,往往高于银行同期存贷款利率的几倍、十几倍甚至几十倍。当出现民间借贷纠纷时,借款人不能还款的原因是由于客观上存在困难而非其主观上不愿意,而集资诈骗罪中集资

---

① 欧阳涛:《易混淆罪与非罪、罪与罪的界限》,中国人民公安大学出版社 1999 年版。

人本来就是以非法占有集资款为其目的,根本不存在还款的主观意愿①。采取这种做法的根据是针对可能存在的民刑交叉法律关系,保持刑法的谦抑性,避免一些民间金融纠纷卷入犯罪的范围,同时也给予民间借贷关系中的当事人更多、更大的解决纠纷出路,避免将当事人推向与法律进行对抗的最坏选择②。

(二)民间借贷与非法吸收公众存款

民间借贷与非法吸收公众存款行为之间有一定的区别:第一,在主体方面,非法吸收公众存款行为的主体既可以是金融机构工作人员,也可以是非金融机构职员,如国家机关工作人员、企业人员、社会人员。第二,在客观方面,非法吸收公众存款主要针对不特定的公众,采用的方式是擅自提高利率、支付手续费等,民间借贷多数有明确的出借人和借款人。第三,行为的性质有差异,非法吸收公众存款引发的犯罪属于行为犯,只要实施了非法吸收公众存款或者变相吸收公众存款,扰乱金融秩序的行为即可以构成犯罪;民间借贷是否触犯刑法则要考虑情节问题,情节严重的才考虑作为犯罪。两种行为之间也有所交叉,实践中有的金融机构在非法吸储过程中同时伴有非法出具存单行为,对于这两种目的、行为后果不同的行为,刑法上规定的打击重点以及可罚性是不同的。同时也应当看到,一些民间借贷在实施过程中,出现依附于金融机构工作人员或者渗透到金融机构当中的情形,而且出现了金融机构的"名"与民间借贷的"实"相互结合、相互作用的情形,使得民间借贷涉及的资金与金融机构的存款之间产生了混同,对此后文将做专门介绍。

二、金融机构人员参与的民间借贷行为风险分析

(一)存单纠纷案件的由来

由于资金出借人所拥有的资金有相当大一部分存放在银行,而且一些

---

① 李娜:《集资诈骗罪构成要件分析》,《广西社会科学》2005 年第 10 期。

② 梁亚、赵存耀:《"民间借贷"的法律边界——以温州"跑路潮"为背景》,《南方金融》2012 年第 1 期。

出借人对于银行信用有较高的信任度,希望资金通过银行或者银行工作人员作为媒介出借给用款人,并从银行及其工作人员那里获得一些还款保障。因此,从 20 世纪 90 年代末开始,以银行为媒介的民间资金借贷行为在一段时间内较为流行。一些银行的营业机构为资金出借人开具存单,然后将资金划给用款人,由用款人负责支付贷款利息,到期后负责偿还存单上载明的金额,形成了一种"存贷挂钩"关系,银行作为中介,在当中收取一定的利差。但用款人不一定能够偿还款项,导致出资人在无法保本保息的情况下与银行之间形成纠纷,到法院起诉银行要求兑付存单,形成所谓的"存单纠纷"案件①。

从金融学的角度来看,存单是银行内部重要的金融凭证,是银行和存款客户建立存款关系、象征存款所有权的法律凭证,银行负有按存单记载事项无条件兑付存款的法定义务。存单同时也是一种物权载体,在履行了必要手续后可以转让、质押。存单这种具备物权和债权的双重属性,与其他金融凭证性质差别很大。根据最高人民法院《关于审理存单纠纷案件的若干规定》,存单纠纷案件的范围包括:(1)存单持有人以存单为重要证据向人民法院提起诉讼的纠纷案件;(2)当事人以进账单、对账单、存款合同等凭证为主要证据向人民法院提起诉讼的纠纷案件;(3)金融机构向人民法院起诉要求确认存单、进账单、对账单、存款合同等凭证无效的纠纷案件;(4)以存单为表现形式的借贷纠纷案件。这种案件涉及出资人或者存单持有人、银行和实际使用存款的用资人三方的纠纷,在银行信贷规模紧张、企业通过支付高额利息获得资金现象流行的大环境下,这类现象并不少见②。如 1994 年,农行黑龙江信托投资公司农垦办事处与湖北鄂科城市信用社签订了存款协议书,农垦办事处通过君安证券公司武汉营业部转入 1000 万元,这笔 1000 万元资金当时是从黑龙江农垦系统垦区企事业单位和居民手中筹集而来的,鄂科城市信用社开具一张金额 1000 万元、存期一年、票面利率 9.6% 的存

---

① 唐博超、王瑞:《我国民间借贷中的影子银行现状及其发展出路》,《兰州学刊》2012年第 12 期。

② 曹仕斌:《对〈关于审理存单纠纷案件的若干规定〉的理解与适用》,《人民司法》1998年第 2 期。

单。当天,鄂科城市信用社同武汉市高鹏美食娱乐城签订了 1000 万元借款合同,将此笔资金中的 821.2 万元划入高鹏美食娱乐城账户。1997 年,鄂科城市信用社与农垦办达成一份《关于同意第三人履行债务协议书》,双方同意由该笔存款的用资人高鹏美食娱乐城来承担还款义务,但高鹏美食娱乐城分文未还。

(二)金融机构工作人员非法出具存单行为分析

在金融司法实践中,除上述存贷挂钩、引存放贷、收取企业手续费等情形外,部分金融机构工作人员还从事风险很大的虚开存单、代开存单、开假存单的行为,其目的是避开金融机构监管,在账外进行存款转贷款的操作。这类行为统称为非法出具存单行为,包括行为人本身无权而擅自出具存单、为不具备资格和条件的他人出具存单以及违反规定出具存单等情形,具体表现为:(1)存单记载内容与事实不符,特别是户名、金额不符,包括在没有客户资金入账的情况下开出空头存单、开出票面金额与金融机构实际入账金额不符的存单,即通常所说的虚开存单、"鸳鸯存单";(2)存单形式违反规定,如使用已停用的银行印鉴和空白存单或使用其他不规范的存款凭证等。这种行为违背了存单管理制度的规定,制造了虚假的存款关系,歪曲了存单应有的法律效力,削弱了存单的可信度,动摇了群众对金融机构的信赖度;同时,不按规定出具与事实不符的存单在流通过程中或在最终兑付时往往会造成纠纷,使金融机构、客户和他人蒙受财产损失①。如 1994 年湖北千里马医疗保健有限公司与深圳南山国债管理公司就融资 1000 万元达成协议,南山国债公司要求千里马公司找一家金融机构为其出具一张存单,然后再向千里马公司转款。千里马公司于是找武汉市银新城市信用社原负责人李某,李某给深圳南山国债公司开出了一张整存整取定期储蓄存单,存单金额 1000 万元,期限一年,月利率 9.15‰,存单上加盖了由李某私刻的公章。随即南山国债公司把 845.8 万元资金通过武汉市银新城市信用社转给千里马公司。千里马公司未能归还深南国债的借款,法院判决由银新城市信用社

———

① 周志刚、王红亚:《存单及存款关系真实性的举证责任承担》,《人民司法》2008 年第 22 期。

兑付存单,李某等人也因涉及刑事犯罪被司法机关处理。

近年来,随着商业银行信贷审批的严格、高息揽储的禁止以及银行自有金融资本的相对充沛,这种资金体外循环的方式越来越少,但过往此类行为遗留下的问题还没有彻底得到解决,还可能引发一些金融纠纷以及金融犯罪问题,有必要重点关注。

(三)金融机构非法吸收公众存款行为

在金融体系中,一些金融机构注册资本金少、核准的业务范围小,但其经营管理者胃口却很大,希望利用客户的资金在金融市场上冒险,于是通过各种不同形式在民间汲取资金。为了使出资人相信或者安抚出资人,金融机构会制作一些凭证或签订一些合同,让出资人误认为资金的用途是合法合规的,资金安全是有保障的,这种行为构成了非法吸收公众存款[①]。原民安证券公司案件就是其中一例。民安证券有限责任公司成立于 2000 年,注册资本 3 亿元,2004 年经中国证监会批准增资扩股至 5.1 亿元,拥有 17 家证券营业部。民安证券公司在规模上属于中小型证券公司,根据证监会核准的《证券业务经营许可证》,民安证券公司不具有经营客户资产管理业务的资格。这使得民安证券公司只能以有限的自营资金来开展业务,但民安证券公司一些负责人的野心很大,它们获取资金的主要手法是挪用客户交易结算资金以及违规开展委托理财业务。民安证券公司向理财户许诺 7%~10.5%收益的高额回报。仅在 2004 年,民安证券公司就与 590 名客户签订书面协议(补充协议)或承诺书、业务申请书等,金额为 3.5 亿元,其中绝大多数为个人,占到了 90%。在这些协议文件中,民安证券公司均承诺给予客户固定收益。除此之外,民安证券公司还通过一些口头协议进行委托理财行为。司法机关认定,由于民安证券公司不具备从事资产管理业务资格,上述这些委托理财行为就是非法吸收公众存款。广州市天河区人民法院对民安证券原董事长刘某、洪某,原总裁欧阳某,原董事长助理余某,原公司计划资金部总经理聂某,原副总经理许某,原公司信息技术中心总经理别

---

① 李淑清、龙成凤:《我国证券公司风险处置问题探析》,《证券市场导报》2006 年第 11 期。

某等 7 名高级管理人员分别判处有期徒刑 2 至 3 年,缓刑 3 至 4 年,并处人民币 35 万元至 50 万元不等的罚金①。2005 年 6 月,证监会决定关闭民安证券公司,组建清算组清理债权债务,民安证券被国信证券公司正式收购,17 家证券营业部正式翻牌为国信证券,吊销民安证券公司的证券业务经营资格牌照,对民安证券公司主要负责人实施证券市场禁入。

三、以互联网为媒介的民间借贷风险

互联网信贷平台(俗称 P2P)近年来已经暴露出一些涉嫌金融犯罪的行为。目前,这类案件主要在华东、华南等发达地区。在这些地方,互联网贷款平台成立时间较早,资本金和吸收的理财资金规模比较大,行业竞争也比较激烈。一些互联网贷款平台为了争夺客户,获得利息和手续费收入,在吸收资金的名目、资金投放上超越法律界限,陷入非法吸收公众存款的泥塘②。

2015 年 9 月,深圳市融金所集团有限公司因其经营过程中涉及非法吸收公众存款活动,被深圳市公安机关调查。该公司就是一家 P2P 平台,注册资金为 3000 万元,于 2013 年正式开始吸收客户资金用于贷款,截至 2015 年 9 月,融金所成交量达 47.29 亿元,已还本金 34.59 亿元,待还金额为 12.74 亿元。

这些庞大的存款和贷款数据令人们担心吸收来的资金是否安全有序。一些网贷平台打着帮助闲散资金发挥效益的名目,实施与非法吸收公众存款、违法发放贷款相似的行为,被业界称为"自融"。较常见的做法是 P2P 网贷平台将出资人的资金吸纳进来后,采取虚构借款人或伪造借款合同和放款凭证等方式,将投资者的资金挪用到其他目的;或者由网贷平台将整笔吸收的投资人资金不一次性贷给协商好的借款人,而是切割成小份资金,贷给一些还贷能力差、信用记录不良的人。有些 P2P 网贷平台则效仿银行开发一些理财产品,以较高收益诱使投资者购买,将零散的投资资金收拢起来,由网贷平台用于炒股、炒房、高利借贷等,使得网贷中介活动异变成为非法

---

① 卢荣:《民安证券非法吸收公众存款案日前一审宣判》,《证券时报》2006 年 10 月 18 日。
② 吴凯悦、姚树华:《互联网信贷的监管问题浅析》,《海南金融》2014 年第 3 期。

集资行为[①]。据广东省有关部门的统计,2014 年 P2P 网络借贷平台涉嫌非法集资的发案数、涉案金额、参与集资人数与 2013 年相比,上升了 10 多倍乃至几十倍。

根据现行法律法规,如何区别私募融资行为和非法集资行为? 首先是审查资金募集方式,面向特定个体募集资金的行为是法律允许的,而面向社会大众募集资金则可能被认为是非法集资。如果定向募资的对象超过 50 人,则可将其认定为非法向不特定人集资。其次是审查资金所有权关系是否转移,如果资金的所有权仍然属于投资人,则被视作委托理财,如果资金的所有权被转为网贷平台,则涉嫌非法集资。这种评判方法在实践中存在着操作问题,一方面,资金募集的对象人数难以调查清楚,不排除出现多个出资人将小额资金交给某个"人头账户"来处理,这样的话,集资对象限定在 50 个人以内的界限就失去了适用上的准确性。另一方面,募集来的资金的支配权在网贷平台手中,除非网贷平台及相关责任人以明显的方式宣示将投资者的资金据为己有或挥霍,否则难以查明网贷的标的资金的所有权到底属于投资人还是网贷平台。第三,网贷平台的一些宣传和获得的荣誉容易给犯罪人提供外衣,如深圳融金所资产管理公司 2013 年还曾获得 2013 年度广东省现代服务业十强企业、十大品牌企业称号,2014 年还被评为"中国互联网金融行业十佳安全风控平台"。一些投资者对于新兴的互联网金融业务抱有新鲜感,而且由于互联网网贷平台投资门槛低,退款机制灵活,回报率高,加上这些存在一定水分的社会评价,使得投资者认为互联网网贷方式风险不可怕[②]。

---

① 殷凤、万家明:《爆发式增长的互联网金融:现状与展望》,《河南师范大学学报(哲学社会科学版)》2014 年第 4 期。

② 李俊慧:《"整顿"或为 P2P 监管政策出台铺路》,《企业观察家》2015 年第 10 期。

第二节　民间借贷诱发犯罪的综合治理

一、正确看待民间金融的地位

民间金融领域发生的各种问题,可以归结为非正式金融问题,这是客观存在的一种金融业态。在我国,正式金融体制是从计划经济体制下延续而来的,在市场发育中,庞大的融资缺口和逐利需求也催生了另类的地下金融市场。一方面,在过去经济较为落后的广东珠三角地区、浙江温州地区以及陕西、内蒙古等资源大省、自治区,随着经济的快速发展,居民财富的大量积累,出现了大量资金找不到投资渠道与大量中小企业得不到正规的信贷支持并存的怪象,于是各种地下钱庄、高利民间借贷应运而生。另一方面,房地产、股票市场的繁荣使得众多投机者将资金竞相投入这些领域,甚至出现将住房抵押、典当后投资楼市、股市,通过信用卡套取消费贷款炒楼炒股等现象,使得正规金融系统的资金流向体外循环。在一些地方也多次出现编造投资项目、诈骗群众资金的集资诈骗现象。虽然对于非正规金融体系之外的地下金融市场的规模难以估算,对他们的信用基础、行事方式、纠纷解决等也缺乏足够的研究[①],但可以肯定的是,这支不容忽视的金融力量已经足以影响区域乃至全国的金融稳定,中小产业也对它们产生了较大的依赖性。

每当民间金融出现紊乱,波及面都相当广,而政府以及金融监管机构在处理这些民间金融问题时没有现成经验和成熟规定可以适用,政府不但感觉到取缔困难,而且意识到压制民间金融后金融风险会迅速上升甚至爆发。正式金融为什么没有民间金融那样有吸引力? 如何在发挥民间金融活动的同时也切实控制其风险? 这些都不是一朝一夕能解决的问题。而问题的症结在于市场经济条件下不能只关注正式金融,必须承认和发展民间金融,让

---

① 葛立新、张国光、郭新强:《我国民间金融发展的内生机制和演化路径:一个理论分析》,《金融监管研究》2012 年第 8 期。

金融的社会属性能够合理地发挥功能,利用民间金融来加强金融行业的活力,促进金融改革向更深层面发展。同时,也要让民间金融浮出水面,不能让其长期处于灰色地带。在市场经济日益社会化的氛围下,民众有机会选择将金融资源投放在民间金融领域还是正式金融领域,有权决定自己的资金偏好,而政府既应当有权利和能力规定民间金融的游戏方式,也应当为民间金融的发展预留充足的政策空间,解决民间金融的身份问题,关注民间金融市场上的表现,提高其抗御风险等方面的自我调适能力,制定必要的救助规则和退出机制,教育民众正确认识和选择民间金融。

二、防止民间金融风险侵入金融机构

民间金融活动自身已经携带有大量的风险,如果民间金融资金通过不正常渠道进入金融机构和金融体系,在某种意义上就获得了政府信用和机构信用,民间金融纠纷就可能异化为出资人与金融机构的纠纷。如果金融机构工作人员使用甚至主导了民间金融资金的流向,造成的金融风险将会更加复杂,诱发金融犯罪的概率将大为增加①。因此,要从金融机构内部和外部共同着手,防止民间金融活动孳变为专业化的金融违规、金融犯罪。

(一)针对关键岗位的金融从业人员加强监控

金融机构所吸收的存款规模巨大,单靠其有限的自有资本和盈利来偿付这些存款是不可能的,只有尽力保证资金的流动和业务的安全才能确保金融机构有能力兑付存款。如果在存款环节出现问题,造成存款损失,导致资金链断裂,对银行和储户可能是灭顶之灾,它也损害额金融业赖以生存的信誉,造成储户的不信任感。因此,要把好存款关,尤其要防止以不正当、不合法方式为民间金融资金出具存单。

在我国,能够从事存款业务、开具存单的主要是银行类金融机构,包括各类中资商业银行、城市信用合作社、中国信合和其他的农村信用合作社、邮政储蓄机构,外资和中外合资银行在经中国人民银行批准后也可在一定

---

① 高晋康:《民间金融法制化的界限与路径选择》,《中国法学》2008 年第 4 期。

范围内从事本外币存款业务,另外也规定信托投资公司、企业集团财务公司等非银行类金融机构可以在特定范围内从事存款业务,而典当行、保险公司、证券公司、基金管理公司则没有从事存款业务的资格。在银行类金融机构中,一部分工作人员是有权决定或具体从事出具存单的业务活动的,如银行的高级业务主管、储蓄岗位操作员;另一类是无权接触到存单的金融机构工作人员,如信贷人员、出纳人员等。为了接纳民间金融资金,第一类人员可以利用岗位和职权,在履行工作职责的过程中出具存单,后一类人员则可能在乘人不备的情况下,如采取窃取存单然后打印或填写等方式获得存单,在此不赘述。因而,要对那些在金融机构从事吸收存款业务、负责办理存单的工作人员以及有权指令下属开出存单的领导人员加强监控;同时也要防范单位犯罪的情况,如金融机构的内部领导人员、管理人员、经办人员经事前预谋,遵照单位的意志和指令,或在单位知情、同意的情况下,按照内部程序,实施非法出具存单行为,导致某一金融机构开出的存单数量恶化金额骤增①。

(二)切断非法出具存单背后的资金利益链条

近年来各地司法机关办理以存单为表现形式的借贷纠纷案件时经常遇到几种情形:第一种是银行及其工作人员违规操作,替出资人和用资人牵线搭桥,将出资人的资金吸收到银行后,为出资人开出存单,并按照出资人的指定将资金转给用资人,甚至不将资金转入银行账户而直接由出资人账户转入用资人账户,由用资人向出资人支付高息。第二种是少数用资人以高息为诱饵,采取虚假注册公司、提供虚假担保等手段骗得出资人的资金后即携款逃匿、音信全无,银行贷出的资金无法归还,存单到期后银行也不愿兑付。不管是哪种手段,资金最终都到了用资人的手中,存单只是作为一个表面证据,或用于应付检查,实质是款项的流动。这种做法扰乱和破坏了金融秩序,也危害到金融机构和善意存单持有人的利益,更是直接威胁到金融机构的正常经营和生存。而且存单流入社会后可能使金融机构承担不应有的

① 宋清华:《论金融监管、金融内控与金融风险》,《江汉论坛》1999 年第 1 期。

风险,可能承担对第三人的损害赔偿责任,并使善意第三人受损①。从上述几个方面看,非法出具存单实际上导致多输局面,出资方、用资方、银行都没有理由认为自己能够侥幸从中获利,或者认为风险可以完全转嫁,应当主动抛弃这种资金获得方式和盈利模式,回归到正常的金融供求关系中②。

(三)规范重要金融凭证的使用过程

国务院发布的《金融违法行为处罚办法》第 13 条规定:"金融机构不得出具与事实不符的信用证、保函、票据、存单、资信证明等金融票证。"各个商业银行也制定了自身管理制度、存单管理办法等。在实际执行过程中,要加强对存单的保管、存单的开出、记账、复核各个环节的管理。金融机构工作人员必须严格按照法律法规和单位内部的操作规范认真审核存单的记载事项,如户名、账号、金额、存期、利率、经办人等才能将存单交给存款人。同时,也要杜绝金融机构工作人员故意为自己出具或虚构捏造户名出具存单去兑付以骗取钱财的监守自盗行为。

三、尊重刑法的谦抑取向

根据台湾学者林山田先生的观点,经济犯罪(大多数是所谓"白领犯罪")破坏了经济社会赖以生存的诚实信用原则及彼此间的相互信任,造成经济活动中相互不信任,造成社会解体,即造成非物质的损失③。民间金融活动诱发的犯罪也是经济犯罪,但对于这类犯罪行为我国采取了"内外有别"的立法规定。具体而言,没有牵涉金融机构和金融机构工作人员的情形下,民间金融活动可能被视为集资诈骗罪或非法吸收公众存款罪。如果是民间金融运营者和金融机构工作人员共同卷入犯罪,则可能触犯非法吸收公众存款、非法出具金融票证等罪名。不同罪名的刑罚评价有所差异,但应共同贯彻刑法的一些原则。

① 张德强:《民间金融监管:逻辑、风险、收益与可行性——基于民间金融的视角》,《金融理论与实践》2008 年第 4 期。
② 熊进光、潘丽琴:《中国民间金融的法律监管问题》,《重庆大学学报(社会科学版)》2013 年第 1 期。
③ 林山田:《经济犯罪与经济刑法》,台北三民书局 1981 年版。

（一）针对集资诈骗、非法吸收公众存款犯罪的刑罚宽缓问题

过去，集资诈骗罪、非法吸收公众存款罪的顶格刑罚都是死刑。历年来，各地司法机关相继判决了一批金额巨大、挥霍民众资金情节严重的犯罪人死刑或其他较重的刑罚，也出现了像东阳市本色集团主犯吴英这样具有一定戏剧性的案件。随着《刑法修正案（九）》的出台，上述两罪的死刑刑罚已先后被取消。但在金融监管机关、部分民众中必定还存在不同的看法，势必还有一部分人坚决主张保留集资诈骗罪犯的死刑立法，以惩戒那些骗取、挥霍老百姓血汗钱的恶行。我们需要分析的是，死刑对于这类犯罪是否真正有部分人预想的效果？对这类犯罪废除死刑是否已经水到渠成？

死刑，是一个有充分争议的法律现象，不仅有坚决拥护废除的声音，也有主张留置的见解，当然还有折中的意见。在西方国家，死刑一直遭到人们各方面的质疑。从基督教时代到工业社会，从古罗马执政者到洛克、卢梭、贝卡利亚，无论是宗教的教义、道德的准则，还是历史与文明的进化论以及人权旗帜，有大量拒绝死刑、远离死刑的见解，不少国家也承认了这种看法。而我国有悠久的死刑传统，有牢固的死刑情结，有和西方迥然不同的死刑文化①。历代统治哲学都服膺"德礼为政教之本，刑罚为政教之用"的工具主义思想，施行"以杀去杀，以刑去刑"的威慑主义，存在"治乱世用重典"的治理偏好，对死刑合理性的论证比较滞后。老百姓谈到死刑则津津乐道，很少去反思死刑背后的法性、个体权利、生命权利等刑罚正当性问题。恰如一些学者中肯而又无奈的看法："从人文精神、信仰基础、立法导向和司法层面上，我国都无法废除死刑。"②但近年来，针对死刑问题的刑事政策发生了调整，立法机关不再一味强调"废除死刑的条件还不具备，时机还不成熟"，死刑的限制得到逐步落实，在此不再赘述。站在社会治理的立场上，我们想重点讨论死刑的道德支撑、心理支撑、舆论支撑、"功效"支撑与死刑的是非观、限制死刑的呼声之间如何共处互融，促进刑罚思想和谐的问题。

---

① 程宗璋：《关于我国死刑制度的理性反思》，《山西高等学校社会科学学报》2000年第11期。

② 邱兴隆：《死刑的德性》，《政治与法律》2002年第2期。

　　根据死刑废止论、死刑存置论和死刑限制论不同阵营的论战,我们发现关于死刑的四项思想交锋主要围绕死刑的理性、德性、法性三个方面展开①。死刑的德性问题即死刑是否是正当的,是否违背人们长久形成和固守的道德准则和人之为人的道德底线。死刑的理性问题简而言之就是死刑是否与文明、进步相冲突,死刑有无继续存在的充分理由。死刑的法性有不同的层面:从权利角度讲涉及法律应当如何回应人权诉求的问题;从"宪政"的角度讲涉及应不应该赋予国家死刑权的问题;从实在法角度讲涉及刑法有无资格调整人的生命的问题;从刑事政策的角度讲涉及死刑的威慑力究竟有多大,社会对它有无需要的问题;从犯罪学的角度讲涉及死刑是否真能阻止恶性暴力犯罪的日益增加,废除死刑是否会引发犯罪等问题②。

　　对于死刑的德性和理性探讨,西方国家比我们先行一步。尽管他们的见解受到了不同的宗教道德、价值背景的影响,并且摇摆于理想主义与现实主义之间,但他们的基调是对生命权的尊重和看重。早先,他们存在着对生命天然的、宗教的信仰——在部分西方国家对待堕胎的态度上可以体现出来。其次,在哲学家、政治家的鼓吹下,发展出了对自然权利——生命、财产、自由的极度推崇。再次,对基本人权给予尊重。这三大理念促成了死刑废止从古代到近代再到现代的延续和递进发展。当然,不赞同废除死刑的观念也是非常强劲的。早期人们多从正义、报应、功利主义的角度论证保留死刑的理由。后来刑事人类学派和刑事社会学派的一些观点被采纳,人们主要从社会防卫的角度论证死刑不可或缺。在当代,死刑保留论者多从维护被害人利益和社会多数人利益的角度强调死刑的必要性和重要性。无独有偶,在死刑问题上还存在着情与理的矛盾,同一个思想往往交替地成为死刑存续或者废除的论断。在我国,此类问题的探讨基本上没有突破或超越西方已取得的成就。我们认为,死刑是人类社会早期的产物,在历史、道德、文明层面不可避免地带有粗陋、野蛮的痕迹。随着人类文明的发展,死刑不仅不能承载一些社会职能,而且与社会价值观念和道德目标的背离越来

---

① 陈兴良:《死刑存废的应然与实然》,《法学》2003 年第 4 期。

② 邱兴隆:《从信仰到人权——死刑废止论的起源》,《法学评论》2002 年第 5 期。

明显，与文明的裂痕越来越大。人类从未开化时期走到高度发达的文明社会，必须抛弃一些落后、过时的产物。死刑是不可避免地要走向没落的。在人类社会发展的现阶段，无论是中国还是西方，在死刑问题上还有道德悖论，在个体生命和道德准则、社会秩序三者的价值和利益博弈上还难以形成一致。但是正如博弈论强调的那样，只能追求价值同向性、利益坐标最接近的向量。我们在死刑这样一个涉及生命的根本性问题上应坚持唯一的人道、人性的评判标准，抛弃死刑功利性的依恋，抛弃那种认为刑罚只要能够起到遏止犯罪的效果，就是一种正当的刑罚，从而陷入不择手段的非道德主义的思想误区。

不少人认为犯罪人不法地剥夺了他人的生命，国家有权利和责任以法律的名义剥夺他的生命，这是天经地义的。如果我们深入地探讨死刑的法性，就可以发现其破绽。国家拥有怎样的刑罚权？国家该不该有处死公民的权力呢？贝卡利亚无疑是先驱。他尖锐地提出："人们可以凭借怎样的权利来杀死自己的同类呢？有谁愿意把对自己的生死予夺大权奉予别人操纵呢？"从人权角度出发，人人皆有不可剥夺和让与的生命权，绝不赞成国家和个人对暴行回应以对等的报复从而更加侵犯生命权。在人权的理念下，死刑的正当性是荡然无存的。今天，人权在国际上得到了广泛的承认和实践，联合国推动了废除死刑公约和两个人权公约，为禁止滥用死刑、限制和废除死刑指明了方向①。

死刑权是否一定要而且只能由国家掌管呢？政治学长期讨论国家是一种什么事物，国家与人民之间的关系如何理解。在资产阶级启蒙思想家眼里，国家是社会契约的产物，是公民让渡权利、服从统治的产物。如此看来，公民可以通过共同意志来扩充或者缩减国家的权力。死刑权是保有在国家手里还是还归人民取决于公意。在马克思主义学说中，国家是私有制与阶级产生之后人类社会的产物，是代表统治阶级意志、实现阶级统治的工具。当然，政治国家也是从市民社会中分离出来的，是基于地理、文化、民族等因

---

① 张文、刘艳红：《公民权利与政治权利国际公约对中国死刑立法的影响》，《中国青年政治学院学报》2000 年第 1 期。

素共同作用的产物。在阶级社会里，国家与市民社会相分离，国家凌驾于市民社会之上，通过行使一些权力控制着市民社会，包括法权。在没有阶级根本对立的社会主义社会，国家和市民社会之间的基本利益一致，市民社会赢得了充分的自我组织、自我管理、自我发展的权利，并得到了国家的支持，这为法律的变迁提供了契机。一些公法性的权力相应地会转入市民社会手中，这就是国家最终放弃死刑权的坚实基础。正如贝卡利亚的一句名言："死刑并不是一种权利，而是一场国家同一个公民的战争。"①

法律的本质是什么？是国家制度之中用来维护和保障权力的手段（工具），还是国家制度获得合法性的依据及灵魂和准则呢？"宪政"观念认为，法律尤其是宪法是规制国家行为、限制政府权力膨胀和滥用的，法律在国家和人民生活中有无上的权威。虽然我们不赞同把法律神圣化、把法律奉为权力来源的绝对权利观念，但是我们更不赞同把法律尤其是刑法作为统治者的"刀把子"，按照当权者的理解和需要去看待法律的工具主义态度。国家为开展自己的统治而在法律中规定死刑并不具有天然合理性——尽管从古到今都是这样做的。因为法律有天生的体现权利、维护权利、救济权利的性格，野蛮的重刑主义已没有容身之地，人民的身体和生命不能成为法律调整的客体。

统治阶层长期以来都对死刑的威慑效果坚信不疑，认为死刑的正面效益大于负面效益。法律制定者和执行者经常提到的"对罪大恶极分子不处死刑社会大众能够接受吗？"实际上是对死刑效用的夸大和对威权统治的迷信。死刑是否真的具有人们所期望的最大威慑力和预防犯罪效果呢？犯罪是独特的社会现象，由政治、经济、文化教育、道德观念、家庭关系等社会因素与犯罪者个体因素作用而成。只要产生犯罪的复杂社会根源不除，即使把所有的犯罪人都判处死刑也没有丝毫用处。再者，刑罚确有惩罚性、补偿性、威慑性、预防性的作用，但是惩罚的强度与刑罚的作用不是简单的正比例关系。只有当罪刑相当、刑罚公正时刑罚才能发挥应有的作用，也就是说，重刑、死刑有的时候不一定管用。贝卡利亚就曾说："确定性不仅被认为

---

① ［意］贝卡利亚：《论犯罪与刑法》，中国大百科全书出版社1993年版。

在威慑效力上优于严厉性,它还被断言具有前提功能,即刑罚的严厉性只有在存在着一定程度上的肯定性时,才能发挥作用。"①将威慑机制发挥作用的其他要素弃之不顾,仅仅强调死刑制度肯定无法起到有效的预防作用。这一点已经为我们今天的社会现实所印证。

我们的基本见解是死刑本身有缺陷和弊害,它残酷、不可逆,救济不对称。死刑是一种道德上无法证明其正当性的刑罚,而且不合法律维持和救济的基本要义。不能夸大死刑的威慑力,简单地认为从肉体上消灭犯罪人就能杜绝该犯罪人重新犯罪,并且通过执行死刑所产生的恐怖效果就能阻止其他潜在犯罪人实施犯罪。在我国,尤其不能迷信死刑的威慑力,不能错误地助长报应主义观,不能坐视社会对死刑的病态依赖,不能把刑法视为当权者的威权支撑。总而言之,死刑关乎国家、社会、家庭、个人,不管从伦理上还是从技术上都没有必要做到对人实施物理消灭。我们有更多的理由去拒绝死刑,应当尽快克服重重阻力,尽快加入到限制直至废除死刑的行列中来。在充分的思想、法治准备之前,我们建议有力地限制死刑。针对涉及金融、金钱权益的犯罪,立法者已经明智地意识到,虽然它带来财产权益和金融秩序的损耗,但这种犯罪的实施与现实经济、社会生活中的规则缺失、营商环境紊乱有较大的关系。换言之,只有在不完整的金融体系下这种犯罪才容易得逞,只有金融制度、环境、人员的改革齐头并进,金融自由和金融竞争更加有保障,这类犯罪才会消退,将金融体系的不规范代价全盘转嫁到金融违法、犯罪人身上,用死刑来维护金融秩序和金融安全是弊大于利的。但是废除金融犯罪的死刑还需要向社会大众做出更清楚的解释和交代,需要将金融体系安全锁打造得更加牢固,而不是单纯修法,一了了之②。

(二)针对非法出具存单的犯罪追诉问题

在金融业务上,存单是一种信用工具,需要建立在储户对金融机构充分

---

① 郭栋磊:《死刑制度的再探讨——从贝卡利亚到加罗法洛》,《西南民族大学学报(人文社会科学版)》2013 年第 10 期。

② 李娜:《金融犯罪刑事政策探析》,载《中国刑事政策报告》(第二辑),中国方正出版社 2007 年版。

信赖的基础上。在现实生活中,存单是金融机构独家使用的凭证,是金融机构对储户做出的按期还本付息的承诺,在人民群众心目中具有很高的可信度,与流通中的货币无异。金融机构及其工作人员如果违法出具与事实不符的存单,就会使长久以来金融机构积累的良好口碑和守信形象遭到破坏,严重的还会累及其他的金融机构,引发挤兑等信用危机。这些非物质损失的影响和后果都是无法用金钱准确衡量的,因此立法机关考虑将这种行为加以犯罪化^①。

从立法沿革上考察,全国人大常委会 1995 年制定的《关于惩治破坏金融秩序犯罪的决定》第 15 条规定:"银行或者其他金融机构的工作人员违反规定为他人出具信用证或者其他保函、票据、资信证明,造成较大损失的,处五年以下有期徒刑或者拘役;造成重大损失的,处五年以上有期徒刑。单位犯前款罪的,对单位判处罚金,并对直接负责的主管人员和其他直接负责人员,依照前款的规定处罚。"这一规定首次创设了"非法出具资信证明罪"。但这一规定中没有包括存单这种金融凭证,没有规定非法出具存单为犯罪行为。新刑法修订中总结吸收了《中国人民银行法》《商业银行法》等立法内容和惩治金融犯罪的实际情况,对上述条文进行了扩充,增加了非法出具存单构成犯罪的规定。1997 年颁布的《刑法》第 188 条规定:"银行或者其他金融机构的工作人员违反规定,为他人出具信用证或者其他保函、票据、存单、资信证明,情节严重的,处五年以下有期徒刑或者拘役;情节特别严重的,处五年以上有期徒刑。单位犯前款罪的,对单位判处罚金,并对其直接负责的主管人员和其他直接责任人员,依照前款的规定处罚。"根据刑法规定,非法出具存单犯罪的起刑点是拘役,常用的刑罚是五年以下有期徒刑,情节特别严重的处五年以上有期徒刑,即排除数罪并罚的情形,其最高刑期是十五年,对单位犯罪实行双罚制。自此,非法出具存单犯罪行为正式进入刑法。

但这个规定在立法层面还有一些不尽如人意之处。首先,最初刑法设置信用凭证犯罪法条,然后又进行增补性规定,把存单犯罪纳入进去。这种

---

① 李娜:《非法出具存单犯罪的理解与适用》,《贵州警官职业学院学报》2009 年第 6 期。

做法反而破坏了原有的非法出具信用凭证罪性质的单一性①。因为存单业务属于负债业务,而出具信用证、票据、资信证明等属于中间业务②,两种业务的性质不同导致风险不同,金融机构在其中承担的责任也不同。其次,涉及存单案件的处理有其特殊性,最高人民法院专门为审理存单纠纷案件做出民事司法解释就体现了这一点。因而,对案情复杂、致损性较高存单犯罪案件,有必要在刑法中单列条文加以规定,并使民事和刑事处理衔接起来。再次,在关于非法出具存单的立法细节上有完善空间,应考虑金融行业是风险极高的行业,金融违规行为引致的风险有的无法用数量来衡量,也不应用数量来衡量,如造成金融机构信誉、信用受损对金融机构而言是无法估量的损失。需要综合衡量犯罪行为的直接和潜在危害性,新增其他的情节,比如"多次非法为他人出具存单",或"有其他情节严重的行为"作为定罪情节。第四,对于刑罚结构,应摆脱单一化倾向,规定罚金刑。立法者的考虑可能是把本罪限定于渎职型犯罪,认为行为人在犯罪过程中无取利性,根据罪刑相适应的原则,未设定经济上的处罚。我们认为,这种考虑未免过窄,本罪并不局限于一种渎职型犯罪。现在刑法对诸多经济犯罪均设置了罚金刑,以震慑犯罪分子,增强打击实效。金融机构工作人员往往地位稳定、待遇优厚,为增加其守法自律意识,促使其遵守职业操守、不贪利,设立罚金刑不仅可以起到预防犯罪的作用,同时也是一种有力的打击手段。

为解决非法出具存单犯罪司法实践中遇到的问题,还需要对刑法的规定进行准确解释和适用。目前刑法在这方面的规定有几处需要进一步明确:

(1)关于非法出具存单罪的主观心理态度。学界对此有不同的看法。有的观点认为这个罪名只能是直接故意犯罪,间接故意或过失不能构成本罪,即行为人明知开出存单的行为违反金融法规和金融机构内部关于存单管理的制度性规定,会造成损失的严重后果,还是积极实施非法出具存单的

---

① 李娜、冷凌:《论非法出具存单犯罪的几个问题》,《武汉工程大学学报》2009 年第 11 期。

② 中间业务是指金融机构在存放款、投资等主业之外,不动用资金或者只是从代理客户承办、支付和其他委托事项中收取手续费的业务,包括结算业务、表外业务、代理融通、信托、租赁等。

行为①。有的观点则相反,认为本罪只能由间接故意或过失构成,而且绝大多数情况下是过失犯罪,即行为人作为金融从业人员,应当预见到违规出具存单可能会给金融机构造成损失,但因疏忽大意或者轻信损失可以避免,或者放任危害结果发生。持这种观点的学者同时也承认行为人对违反金融法规及规章的认识上则是故意的②。我们的看法是,非法出具存单犯罪既可能出于直接故意,也可能缘于间接故意。其理由包括:首先,根据我国刑法第15条规定:"过失犯罪,法律有规定的才负刑事责任。"而对于本罪,刑法和非刑事法律都没有规定过失类型。其次,违法性认识与社会危害性意识同为判断故意犯罪的重要标志之一,行为人预知其行为违法而继续实施行为,无论其是否清楚地认识到行为的社会危害性,无论其对损失结果抱希望还是放任的态度,均应构成故意犯罪③。上述两种观点都提到了行为人必须具有对非法出具存单行为的违法性认识,而对违法性的认识是故意成立不可缺少的本质要件,是故意与过失的分水岭。因此,本罪应该存在直接故意和间接故意两种罪过形式。

(2)关于存单的扩大解释问题。存单有不同的表现形式,常见的有纸质存折(定期或活期存款)、存款单(主要是用于定期存款)、存款证明书(根据我国规定,单位存款一般不得开具存单、存折,只能出具存款证明书)。另外,随着金融电子化的发展,还出现了储蓄卡,也可视为存单。随着金融的创新以及科技的运用,存单的表现形式越来越多样化,并向着无纸化、电子化、智能化方向发展,这些"存单"虽本质相同但名称各不相同,我们在适用刑法时实际上已经作了扩展的理解。本着罪刑法定的原则,应当将现行刑法的提法加以扩大解释,将"存单"改称为较规范的"存款凭证"或"存款证书"等术语。

(3)规范对非法出具存单犯罪行为中"情节严重"与"情节特别严重"的

---

① 付金联:《存单纠纷交织个人犯罪情形的案件审理相关问题研究》,《法律适用》2004年第11期。

② 王亚雄:《金融犯罪认定与处罚》,中国金融出版社1999年版。

③ 童伟华、李希慧:《违法性意识在故意犯罪成立中的地位》,《石油大学学报》2003年第6期。

认定。刑法典原本以规定"造成较大损失"作为非法出具存单罪的成立要件，但刑法修正案（六）将之修改为以"情节严重"作为成立要件，显然是放宽了犯罪的成立条件。所谓情节严重，既包括造成较大损失的情形，同时还包括非法出具金融票证数额较大、多次非法出具金融票证等行为，这些行为过程中的"损失"计算较为复杂。损失有两种常见情况：一类是在犯罪行为尚未暴露时，非法出具的存单已经过流通转到善意持有人手中，持有人要求金融机构兑付存单引发民事纠纷。根据最高人民法院《关于审理存单纠纷案件的若干规定》的要求，存单持有人只要证明自己没有过失，而金融机构又提供不出证明存款关系不真实的证据的话，法院就会认定存单持有人与金融机构间存款关系成立，金融机构必须按存单面额加以兑付，这时金融机构自身损失在所难免。实践中就出现过金融机构工作人员与犯罪分子内外勾结，虚开、空开存单及开出"鸳鸯"存单流入社会，引起兑付上的纠纷，给金融机构带来非常巨大的损失的实例。另一种情况是经查实是非法出具存单犯罪，但是涉案款项已被行为人提取、挥霍，存单持有人及金融机构只能通过追缴犯罪的赃款赃物来获得补偿从而形成损失。对于损失幅度，刑法未作出具体规定。依据2001年4月18日最高人民检察院和公安部《关于经济犯罪案件追诉标准的规定》：个人违反规定为他人出具金融票证，造成直接经济损失数额在10万元以上的，单位违反规定为他人出具金融票证，造成直接经济损失数额在30万元以上的，应予追诉。对于量刑上如何界定"较大损失"及"重大损失"，现在尚未有明文规定。我们认为应当结合当地经济水平、受害人经济状况等因素综合确定，需司法解释加以完善。

（4）关于非法出具存单与伪造存单、诈骗等类似行为的区分。刑法第177条规定了伪造、变造金融票证罪，其中包括伪造、变造存单的犯罪行为。对于两者的区别，首先，我们应当从犯罪对象上把握。非法出具存单犯罪的犯罪对象是与事实不符的存单，这些存单从根本上说是经金融机构的营业窗口由金融机构工作人员之手开出的，是表面真实的存单；而伪造、变造存单的犯罪对象是仿照真存单特征而制作的假存单或者是对真实存单进行了篡改、变动。其次，伪造、变造存单罪犯对行为人的身份没有限制。在金融实践中，防范伪造存单往往被列为优先任务，但不能因此放松对金融内部人的监控。现实生活中曾出现金融机构工作人员非法出具的存单流入社会后，被一些违法分子用来从事金融凭证、合同或者其他的诈骗活动的情况[①]。

我们认为，应根据刑法的基本理论和各种犯罪行为的具体表征，区分情况处理。对金融机构工作人员与外部犯罪分子互相勾结，以存单作为犯罪工具实施诈骗犯罪，应认定为诈骗罪的共同犯罪；对金融机构内部工作人员仅仅从事了非法出具存单行为，未参与诈骗行为、与诈骗犯罪分子无犯意联络的，以非法出具金融票证罪论处[②]。其次，我们可以从犯罪主体及恶性上加以区别。非法出具存单罪主要打击非法出具存单的金融机构工作人员，没有将民间金融活动的出资人和用资人牵扯进去，刑罚幅度在妨害金融管理秩序罪中是属于较轻的。在司法实践中执法人员对伪造存单、诈骗存单的行为危害性的认知比较清晰，警惕性比较高，打击力度也较大，而对非法出具存单的法律遏制和管理防范还需要加强。

四、注重从被害人立场考虑问题

在民间金融引发的纠纷以及更为恶劣的集资诈骗、非法吸收公众存款犯罪案件中，受害人是首当其冲的。我们既要认识到投资者、受害者等金融主体的过错、贪婪等情节，更应当重视他们的现实反应和潜在需求，尽可能地修复他们的损失[③]。因为如果失去了投资者的信心和参与，整个金融体系将迅速萎缩，风险将会进一步失控，而金融本身所带有的融通资金、各取所需的性质本身就意味着客户、投资人、出资者是金融体系保护的重中之重。

首先，要将重点放在如何减少被害人的损失上。在一些案件中，犯罪分子通过互联网等手段完成复杂的资金划转，化整为零的拆分使得受骗资金的查明和退还难度增大。从维护受害人利益的角度出发，尽可能及时地、高比例地将被骗资金返还给受害人是司法机关和政府金融管理部门需要联手

---

① 李娜：《集资诈骗罪若干认定问题探析》，《湖南商学院学报》2010 年第 6 期。

② 胡志坚：《论非法出具金融票证罪》，《云南法学》2001 年第 1 期。

③ 杜宇：《犯罪观的"交锋"："刑事和解"与传统犯罪理论》，《浙江大学学报（人文社会科学版）》2010 年第 2 期。

应对的课题。深圳市通过反信息诈骗专项行动领导小组的协调,联合公安机关、银监部门、银行业协会、商业银行各方,实施信息诈骗案件资金快速冻结、专门识别和原路返还机制,已经累计向受害人返还了 1000 多万元资金。这种返还行动能够对受害人产生弥补和抚慰作用,对于打击金融诈骗案件的猖獗势头发生有利的影响,但这与金融诈骗案件的涉案金额相比还只是非常小的一部分,司法机关和金融部门需要在资金的冻结、资金源头调查、权属争议解决、资金损失份额的计算、返还比例、返还操作方式上加强研究和协调。

其次,要强调对被害人的救助技巧。当前,处置民间融资性纠纷的任务主要由金融监管机构和公安司法机关来完成,在遭遇区域性金融问题和涉及人数众多的金融风波时,地方党委、政府也会出面牵头、协调,这种正式化、行政化的危机管理手段尽管发挥了主导性的作用,但也暴露出一些局限性。其中比较明显的是金融风险处置人员单纯以法律、政策作为处置依据,缺乏转圜的技巧和方案,使得代表公权力的金融风险处置人员与坚持个人利益的投资者、受害者之间的沟通平台非常脆弱,专业化的心理辅导、社会工作者等角色没有有效参与进来。仅仅以生硬的政策、法律和较为空洞的说理、教育来解决受害人面临的各种诉求和心态,有些时候反而会导致矛盾激化、当事人失去耐心和自控[①]。因此,有必要借鉴危机处理的一般性规则,吸引具有专门的危机管理、应急服务方面技能的人员参与到金融风险的处置中,探索在金融风险处置流程中哪些环节、哪些方案中应当重视社会化力量的介入,需要社会工作专门人员加入。如果有效地实现这一设想,一方面能够为政府部门、司法机关处置金融风险减轻一些压力,提高部分效率,甚至能够节省一定的成本。另一方面,通过社会治理的引入,使金融风险问题能够回归到社会层面去缓和、消化,而不是通通进入法律程序,导致较为极端的法律后果。

---

① 高铭暄、张杰:《刑法学视野中被害人问题探讨》,《中国刑事法杂志》2006 年第 1 期。

五、发挥互联网的作用

金融领域的风险治理本身就应当遵循实体治理与虚拟治理相结合的原则。虚拟治理主要针对互联网领域的治理。基于互联网的虚拟社会治理已经被提上日程①。当今社会互联网已经渗透到方方面面,信息技术给金融带来的变革冲击非常剧烈,人们通过互联网获得金融信息,进行金融消费,实施资金移转,建构金融信用。网络经济和网络金融能够影响到政治、经济、社会的稳定和谐,能够影响到道德观和行为方式。尤其是对年轻群体这一互联网活跃人群,影响更甚,因为他们是对金融体系接触不深、金融知识不够丰富、金融风险抵御能力较差的群体。网络领域的诈骗、洗钱、伪造等违法犯罪现在呈现出上升势头,网络上还可能出现放大效应和羊群效应,青年群体既可能是受害者,也可能成为加害者。因此,政府、金融体系力量和参与金融风险治理的其他力量有必要在互联网技术和制度方面占据先发地位,大力营造真实的网络金融信息流,引领合理幅度的网络金融舆论场,开展全方位的网络金融风险警示教育,维持网络金融信用的准确性,过滤散布在网络上的各种金融违法线索,创建和维护平安金融网络,并通过网络金融上取得的治理经验促进实体金融的风险治理。

第三节　其他民间金融活动的发展及其犯罪治理

在区域贸易一体化、自由化走向下,中国与周边国家和地区的经贸往来日益密切,中国经济辐射力的增强带动了中国货币的走强,我国政府顺势推动人民币成为外贸结算货币,积极与贸易伙伴国家和地区签订双边货币交换协定②。同时,民间的自发行为也使中国法定货币——人民币越来越多地走出了国门。近年来,我国部分省份试行边境小额贸易以人民币结算给予

---

① 曾润喜、徐晓林:《社会变迁中的互联网治理研究》,《政治学研究》2010 年第 4 期。

② 2008 年以来,中国与越南、缅甸、俄罗斯、蒙古等周边 8 国签订了自主选择双边货币结算协议,并相继与韩国、马来西亚、白俄罗斯等国家及中国香港地区签订了总规模达 4800 亿元人民币的货币互换协议。

退税的试点政策。2009 年,国务院决定云南省将试点从边境贸易扩大到一般贸易,从 8 个边境地州扩大到全省辖区,从缅、老、越、泰 4 国推广到东盟 10 国。目前,我国的周边发展中国家在边境贸易和跨境旅游活动中,越来越频繁地使用人民币,传统的现钞结算、银行结算遇到了"地摊银行"这一强劲的竞争者。所谓地摊银行,指的是边民在从事贸易、获取旅游收入时不去找正规银行,而是自行兑换货币的一种做法。在地摊银行上兑换的不仅仅是边境邻国的货币,还包括美元、欧元等受欢迎的货币。例如,在中越边境云南省河口口岸,几乎所有商户都在做货币兑换生意,尤其是当地著名的中越边贸街里,他们现场为需要使用现钞的人提供货币兑换,如为去越南的中国人兑换越南盾,为从中国回去的越南人把用不完的人民币换回越南盾,也为其他国家的人进出中国和越南兑换货币,还提供代理支付、提供临时融资和交易担保等服务。因此,也就产生了一些不公开经营但是在地下继续操作外汇业务的"地摊银行"。中国人民银行昆明中心支行曾统计,目前中越边境云南河口地区至少仍有 17 家"地摊银行";在中缅边境的云南瑞丽约有 40 多家类似于"地摊银行"的机构从事边贸的结算和人民币兑换、金融借贷等。在地摊银行上兑换货币存在一定的差价。如 1 万元人民币兑成越南盾约合 3470 万元,而把越南盾兑成 1 万元人民币大约需要 3500 万越南盾,中间差价为 30 万越南盾,约合人民币 90 元。地摊银行正是依靠这些差价生存,相比正规银行的现钞买入价和卖出价,这种差价更为灵活①。

　　地摊银行在常年的发展中,形成了自身的平衡机制、安全机制和竞争优势。由于客户量大,客户手中所持的货币多样化,故地摊银行能够保持现钞流入流出的平衡,不会出现无钞可兑的局面,地摊银行之间也会开展现金调剂。久而久之,地摊银行也积累了一定的信誉度,大量的现钞直接囤积在兑换点,客户当场可以验钞、取钞。地摊银行不仅仅是边境线上的一个个简陋店铺,在它们背后已经悄然形成了政府间货币兑换之外的庞大跨境金融体

---

①　尹鸿伟:《中越边境的"地摊银行"》,网易新闻,2014 年 3 月 21 日。

系①。一些地摊银行的操控者们在中外两国银行中开立了合法的资金结算账户,在收到指令后可以替需要用汇的客户提供资金结算,即一手在边境交货,另一手在后方付款。买卖双方不用携带大量的现钞出入国境,只需一个电话指令。另一些地摊银行则是明里搞兑换,暗地兼搞走私,白天搞兑换,晚上搞走私。通过界河、陆地边界等将兑换资金运输到对岸,交到指定"收货者"手中。

地摊银行的繁荣有其历史原因。越南、老挝、柬埔寨等周边东南亚国家的货币管制制度不是很健全,货币定价机制比较僵化,无法和市场接轨。在外贸结算中人们不愿意遵从中央银行的外汇牌价,而是遵从市场价格,地摊银行成为外汇市场的一份晴雨表。各国政府对地摊银行的态度存在差异。以越南为例,过去越南政府认为地摊银行扰乱了外汇管理秩序,对它们加以打击。从 1997 年开始,越南政府宣布民间开办金融机构的合法化,地摊银行受到了承认。在中国,根据《非法金融机构和非法金融业务取缔办法》的规定,未获得国家外汇管理局的许可,不能开展货币兑换业务。因此,地摊银行是非法金融活动,应予取缔。这种局面造成中越边境越南一侧的地摊银行数量大增,但这些地摊银行大多是越南人和中国人合伙经营,中国居民也深度参与其中。

地摊银行是国家外汇管理制度运行过程及其存在问题的一个缩影。我国在外汇这一涉众甚广的民间金融管理上多年来并不顺畅,甚至可以说是屡屡碰壁。在外汇管理体制改革之前,国家指定的外汇交易网点外遍布黄牛。一些规模较大的商人通过地下钱庄等渠道将人民币运到香港等地方换取外汇,或者拖延结汇的时间,将外币捏在自己手中。广东、香港等地的一些个人(俗称"水客")则冒险将外币通过海关携带到境内。后来,我国决定区分资本项目项下外汇和非资本项目项下外汇,对后者放松管制,允许居民有一定的购汇额度,允许企业自主决定结汇售汇。2008 年起,国务院批准国家外汇管理局开展个人本外币兑换特许业务试点,除了商业银行以外,一些非金融机构也获得货币兑换资格。到 2014 年,我国经批准成立的个人本外

---

① 张风科、张玉菡:《地摊银行发展趋势与监管问题研究》,《区域金融研究》2013 年第 8 期。

币兑换特许机构共 53 家,其中取得全国范围特许经营权的有 4 家。这些机构可以在一定地区范围内面向个人提供外汇换人民币、人民币换外汇的双向兑换服务。这些特许机构被称为外汇超市或者外汇便利店,他们可以根据市场需要设置网点,可以 24 小时不间断营业,可以进行本外币双向兑换及自主定价。这些货币融通服务商也可以归入金融服务业。但这类机构中很快就出现超范围经营兑换业务或者利用网络炒汇等情况,包括随意向居民售汇,超过兑换额度,利用自主定价资格超过货币等。国家外汇管理局为此专门发布通知打击非法外汇交易行为。即便有政府禁令,但边境贸易的分散性和多种结算需求的存在使得地摊银行仍有吸引力和生命力。

地摊银行一方面说明了跨境金融活动的活跃,另一方面也说明了金融抑制的客观存在。政府在设计金融体系时,对于多变的民间金融需求不可能拿出一劳永逸的金融解决方案[①]。而且,政府设计的货币金融业务方案直接受到经济形势和社会形势的影响。比如,区域经贸依存度的加深导致了相邻国家间货币的竞争,有些时候哪一种货币易于流通,币值稳定,这种货币就会受到追捧;而在另一些场合,哪一种货币汇率跳动幅度大,套利性强,这种货币反而受到欢迎。此外,哪一国的金融体系较为稳定,银行存款保障程度高,该国的货币的持有则更有保障。比如中国的人民币,边贸商人们之间曾流传着"比美元差,比越币好"的说法,不少外贸商人都选择将手中的现钞兑成人民币,然后存到边境地区的中国银行中,这间接代表了人民币的地位[②]。境外商人愿意持有人民币,对人民币而言是一种利好。但这也意味着人民币参与到了相邻国家的金融风险体系中,一些套汇、逃汇行为会抬头,同时,也意味着伪造、变造人民币等犯罪行为会从境内走向境外,成为跨境犯罪的对象,这使得境内外的货币风险链条联结起来,给中国的金融管理带来更多挑战。从正本清源、提升合法性的角度看,正规银行的资金结算向简便化方向改革,针对小微外贸活动设计相应的资金结算工具,加强货币兑换

---

① 李嘉、李倩:《"地摊银行"挑战金融监管》,《金融博览》2006 年第 4 期。
② 中国人民银行昆明中心支行课题组、周振海:《人民币与周边非自由货币兑换机制研究》,《西南金融》2012 年第 1 期。

的安全性管理是主导方向。但光是依靠正本清源是不够的,还需要拿出一些社会手段,来应对跨境金融问题及其风险。

任何一种秩序的建构都不能依赖于抽象的、纯粹的法治观念和资源,而应该同时尽可能地吸取本土化的制度资源。西方国家所奉行的法治就大幅度地吸收了基督教伦理和历史上长期积累的重商主义、契约文化。中国的法律现代化、法治全面化不能指望国家通过制定法律法规来解决所有问题。社会生活状态的法治塑造归根结底要从社会中寻找规则,对于中国社会的传统规则,持批判态度的居多数,但中国社会中流传有序的规则意识、公道意识屡屡被证明是行业治理、社区治理的利器。社会有自己的是非观,有自身的纠纷解决机制、仲裁机制、风险消化机制。国家法治需要主动去迎合社会轨道,去融入社会空间。在我国的民间金融活动以及涉及周边国家的民间金融交流过程中,我们也需要发掘共同的文化基因,共同认可的社会规则,来弥补"政府之手"和"法律之手"鞭长莫及的缺憾。

第五章　证券领域的金融风险案件
处置及其治理启示

第一节　国外投资银行证券风险的警示

　　在金融机构当中,证券公司面临的市场风险仅次于期货行业,证券公司的监管难度也非常大,即便是在西方发达国家,证券公司的内部治理比较完善的情况下,证券公司的抗风险能力也非常脆弱。最典型的就是美国次贷危机中投资银行倒闭的例子。

　　西方国家证券行业的主角是投资银行。投资银行(Investment Bank)是与商业银行相对应的称谓,是资本市场中从事直接金融业务(自营)和间接金融业务(经纪、咨询、承销)等业务的机构及业态的统称。投资银行在18、19世纪出现在欧美,最初从事销售政府债券和贴现企业票据,它是伴随证券(股票)交易的发达而出现的金融业态。早期,证券业务与银行业务是混合经营的,因此,从事证券业务的机构也被冠以银行的名称,但投资银行的业务主要侧重于公司融资、并购顾问、股票和债券等金融产品的销售和交易以及资产管理和风险投资业务,主要客户对象不是存款人,而是投资者和接受投资的公司。在证券种类逐渐增多、证券交易规则逐渐专业化、证券行为与实体经济逐渐分离的情况下,一些传统的银行开始专门从事证券业务,一些证券经纪人也组织起自己的公司,投资银行的独立性也越来越强①。

---

　　①　王静:《中外投资银行历史演进中的若干支持条件》,《金融研究》2005年第8期。

美国在 1929 年经济大萧条后,1933 年通过了《格拉斯—斯蒂格尔法案》,要求银行业和证券业实施分业经营,投资银行正式从商业银行中分拆出来,成为独立的金融公司,此举促进了投资银行的大发展。尽管 1999 年出台的《Gramm-Leach-Bliley 法案》撤销了《格拉斯—斯蒂格尔法案》中商业银行和投资银行分业经营的条款,但投资银行业务仍然保持了相对独立性①。

投资银行在证券市场中发挥着重要作用。它包揽了股票、债券的一级市场和二级市场主要的业务,负责证券的设计、定价、首次发行、市场流转、证券登记结算等事宜。在这些基础性业务中,投资银行和具体提供资金的投资人、商业银行、证券发行者之间形成密切的资金流动和回流关系。在此基础上,投资银行还介入公司股权结构和经营战略,为企业重组、兼并与收购提供方案,担任财务和法律顾问,并为需要资金的企业提供融资服务。投资银行还有自己的特色业务,对政府、公司在市场上已发行的股票、证券品种和可证券化的资产进行运作,创造金融衍生产品和金融交易,涉足期货行业,研究对冲工具。由此,投资银行也获得了多渠道的资产运营和咨询服务收入,资产规模迅速扩大,如美国的高盛公司、美林证券公司、摩根士丹利公司,日本的野村证券、大和证券、日兴证券、山一证券,英国的华宝公司、宝源公司等。在没有禁止分业经营的国家,投资银行通过控股和联合,与商业银行结合成全能银行,或者成为横跨金融和实体经济的金融控股公司。

在国际上,以投资银行为代表的证券行业更具有影响全球金融市场稳定性、改变经济发展速度的能力,一些国外投资银行巨头在发展中国家和新兴经济体的证券市场上潜伏,时而唱空,时而唱多,既可能搅热证券市场,也可能在大赚一笔后撤离,带来证券市场的萧条。投资银行之间也存在激烈竞争和相互兼并,并最终形成金融寡头的垄断②。

但是,不管规模多大的投资银行,如果内控机制出现问题,在系统性风

---

① 卢春燕:《混业经营趋势下的金融监管协调机制——基于国际经验的比较与借鉴》,《特区经济》2006 年第 2 期。

② 何秉孟:《美国金融危机与国际金融垄断资本主义》,《中国社会科学》2010 年第 2 期。

险面前仍然显得不堪一击。最典型的是美国次贷危机中投资银行的表现。在此次金融融危机爆发之前,美国排名靠前的五大投资银行为高盛公司、摩根士丹利公司、美林证券公司、雷曼兄弟公司、贝尔斯登公司。这些投资银行的历史都比较悠久,在过往的金融危机中都能安然度过,并不断兼并扩张。但是在2008年的金融风暴中,它们的表现却非常出人意料。2008年9月15日,投资银行雷曼兄弟公司宣布申请破产保护,大量工作人员被裁减。另两家投资银行美林证券、贝尔斯登公司则被其他金融机构收购。仅剩下的高盛公司和摩根士丹利公司也是艰难维持。

这次系统性风险缘于美国房地产市场的巨大风险释放。在危机爆发之前,美国的房地产市场比较活跃,政府也出台政策鼓励民众买房,但一些经济能力有限的年轻群体无力购买房产。于是,房地产信贷机构就为他们提供了各种花样的金融产品,甚至推出零首付买房的优惠,通过借贷让他们拥有住房。一些金融机构也乐于将资金借给房地产贷款机构。这些举措导致房地产需求大增,房价逐渐上涨,开始出现泡沫[①]。但房地产贷款机构仍然渴求资金,在投资银行的帮助下,设计出了房地产贷款资产证券化产品。美国房地产市场中实施着贷款分级制度,包括优质贷款、次优级贷款与次级贷款,其中有较高违约风险的是次级贷款。尽管风险比较明确,但美国投资银行仍然在它身上做文章,营造了一个次级贷市场。简而言之,首先是向还款能力不稳定的借款人发放贷款,然后把信贷资产打包,设计成债券对外销售,承诺以借款人归还的贷款利息来作为房地产刺激贷款债券的利息。投资者购得的次级贷款债券有一定的价格折让,以吸引各路投资者购买。由于美国金融中心的地位,来自全球各地的投资者甚至政府也买入了这种住房贷款证券产品。

2006年以来,实体经济走软,失业率上升,消费限缩,房地产市场增速放缓,大量房屋出现滞销,美国政府当局又采取了加息政策,导致还贷成本增高,房地产借款人开始出现违约,尤其是次级房地产信贷的借款人。房地产贷款机构申请法院对违约者的房屋收回并进行拍卖,被拍卖的房屋达到了

---

① 吴吉林、张二华:《次贷危机、市场风险与股市间相依性》,《世界经济》2010年第3期。

93.6万（套）座。拍卖的房屋需要在市场上寻找新的买家,导致了房地产供过于求,价格神话破灭,房价开始大幅走低。这种形势下,一部分购房者选择将房屋抵押给金融机构再次借款去还房屋贷款,而另一部分尚有偿还能力的贷款者干脆主动违约抛弃房屋,以免支付过高的贷款本金和利息。这种连锁反应使房地产贷款机构无法收回贷款,资金链紧张直至趋于断裂,对次级房地产债券也无法兑付,房地产抵押后新发放的借款也难以收回,面临房地产贷款本金、利息损失和次级贷债券、房地产抵押贷款等多重支付压力,最终出现兑付风险。靠此渔利的投资银行由于炒作这些房地产资产证券产品出现了巨额的风险。2007年8月8日,贝尔斯登公司宣布旗下两只设计次级贷款业务的基金倒闭。2007年10月24日,美林证券公司公布2007年第三季度业绩亏损为79亿美元。2007年12月24日,美林证券公司宣布了三个出售协议,以筹集资金渡过难关。2008年3月14日,贝尔斯登公司向摩根大通公司和纽约联储寻求紧急融资。2008年3月17日,摩根大通公司同意以2.4亿美元低价收购贝尔斯登公司。而雷曼兄弟公司则以申请破产告终。投资银行的风险还引发了住房信贷机构、商业银行、保险公司、证券投资基金的连锁反应,造成了金融全局性风险,使购买美国次级贷款债券的众多欧洲、亚洲投资者损失惨重,我国的外汇管理部门、中国银行等机构也卷入其中。还有一些外国银行作为房地产抵押贷款证券的承销商或担保人,也面临着巨大的损失,如冰岛、英国、瑞士、德国的一些银行。金融体系的溃败很快波及实体经济,导致消费疲软,币值失衡,失业率上升,一些资产负债率偏高的公司难以为继,只能申请破产保护,如克莱斯勒汽车公司、通用汽车公司。而美国政府只能拿出成本更高昂、消极影响更明显的拯救措施来挽救银行和大企业,提振消费①。

　　在金融风暴中,投资银行除了其过度扩张、过分投机的经营风格"惹祸上身"之外,自身在经营中的过错也是明显的②。投资银行开发出高度复杂

　　① 黄小军、陆晓明、吴晓晖:《对美国次贷危机的深层思考》,《国际金融研究》2008年第5期。
　　② 孙天琦、张晓东:《美国次贷危机:法律诱因、立法解危及其对我国的启示》,《法商研究》2009年第2期。

的金融算法和金融衍生产品,当面向客户销售时有意隐藏一些可能连其自身都尚未掌控的风险。它们纵容对冲基金等投机金融机构,滥用金融杠杆。更为突出的是,它们对金融产品的本体、市场上的借款人的信用状况及承受风险能力等要害问题放纵不管,将垃圾债券、垃圾股票奉若至宝。同时,在金融法案存在漏铜的情况下,他们往往选择逃避监管,为实现投资银行和投资经理人的私利而放任金融产品挑战金融安全极限,最终造成投资人、委托人的损失。这种操作性风险和道德风险的叠加将投资银行业挟持上了金融悬崖。

第二节　我国证券公司引发的金融风险机理分析

在我国金融体系中,20 世纪 90 年代初证券公司开始出现,几乎每个省和较大的市都组建了自己的证券公司,2005 年证券公司数量达到了 138 家。最初证券公司主要依靠财政性资金和银行资金支持,从事业务也比较简单,主要承销国债和被批准上市公司的股票以及少量的公司债券。刚刚起步时期的证券市场开放程度不高,不少证券公司存在着规模过小、经营地域范围较小、业务范围狭窄、高素质专业人才缺少等缺陷。20 世纪末,证券公司被要求与行政单位脱钩,一些其他所有制性质的资本趁机进入证券公司获得控股权,在有些证券公司中发生了股东没有向证券公司足额投入资本金的现象,导致证券公司的资金需求高度依赖于外部,内控机制十分薄弱,容易被外部人员把控。同时,证券公司之间的竞争加剧,兼并重组现象开始出现。

经过二十多年的发展,证券行业已经成为金融信用杠杆的主要操作者和金融衍生工具的主要创造者。与此同时,一些信托投资公司、金融投资公司、产权交易所、资产管理公司、财务咨询公司也在从事与证券交易中介相似的业务,以辅助证券公司。证券公司已经成为和商业银行、保险公司并驾齐驱的"现金牛"①。证券行业的高营利性更使它成为"抽水机",把金融部门、实体产业以及民间蕴藏的资本源源不断地输送到证券市场中。当前我国的资本市场股票总市值已经达到 50 万亿元,超过了全年的国内 GDP 总值。商业银行、保险公司的股票也成为证券市场中的交易标的,与证券景气度共生共存。同时,证券市场还成为境内外资本共同角逐的竞技场,使得证券业的国际化程度远远超过传统金融业②。与之相应,一些证券公司逐步正规化、规模化,甚至成为上市公司,在活跃金融市场、培养人才等方面发挥了较强的功能。而更多的证券公司没能把握住发展方向,或者被其他企业、个人所操纵,从事过度投机乃至不合法经营,成为证券市场中的麻烦制造者,最终走向倒闭或被行政取缔。证券公司的风险案件发生数量和影响居于金融体系首位,在各种业务类型上都存在风险点。

一、证券经纪交易方面的风险

证券公司最基础的业务是担任经纪商。证券公司设置各种营业部,吸引投资人到证券营业部开户,通过在证券交易所拥有的席位,将客户的证券交易委托发送到证券交易系统,帮助客户完成交易。在此过程中,客户需要将资金和买卖的证券品种交给证券公司保管,证券公司还向客户收取一定数量的交易保证金和交易手续费。证券公司主要经营收入来自于证券经纪业务的佣金收入和自营证券业务收入。在证券市场不景气,自营证券业务风险大、收益低的时候,经纪业务的佣金收入对于证券公司至关重要。因此,证券公司和大客户之间的关系非常紧密。虽然证券公司采取一级法人管理体制,下属的证券营业部不具有法人资格,经营活动由证券公司总部安排和监控,但实际上证券公司下属营业部所拥有的经营权非常大,营业部相互之间竞争也非常激烈,为了争抢优质的大客户赚取佣金收入,证券公司的下属营业部给大客户提供的便利和服务五花八门。证券公司在占有客户资

---

① 高正平、杨克成:《中国证券业的 SCP 分析及完善发展对策》,《现代财经—天津财经学院学报》2003 年第 8 期。

② 何学松:《基于波特竞争力模型的中国证券业产业结构分析及其优化》,《西南农业大学学报(社会科学版)》2006 年第 3 期。

金、股票方面的便利也为一些证券公司或下属营业部挪用客户资金和证券提供了机会①。在证券公司成立早期，这种行为较为普遍。随着证券系统电子化水平的提高和对证券公司监管的加强，客户可以实时查看资金账户中的资金和股票信息，证券公司也遵照监管机构的要求在银行为客户开立独立的资金账户，或者将证券、基金份额交给银行托管，挪用客户资金和证券的行为便越来越难以实施。但是，证券公司中的不法人员仍然可以通过做假账或向客户提供虚假的资金和证券存放证明等手段，在较短时间内挪用客户资金、股票然后归还，甚至通过掌握客户交易账户及秘密信息的情况下，擅自利用客户的资金和证券进行短线买卖②。因为资金和证券都是种类物，客户也难以察觉。这些小规模、零星化的违规、犯罪行为的防控难度较大。

二、证券自营业务方面的风险

证券公司在自营业务方面非常活跃。一方面，证券公司熟悉证券二级市场的情况，掌握较多的宏观经济走势、行业情况、上市公司经营情况等信息。另一方面，证券公司有资金优势和金融人才优势。因此，证券公司成为证券市场做市（炒作）的主力军。在证券公司负责承销的证券上市过程中，证券公司往往还在为该种证券在二级市场上有较好的表现而进行市场操作，保持证券价格具有吸引力。对一些有关联的证券或者对本公司股东有利益的证券，证券公司会投入资金或者释放市场舆论，不遗余力地进行炒作，以此实现赢利。证券公司除了按照市场走势进行证券买卖外，一些投资经理也会挑战市场规则，单独或联合集中资金优势，进行价格操纵和套利。有些投资经理为了获得暴利还会铤而走险，采取自卖自买、发布虚假消息、诱导投资者跟进购买或在较高价位接盘，或者利用和泄露资产重组、重大营利或亏损等方面的内幕信息买卖证券，成为证券市场的害群之马。在一些

---

①　郭晓霞：《证券交易风险的法律分析》，《工会论坛（山东省工会管理干部学院学报）》2009 年第 2 期。

②　白牧蓉：《互联网证券交易中的风险控制与责任承担制度研究》，《兰州学刊》2015 年第 7 期。

暴涨暴跌、过度炒作的证券背后,往往有一些证券公司在"坐庄"。

证券公司要进行证券市场操作,单纯依靠自身的资本金是不够的,因而需要通过各种渠道融资。融资行为引发了诸多风险。证券公司本身不能开展资金贷款业务,但变相借款现象并不少见。常见的融资方式包括:(1)证券公司营业部将代保管的客户国债私自拿去回购,套现资金交给大客户炒作股票,一定时间后大客户将资金归还给证券公司营业部,支付国债提前回购造成的利息损失并支付给证券公司营业部额外利息,证券公司营业部再买回国债,填补挪用的空洞①。(2)证券公司营业部对外招揽资产委托业务,向企业和个人筹集资金,然后将资金借给大客户,由大客户支付利息。有时需要大客户提供股票作为担保品。但一些作为担保品的股票由于市场剧烈变化价格降低,不但难以抵偿借款,而且证券公司营业部一旦把这些股票抛售出去,股价更会急剧下挫甚至崩盘,导致更大的损失。有些场合下,大客户所拥有的资产或股票被多家金融机构申请查封、冻结,证券公司的借款担保发挥不了保障作用。证券公司的资金相当于白白被大客户占用。(3)存贷挂钩,即由大客户自行找到出资方,由出资方、证券营业部和大客户签订三方监管协议,将资金指定给大客户使用,由大客户承担利息、手续费和资金偿还的风险。这种存贷挂钩关系虽然签有协议,并由大客户提供相当价值的担保品,但这种协议中存在着以合法形式掩盖非法目的的情形。证券公司把赌注压在大客户身上,希望它们炒股会大赚一笔,而银行则企图钻法律空子,认为贷款资金出了风险由供资方证券公司承担,不会成为银行的不良资产,但实际的情况却大相径庭。不少大客户因为股票崩盘而走投无路,证券公司因挪用客户交易保证金巨大而被关闭,银行的贷款恶化成为死账,整个金融信用体系受到伤害。有些情况下,一些证券公司营业部负责人与大客户内外勾结,联手坐庄,在股票价格下跌时由证券公司来接盘,帮助大客户从股市上脱逃,使证券公司蒙受损失。这些大客户不再是证券公司的"财神爷",而是"抽水机"②。这也揭示出金融体系中的一个漏洞,即证券公

---

① 龚滨:《基于证券融资融券交易特征的监管对策初探》,《现代经济信息》2013年第23期。

② 刘云亮:《论我国证券融资融券业务的法律制度》,《行政与法》2009年第1期。

司的资金存放问题[①]。证券公司拥有数亿乃至数十亿元的营运资金,而且还保管着巨额的客户交易资金。各个银行使出各种方法,希望证券公司将资金存放到自家银行。银行不愿也不敢得罪证券公司,会答应证券公司一些违规调动资金的要求,使得证券资金源源不断地流入违法用途。

三、证券发行、资产重组和证券咨询业务方面的风险

证券公司享有公开发行证券辅导、保荐权利和股权变更的财务、法律顾问的资格,对公司的并购、上市发挥着决定性作用。证券公司在帮助公司寻找兼并、收购对象,策划并购方案,计算股份权益、交易价格等方面的服务比较复杂,一般投资者和目标公司对此并不熟悉,一些机构和从业人员有可能出于自身利益或者投资顾问的个人私利,指使目标公司采取虚报利润、编造项目、隐瞒不利信息、夸大并购好处等方式,导致收购方或受让方做出错误决策,引发证券价格出现异常波动[②]。上述机构、人员也会发生违反证券顾问业务规则,向潜在收购者透露在收购、重组业务中获得的商业秘密资料,帮助收购者、重组者在收购条件、收购价格谈判中获得优势,损害目标公司的利益等行为[③]。

四、资产证券化业务方面的风险

证券公司的一些重要工作是帮助客户进行项目可行性评估,设计融资方式和额度方案,发行债券或投资集合(信托)计划,开展债券和投资份额营销,确定证券担保品,计算投资收益,协助客户与银行、买家进行接洽。在此过程中,有些证券从业人员违规帮助客户以虚假的项目套取资金,帮助客户将募集的资金转到非法账户,从事与资产计划不相符的活动,如炒股、炒作

---

① 田婕:《关于我国证券市场客户交易结算资金存管模式的探讨》,《世界经济情况》2007 年第 2 期。

② 戴新民、庞磊:《对上市公司利用资产重组舞弊的防范》,《安徽工业大学学报(社会科学版)》2007 年第 5 期。

③ 崔明:《证券咨询业的利益冲突与监管——美欧监管经验及对我国的启示》,《浙江金融》2014 年第 11 期。

期货甚至洗钱等①。在资产证券设置抵押过程中，一些不法分子也可能利用伪造、变造凭证或虚假的评估价格来使抵押品价格被高估，套取抵押权人的资金。

第三节 证券公司金融风险及处置实证分析

中国证券市场起步之后，面临着熟悉证券业务和金融机构管理的人才缺乏问题，当时证券业从业人员主要来自人民银行、财政部门，对于证券行业的运营知识、法律规定比较陌生，加上证券公司的一些分支机构选任、用人上把关不严，监督弱化，证券公司违规经营现象相当普遍。从 1997 年《证券法》颁布算起，在短短 5 年时间里一批证券公司就已经暴露出风险。2003年，鞍山证券公司、新华证券公司两家公司被证监会命令撤销。2004 年，证监会宣布对券商开展综合治理工作，要求证券公司的业务牌照、业务许可要与自身的资本实力、内控水平、合规状况保持平衡，通过制定证券公司资本、负债等明确的标准，避免证券公司过分依赖外部融资平台，将不达标的证券公司淘汰出市场。在治理行动中，首先对河北证券、中关村证券、中国科技证券、新疆证券和健桥证券等 5 家证券公司的严重违规经营进行查处，由证券业协会中止这几家券商的会员资格，即这几家证券公司不能继续从事证券经纪和自营业务。随后，中关村证券公司与中国科技证券公司被证券投资者保护者基金托管，河北证券公司和新疆证券公司被广发证券公司和宏源证券公司托管，健桥证券公司被西部证券公司全面托管。接着，闽发证券公司、大鹏证券公司、北方证券公司、富友证券公司、云南证券公司、汉唐证券公司、民安证券公司、大连证券公司相继暴露出违法违规经营情况。关于证券公司金融风险的处置，有一些深刻的教训，也有一些做法体现了公平的风险承担原则和社会化的风险处置思路。

---

① 陈裘逸、张保华：《资产证券化定义和模式的检讨——以真实出售为中心》，《金融研究》2003 年第 10 期。

一、小型证券公司亏损倒闭风险

(一)云南证券公司金融风险案件

云南证券有限责任公司是一家中小证券公司,注册资本金为 1.2 亿元,拥有 10 余家证券营业部,主要在云南省内开展业务。云南证券公司在成立初期开展了大量国债回购业务,将融得资金大量投入房地产行业。由于当时房地产行业陷入不景气,资金无法收回,加上证券市场不景气造成经纪业务收入下滑,云南证券公司在 1997 年时就出现了 2 亿元左右的亏损。除去证券市场原因,云南证券公司的亏损主要应归因于公司领导层的违法违规经营,出卖公司利益。云南证券公司原总经理陆海莺在任职期间不经股东同意和董事会的批准,未对受资人进行资信考察,对合作项目未作可行性论证,明知非金融机构不允许经营金融业务,仍然与海南国际公司签订了股份转让合同,与深圳运通集团有限公司签订了承包云南证券公司营业部的合同,致使云南证券公司 8000 万元资金被骗。事发后,陆海莺出逃到国外。为了应付拖欠客户的国债业务兑付款,云南证券开始挪用证券经纪业务中的客户保证金来还债。在云南证券公司管理层的授意下,云南证券公司总部及下属深圳营业部挪用客户交易结算资金 2 亿多元无法归还①。

2004 年 4 月,中国证监会对此作出《行政处罚决定书》,取消云南证券公司证券业务许可,责令其关闭,云南证券公司原有的证券营业部及其证券经纪业务交由太平洋证券公司托管。经云南省政府批准成立云南证券公司清算组对其进行清算,开展机构投资者的债权登记和偿付工作。2007 年 3 月,云南证券公司清算组向昆明市中级人民法院申请破产清算。破产过程中先后有 42 户债权人向法院申报了 11.48 亿元的债权②。法院决定分三次依法分配破产财产,42 户债权人均按比例受偿,三次受偿比例分别为 3.2%、

---

① 常俊峰:《证券公司退市机制中的法律问题》,《中国审判》2007 年第 3 期。
② 高培敏:《13 个月来首家券商被洗牌,云南证券被勒令关闭》,《东方早报》2005 年 1 月 6 日。

0.79％及 0.035％①。2011 年 8 月,昆明市中级人民法院作出裁定,终结云南证券公司破产程序。

(二)佳木斯证券公司被关闭案

佳木斯证券公司成立于 20 世纪 90 年代,注册资本金 1000 万元,有三家营业部,在佳木斯市证券市场上处于优势地位,早期规模和业务比较稳定。2001 年,佳木斯证券公司通过了中国证监会组织的券商挪用股民保证金情况大检查。但佳木斯证券公司注册资本金过少,业务规模也非常有限,为了在证券市场上一展拳脚,一直希望获得资金。为此佳木斯证券公司想向社会集资。为了规避集资的不好名声,佳木斯证券公司决定采取发行债券的方法。佳木斯证券公司先后设计和发行了佳木斯百货大楼和佳木斯热电厂的企业债券,但债券到期后兑付并不顺利,也没有给佳木斯证券带来足够的流动资金。后来,佳木斯证券制作了一种"有价证券代理买卖凭证"单据,捏造了一些国债和企业债的名称,然后销售给投资者,承诺债券到期后由佳木斯证券公司承担还本付息。如有的单据名称为"98 二年期证券代理买卖单",每张金额为 100 元,期限 2 年,到期支付金额为 107 元,并盖有佳木斯证券公司业务专用章②。这种债券发行对象比较广泛,有些外地投资者也购买了此种债券。佳木斯证券公司利用自制债券凭证融资后,将资金投放到证券行业和其他行业,由于证券市场不景气,佳木斯证券无力偿还这些资金及其相应的利息,公司原负责人怕事情暴露,携带了部分公款潜逃出境,导致佳木斯证券公司私自吸收公众资金的行为曝光。2003 年 11 月 25 日,证监会决定关闭佳木斯证券公司,由中国人民银行佳木斯支行牵头成立清算组进行债权登记。为稳定人心,佳木斯市政府宣布了佳木斯证券公司进行清算的基本原则,对公司经营期间所欠的自然人合法本金及合法利息,在登记确认后将依法予以偿付。对于违规进入佳木斯证券公司的个人资金和法人债权则没有具体的处置标准。但佳木斯市政府以及佳木斯证券公司清算组等方面拒绝公开佳木斯证券关闭的具体原因,涉及债务金额、债务形式等信息。

① 王翁阳、杨晶、魏文静:《云南证券公司破产案审理纪略》,《中国审判》2011 年第 12 期。
② 谢旻:《券商整肃风暴》,《中国投资》2004 年第 3 期。

　　云南证券公司、佳木斯证券公司都属于小型证券公司,它并非被市场竞争所淘汰或者被竞争对手所吞并,而是因为其违法经营而被关闭,从它们身上可以审视小微证券公司及其他金融机构对于金融风险的态度和抗风险的能力。世界各国的证券市场中,小微型证券公司、投资银行的生存状况都比较不利。由于证券行业的资金需求以及瞬息万变的交易形式,小微型证券公司难以满足市场的需求,适应市场的竞争,但不意味着小微证券公司都无法存活,或者都需要冒很大的金融风险,踩法律的红线。一些国家和地区的小型证券服务机构、咨询顾问机构也能抓住市场机会和客户需求,提供相应的金融服务。因此,小微证券公司应当利用自身优势,在比较成本、客户满意程度、服务科技化、个性化方面加以突破[①]。同时,我们看到,对暴露出风险的小微证券公司进行处置表面上看比较简单,所需要的借助资金量也不是很大,但是同样不能掉以轻心。因为从造成损失的烈度和投资者最终能挽回的损失来看,小微证券公司所造成的损失并不比大型证券公司小,而且要防止一些小微型金融逆变成为"地下银行"、"地下证交所"。另一方面,在证券公司关闭或托管案件中,惯常采用的个人投资者债权与法人、机构投资者债权分别处理,优先兑付个人投资者债权的做法是否完全适宜,有很大的检讨空间。从债权法角度看,只应按照债权发生时间、债权到期时间、债权有无担保、债权有无抗辩事由和抵消与混同情形来划分,根据投资者类型、所有者类型来划分债权是不科学的。证券市场上流动的资金是平等、同等的,并无姓公姓私的区别。投资者在进入证券市场之前就应当了解市场规则,做好风险认知和心理预备等工作,不能在证券公司出现问题和风险时一概声称自身不知情,声称受骗上当。对于证券公司挪用投资者账户上的保证金问题,一些投资者的确处于不知情状况,而另一部分投资者可能抱有不管不查不问,出了事情反正有政府负责的想法,放松了对自身资金账户、股票账户的查询管理,致使部分证券公司借机挪用股票和资金[②]。我们的看法是,证券公司对外所负的债务是一体的、同等的。对于个人投资者的保护的

---

①　唐秘:《我国证券业适度规模实证分析》,《经济研究导刊》2015 年第 13 期。

②　王玉梅:《破产清算中证券保证金的法律性质》,《法律适用》2004 年第 6 期。

优先性应该有更合理的法律安排,如增加证券公司以欺诈方式获取和使用客户资金的赔偿法则,在清理问题证券公司残存资产时可以先行兑付欺诈性赔偿的部分,然后再考虑如何兑付其他债权部分,因为投资者和机构主债权的损失在法律属性上是一致的。

二、证券公司股东恶意经营,攫取利益案件

证券公司的股东掌握着证券公司的经营权、人事权、资产权。在我国证券市场上,证券公司作为宝贵的金融业务载体,容易被一些有浓厚投机心态的人所觊觎。当他们控制证券公司后,一心只为满足私人利益,炮制出巨大的金融风险。

(一)富友证券公司金融风险案件

富友证券经纪有限责任公司源于河南省开封证券公司,初期资本仅1000多万元,后来扩股为5060万元,1999年增资扩股到1.5亿元,2001年9月正式更名为富友证券公司,并将公司总部迁到上海。富友证券公司在上海、天津、开封、郑州、武汉等地共有6家营业部。

富友证券公司经核准的经营范围主要是证券经纪类业务。为了在诸多券商中站稳脚跟,富友证券公司严格控制证券营业部的经营成本,对证券公司的客户经理实施严格的营销考核,实行证券营业部——证券经纪人两级业务分成,经纪人成立营销团队去争取客户,将证券营业部的水电、物业、保安开销分摊到经纪人营销小组当中,根据经纪人客户资源的多少配给营业厅面积。富友证券公司还要求经纪人主攻大客户资源,不太注重发展中小投资客户。这种高度依赖证券经纪人的制度收到了一定的短期效果,富友证券公司的交易额最高时占到了证券市场日成交额的千分之三,在上海证券交易所数百家券商席位中,富友证券公司排位高时为第59位。富友证券公司还较早推出了网上证券经纪业务,受到了部分投资者的欢迎。

但富友证券公司的经营模式中含有较多的弊端。一是证券经纪人的业务压力巨大,在考核中很容易被淘汰,一些业务骨干因为股东更换和考核压力离开了公司,公司的人才储备出现青黄不接。二是证券营业部只考核经

纪人能不能拉来大证券客户,能不能多赚取佣金,风险监控非常松弛。证券经纪人为分到高额佣金,开始背离证券经纪业务的本质,向证券客户兜售一些增值业务。所谓的增值就是不正当竞争和违规经营,比如向证券客户承诺证券交易手续费打折优惠,以证券投资咨询名义代替客户炒股,挪用客户证券账户中的股票和保证金,诱使客户购买国债产品并挪用国债认购资金,以国债回购的名义向客户高息借贷资金等①。一些经纪人从上述行为中尝到了甜头,越发不可收拾。

上述经纪业务的亮点和漏洞没有给富友证券造成致命伤害,真正导致富友证券公司被托管的是其庞大而隐秘的自营业务。调查发现,富友证券公司的增资扩股以及总部搬迁是其幕后操纵者精心盘算的,目标是将富友证券公司作为一个股票炒作平台。富友证券公司的实际控制者是来自上海的周正毅及其妻子毛玉萍,他们给多家银行、信托公司和证券公司制造了金融风险。周正毅认为富友证券公司股本规模较小,也没有强有力的控股股东和他抗衡,就主导了富友证券公司的增资扩股。富友证券公司新引入的主要股东包括上海高校科技产业(集团)有限公司、湖北中兴实业有限公司、上海大方实业投资有限公司、河南华昌投资有限公司、上海城市房地产有限公司、上海仁惠实业投资有限公司,其中第一大股东上海高校科技产业(集团)的法定代表人就是周正毅,其他几家公司也都是周正毅控制的关联公司②。

周正毅控制富友证券公司后,开始了一手炒股票、一手玩国债的风险经营。周正毅采用多种手法来套取资金,一是挪用大量的客户保证金;二是游说一些企业或个人购买国债,然后将客户保管在富友证券公司的国债私自拿出,到债券市场上做国债回购业务,将国债变成现金;三是和客户私下签订委托理财协议,借得客户的资金,并采取"借新还旧"、"归还利息,本金续借"等方法长期获得资金;四是将挪用或借得的资金购买股票后,又将股票质押给一些商业银行获得贷款,然后又将贷款资金投入股市再购买股票,在

---

① 王学峰:《中国证券公司内部控制体系研究》,《中央财经大学学报》2007 年第 10 期。

② 于扬:《富友证券被取消证券业务牌照》,《证券时报》2006 年 8 月 18 日。

炒高股价后套现股票。这种行为使得风险成倍增长,如果客户所购买的国债到期需要清算交割,周正毅及所控制的富友证券公司根本无法拿出相应的债券,会面临客户的兑付要求。如果富友证券公司所炒作的股票价格下跌,银行所占有的质押物就会贬值,银行将会要求富友证券公司提前偿还贷款或提供其他担保,富友证券公司也没有资金可以用来还款,会迅速出现违约。周正毅将用各种手段圈来的资金主要用于炒作徐工科技股票,先后投入接近 20 亿元。2003 年 6 月初,徐工科技股票遭遇近 10 个跌停板,流通股市值减少了 10 多亿元,周正毅的账面损失非常惨重,但为了隐瞒富友证券公司不能从事自营业务的事实,他决定低价抛出徐工科技股票,将资金归还到被私下挪用的富友证券公司客户账户中。这种抛售行为加剧了徐工科技股票股价的急速下跌和成交量剧增,挪用客户资金的行为终于曝光。2003 年 6 月 5 日起,中信证券公司受中国证监会委托托管了富友证券公司所属证券营业部、证券服务部、证券交易结算中心及证券经纪相关业务,向富友证券公司派出了业务负责人、财务管理人员、计算机管理人员等①。

富友证券公司作为一家仅仅有证券经纪业务资格的公司,所制造的金融风险之大,是证券监管机构和证券行业难以想到的。在总结富友证券公司违法违规经营的教训时,首要被提及的仍然是公司内部治理结构混乱,被个别金融投机者控制,使证券公司从一个金融服务商变成金融骗局炮制者。富友证券公司的高级管理人员不可能不知道公司正在开展违规经营,搞金融冒险,但一直没有揭发和暴露这种行为的声音,可以说富友证券公司内部形成了"铁板一块"。另外值得深思的是我国的证券经营业务状况。证券公司所处的市场具有一定的垄断性,从全国范围来看,证券交易所批准给证券公司的证券交易席位和证监会批准给证券公司的经纪业务与自营业务资格都属于稀缺资源,这诱使一些资本力量力图通过控股或组建证券公司来获得证券市场的敲门砖。获得上述资格和席位,就可以大展拳脚,从证券市场上"圈钱"、"抽血"。另一方面,各证券公司的业务几乎同质化,在提供的证

---

① 王凯:《"水有多深,窟窿有多大":富友证券被托管幕后》,《证券市场周刊》2003 年 6 月 15 日。

券交易产品、服务、顾客群、知名度方面相差无几[1]。为争夺股票炒作所需要的资金,各个证券公司的营业部之间展开着激烈竞争。在证券市场形势较好的时候,证券公司会不遗余力地扩张,新增营业部,扩大经营面积和经纪人数量,为大客户提供各种投资便利。而当证券市场行情不景气时,一些证券公司就会遭受经营场地闲置、摊销费用过高、经纪业务收入下滑等问题。有些证券公司营业部就走上了歪路,从客户账户中截取资金,盗用证券,以委托理财的方式非法吸收资金,或者以各种名目诱使客户买卖证券。富友证券公司从正常经营到突然被托管,证券监管部门和托管机构没有向公众充分通报公司的情况,使得市场上冒出很多传言、谣言,反而动摇了投资者的信心,增加了市场泡沫变化和不确定感。而且托管本身只是一种行政委托行为,并不是最终性的金融行为。我国证券市场本身就存在着严重的信息不对称,出于防范金融风险的用意去屏蔽某些信息、回避敏感问题并不能减少投资者的盲动,也不利于将金融投机者的真面目曝光,实际上是不可取的。因此,应当及时、全面地公开对于问题证券公司的处理进程和结果,让投资者真正得到教育,懂得金融风险的可怕性[2]。

（二）闽发证券公司巨额亏损破产案件

闽发证券公司是福建省的一家地方证券公司,最早隶属于中国人民银行福建分行,1996年与人民银行脱钩,先后由中国凯利实业公司、福建协盛公司担任大股东,在福建、上海、湖北、北京等十多个省市设有营业部。

闽发证券公司长期被福建协盛公司负责人吴永红操纵。经过调查,吴永红在控制闽发证券股权的时候没有实际出资,而是将在闽发证券开户的股民的保证金和委托理财资金打入闽发证券账外公司,再由账外公司通过虚假交易打到福建协盛及其关联公司,并将此笔资金虚报为福建协盛公司等对闽发证券的出资。这意味着,闽发证券的注册资本金8亿元只是名义

---

① 孙明明:《我国证券公司风险处置模式选择的理论分析》,《世界经济情况》2008年第1期。

② 刁涌:《证券公司托管法律问题研究——兼评〈证券公司风险处理条例〉》,《前沿》2012年第4期。

出资,控股股东并没有真正出资①。

控制闽发证券公司后,吴永红及其继任者张晓伟多次以闽发证券公司的名义挪用资金,投资房地产、股票、期货等,牟取巨额私利。为了从闽发证券公司中抽血,吴永红等决定扩大证券委托理财规模,向客户许诺保底收益和高于市场行情的利息及资金占用费。闽发证券公司还虚构国债销售的事实,骗取客户资金,然后将资金用于炒股。闽发证券公司在股票炒作中也屡屡发生违规,曾经在证券市场上秘密增持某些股票,其中有一只股票可流通比例的97%被闽发证券持有,以达到操纵股票交易价格实现暴利的目的。但由于股票市场低迷,闽发证券公司大比例持有的股票不但未能获利,还出现贬值,导致委托理财资金到期后闽发证券公司无力兑付。闽发证券出现兑付危机后,福建省政府、证监局进驻公司,组织债权清收和个人债务兑付,并立案调查闽发证券原负责人的违法犯罪嫌疑。在清算时,发现闽发证券公司债务涉及全国大部分省区市,累计拖欠机构债务95亿元、个人债务9.6亿元,亏损总额高达90亿元。此后还陆续发现闽发证券公司存在账外经营现象,大量复杂的债权债务链条没有反映在财务报表中。同时,闽发证券公司也有不少对外投资、关联资产需要加强维护。政府决定由东方资产管理公司对闽发证券公司进行托管,消化金融风险。

2008年7月,福州市中级人民法院受理闽发证券公司破产案。这宗破产债权处理遇到的最大难点是账外资产问题。有些资产在闽发证券公司原始账册上没有清晰记载,资金流向难以查找,债权凭证残缺不全,有些资产则归属在闽发证券公司及其控股公司中国凯利实业有限公司和福建协盛实业股份有限公司所设立的壳公司名下,很难与闽发证券公司建立关联②。而闽发证券公司实际控制人吴永红潜逃到境外,一些关键性的信息也无法核实。法院初步确认闽发证券公司的可分配资产不足20亿元,对应90亿元

---

① 梅贤明、黄金火、邱何娟:《闽发证券破产清算案始末》,《中国审判》2013年第3期。

② 李曙光:《一个具标志性意义的案例——闽发证券破产案审判实务评论》,《中国审判》2012年第3期。

的闽发证券公司债务,债权人受偿比例仅为 15％～20％[①]。在法院和闽发证券公司清算组的努力追查下,发现闽发证券公司有关联关系的 6 个破产企业和 48 个关联公司还有可供清偿的债权,法院合并处理了 1551 件民事诉讼,涉诉案件标的 300 亿元,从中确认了 41 亿元的额外资产可以列入破产分配财产,使得可供分配的破产财产增加到 73 亿元,使债权清偿率提升到 63％[②]。

(三)新华证券公司被撤销案件

新华证券公司前身是长春证券公司,具有证券经纪业务经营资格。后来进行增资扩股,由吉林省置业集群通讯公司、吉林省富邦农业发展公司、吉林省银隆科贸开发公司、长春市联合物业管理公司、吉林省国际信托投资有限责任公司 5 家股东各出资 4000 万元,各占 20％股权。新华证券公司虽然有 5 个大股东,但其中置业集群公司、富邦农业公司、吉林省国际信托投资公司的控制人都是杨彪,他把控着新华证券公司的所有经营活动,其他股东对于新华证券的战略和经营很少介入。公司的股东会、董事会、管理层成为摆设,没有真正发挥决定公司发展方向、监控公司重大决策和执行行为的职能。

新华证券公司成立后,总部迁往上海,收购兼并了新华信托投资公司、吉林省国际信托投资公司、江苏联合信托投资公司的证券营业部后,营业部数量达到了 24 家。但由于注册资本金较少,而且只能从事证券经纪业务,无法在庞大的证券市场上分得蛋糕,于是杨彪将目光投向了营业部外部的操盘者,借助"实力"庄家之手操纵市场来替证券公司赚钱。新华证券公司联系最为密切的庄家是朱耀民。调查显示,2002 年时朱耀民向银行多次贷款用于炒作股票,新华证券公司作为其保证人。为了给朱耀民筹集证券炒作的资金,新华证券公司开展的委托理财业务承诺给出资人高达 13％的年

[①] 刘敏、梁闽海:《企业破产清算案件中的审判实务问题——以闽发证券有限公司破产清算案为视角》,《法律适用》2013 年第 7 期。

[②] 证券时报网快讯中心:《闽发证券破产案分配破产财产 73 亿元,债务清偿率 63％》,证券时报网 2012 年 12 月 25 日。

息收益,比同期银行存款利息高出4倍以上,比其他证券公司的理财收益高出80%。新华证券公司还将挪用的客户保证金、国债回购资金提供给朱耀民炒作股票,期望朱耀民能够坐庄拉高股价帮助新华证券公司盈利。朱耀民借助新华证券公司力量炒作的百科药业公司股票股价最高时达近10元,经过连续暴跌后,股价只剩3元。他所炒作的凯诺科技、爱使股份、南方建材几只股票也出现巨大亏损,累计达到了10亿元,最后无力偿还所借新华证券公司的资金,新华证券公司自然也无力偿还公众集资款及高额利息,只能通过挪用客户证券交易账户保证金或者私下卖出客户保管在证券公司的债券等方法来还本付息,这无异于饮鸩止渴①。杨彪还与朱耀民同流合污,共同攫取新华证券公司的控制权。2003年时,朱耀民受邀出任新华证券公司的副董事长,还表示有意认购35%的股份,成为新华证券的大股东,但手中的资金不足。于是,新华证券公司和朱耀民策划了一笔交易。其操作手法是朱耀民将手中所持有的1.5亿元百科药业股票质押给新华证券公司下属营业部,然后由新华证券公司为朱耀民发放2亿多元的借款,朱耀民就用这笔钱来认购新华证券公司的股份,后来这笔交易没有成功,否则就会出现新华证券自己赎买自己的怪象②。

在新华证券公司成立3周年时,证监会决定撤销违规经营严重的新华证券公司,并设立撤销工作组负责清理新华证券公司的证券业务。由东北证券公司负责托管新华证券公司的24家证券营业部,吉林省政府组织有关部门清算组负责债券登记等清算工作。为解决新华证券公司的庞大债务,中国人民银行以再贷款形式一次性拨付14.5亿元偿还新华证券公司挪用的客户保证金,吉林省政府拿出4亿元现金,弥补新华证券公司委托理财的亏损。

新华证券公司没有自营资格,但通过外部庄家曲线开展股票自营,说明其内部守法意识和管理制度非常混乱。对挪用客户交易结算资金、挪用客

---

① 余维彬:《揭开新华证券猝死的内幕》,《银行家》2004年第2期。
② 于宁:《新华证券紧急关闭内幕调查:"吕梁第二"终结》,《财经》杂志,2003年12月22日。

户委托管理的资产、挪用客户托管的债券等行为,公司的股东和管理层没有制止,反而是默许①。证券监管机构没有对新华证券公司的交易账目和财务收支进行定期监管,使得新华证券公司肆无忌惮。

(四)北方证券公司违法经营被关闭案

北方证券成立于 1987 年,最早名称是北方票据公司,隶属于中国工商银行沈阳市分行,是新中国成立后的第一家证券公司。1999 年,北方票据公司与工商银行沈阳分行脱钩,改制为沈阳北方证券公司,经历过两次增资扩股,注册资本增至 3.6 亿元,并正式更名为北方证券公司。2002 年,公司注册资本增加到 10 亿元,并将公司总部迁到上海,曾经拥有 20 余家证券营业部。

北方证券公司原有管理层是在沈阳经营时期确定的。在搬迁到上海的过程中,北方证券公司新增了中国汽车工业总公司、江苏东方国际集团、金新信托投资股份公司、沈阳合金投资公司、鞍山合成股份公司等股东。北方证券公司资本扩大化也带来了股东之间的控制权争夺,给公司的正常运作带来了很大的干扰。公司股东中金新信托投资公司、沈阳合金投资公司的实际控制人是新疆德隆集团,鞍山合成股份公司的实际控制者是江苏东方国际集团。2000 年,江苏东方国际集团实际持有北方证券的股份 10800 万股,新疆德隆集团持有 9000 万股,中国汽车工业总公司持有 7200 万股。最终,江苏东方国际集团和中汽工业公司达成一致行动,掌握了北方证券的绝对控股权,迫使新疆德隆集团转让了所持的北方证券股份,退出北方证券。江苏东方国际集团完全控制了北方证券公司,派出人员担任北方证券公司的执行董事,三年内更换了三位公司总裁,公司管理与运行受到了大股东的直接影响②。

江苏东方国际集团控制下的北方证券大肆进行股票炒作,最典型的是炒作泰山石油股份公司的股票。从 2001 年到 2004 年,江苏东方国际集团和北方证券公司联手坐庄,通过反复增持、调仓、互买互卖,一直将泰山石油

---

① 栗新宏:《新华证券覆灭》,《新财经》2004 年第 1 期。

② 方华:《紧急托管北方证券内幕》,《法人杂志》2005 年第 8 期。

公司股价维持在 10～13 元,但为此花费了大量资金,而且手中所囤积的泰山石油股份越来越多。北方证券几乎所有的营业部的席位上均托管数千万元的泰山石油股票,总托管数额接近 2 亿股,占到了流通盘的 70% 以上。2003 年开始,泰山石油的业绩已经出现了明显下滑,每股业绩仅为 0.02 元。机构投资者不再青睐这只股票,但北方证券公司反而继续增持该股票,其原因是北方证券公司认为泰山石油公司的大股东中国石化集团会拿出重组方案,为泰山石油公司"输血",股价终会反弹。2004 年年末,北方证券公司迫于无奈开始紧急抛售泰山石油股票,导致泰山石油每天都被打到跌停板,股价从 10.05 元急跌到 3.91 元,市值损失了 17.8 亿元,北方证券公司也滑向倒闭边缘[①]。

北方证券公司还违规开展委托理财业务,为上海市的一些国有企业和多家农村信用社开展国债业务,金额达 25 亿多元。由于当时国债价格下降,加上北方证券公司挪用了一些资金用于炒作股票,使得委托理财资金到期无法偿还。北方证券公司企图以分期偿还、延期偿还、增加抵押、股东担保等多种方式来减轻还款压力,但效果不理想。部分理财客户向法院起诉了北方证券公司,申请冻结了北方证券公司部分资产。北方证券公司为维持经营,还透支应支付的国债回购利息、交易结算账户的客户资金近 5 亿元,后被证监会发现。证监会决定冻结北方证券公司的经纪业务收入清算账户并处以透支罚息,导致北方证券公司无法调度资金。

北方证券公司自 2002 年就开始出现亏损,2004 年公司财务会计报告上的亏损额为 1.65 亿元,如果加上账外违规经营和挪用客户资金,北方证券公司的亏损额更为惊人。2005 年 5 月 27 日,证监会发布公告,北方证券公司及其实际控制人在多年经营中涉嫌操纵证券价格,非法吸收公众存款以及盗用公司客户保证金等违法违规行为,制造了巨大的金融风险,危害了证券市场及金融秩序的稳定,给证券投资者造成了巨大损失。根据证券法和国家有关规定,证监会委托东方证券托管北方证券经纪业务及所属证券营

---

① 苗燕:《证监会对问题券商大清洗,北方证券被托管》,《北京现代商报》2005 年 5 月 30 日。

业部。2006 年 3 月,证监会正式批准北方证券 20 家营业部全部关闭,正式
划入东方证券公司的营业部序列。

　　北方证券公司被关闭的主要教训是内部人违法控制。江苏东方国际集
团将北方证券公司作为资本运作的平台,利用其证券自营资格在股票市场
上极尽操纵之能事。为了部分股东的私利,将原本估值不理想的股票加以
"神化",并在炒作股票资金枯竭时采取擅自挪用客户保证金以及虚构证券
投资理财等行为,将北方证券公司能够动用的资金榨干,使公司迅速灭亡。
在当时的市场环境下,和北方证券公司一样操纵股票的现象并非个例,但控
股股东罩上了公司经营决策的合法外衣,大规模、长时间地炒作一只股票的
现象还不多见。北方证券公司倒闭,控股股东自己最终却置身事外,有违公
司法人人格否认的相关法理[①]。

　　证券公司股东和主要负责人指使证券公司做庄股票、操纵价格的事件
在金融实践中并不少见,如果仅仅对操纵证券价格的犯罪人追究刑事责任,
难以起到追回犯罪所得收益、稳定证券市场的作用。但司法实践中如何确
认和追究证券公司的单位犯罪刑事责任存在着较大的困难。证券公司内部
一般设有投资咨询委员会和风险管理委员会,对于重大的投资经营行为,证
券公司章程和内部管理文件都规定要通过上述委员会审查,并提交公司决
策层批准。证券公司的董事会在必要时也应当作出决议。履行这些程序的
公司文件、会议记录、通话谈话记录、高管签字等可以作为诉讼中的证据来
证实操纵市场行为是公司经营者个人行为还是公司的集体决策行为。但在
具体案件调查中,会出现一些干扰因素,如证券公司和责任人伪造、补造、销
毁一些重要的会议记录和公司内部文件,混淆法人犯罪和个人犯罪。也有
一些证券公司因股权控制方变更、主要负责人离职,就对过往经营行为一概
否认或敷衍带过。一些地方在调查中希望保护本地的企业、金融机构和官
员,对操纵证券市场行为大事化小。因此,需要通过更为具体的指导性案例
以及必要的司法解释来明确操纵证券市场价格的行为人背后的证券公司应
承担的法律责任。从单位犯罪的构成要件分析,单位法定代表人以及主要

---

　　① 李苏:《我国证券公司内部控制机制的问题及对策》,《浙江金融》2007 年第 9 期。

业务负责人的行为在很大程度上代表着单位的行为①。同时,实施操纵证券市场的行为客观上要求单位具有证券自营业务资格以及能够开设供股票操作的证券交易账户。这意味着大多数情况下证券公司职员非法炒作股票的行为,证券公司可以通过证券交易记录查询到,而且证券公司可以控制这些交易。同时,操纵证券价格所需要的资金绝大多数来源于证券公司的自营资金以及非法挪用的客户交易保证金、委托理财资金,证券公司对这些资金具有支配和保管能力。尽管有的证券公司在事后辩解炒作股票的资金是以账外经营的形式存在,本单位对此不完全知情或不知情,但从多数案件来看,非法炒作股票的资金很多是由证券公司及下属证券营业部通过各种方式组织、筹集而来的,炒作股票所获得的利润也流入证券公司的账户,证券公司对此是难辞其咎的。从另一个角度看,证券公司工作人员实施操纵证券市场价格行为,无一不是利用其职务上的便利条件,如熟悉证券交易规则、接触或掌握有价值的证券交易标的物信息、对证券股票的交易定价具有一定的影响力等,这些职务上的便利条件与证券公司有紧密关系。因此,证券公司工作人员实施的操纵证券交易价格犯罪,有必要进一步侦查和核实证券公司是否卷入其中,是否存在犯罪的主观意图以及对犯罪的结果是否发挥实质性的作用。退而言之,对于做庄炒股的证券公司,即使不构成证券犯罪,只要出现证券市场价格的不正常变动和证券交易信息的扭曲等情形,影响到证券市场上的其他投资者的交易活动,造成财产利益损失,就应当严格追究其民事侵权责任。出于稳定证券市场的考虑和相关法律规定的模糊,我国过去对投资者起诉上市公司经营活动和证券交易行为侵权,要求赔偿的案件一般是不予受理。即便是股民起诉被受理也难以顺利审理,证券监管部门和地方政府往往是采取行政措施来收拾局面②。现在,新的民事诉讼法规定,司法机关对于当事人的诉求应当采取登记立案制度,取消实质性审查,这对证券投资人而言是有利的,可以直接请求司法机关受理操纵证券

---

① 叶良芳:《论单位犯罪的形态结构——兼论单位与单位成员责任分离论》,《中国法学》2008 年第 6 期。

② 鲁篱、梁远航:《论对证券投资者的诉讼保护》,《西南民族大学学报(人文社科版)》2004 年第 5 期。

市场相关的民事赔偿要求。关于民事赔偿侵权数额的认定和造成损失的计算,还有不少争论①。比如,证券公司因炒作股票而获利,在计算获利金额时是否应减除证券公司融资时的资金成本,股票价格的正常性波动带来的浮盈浮亏与操纵市场价格所得利益如何区分,多家证券机构或多个金融账户共同操纵证券价格的责任如何分担等问题,需要总结过去发生的一些证券风险案例,找到切实可行的办法。

我国证券市场中存在着一批具有相当能量的金融掮客,他们善于从金融机构手中"淘金",然后将资金投入到不规范甚至违法的金融活动中,牟取暴利。"新华证券公司被撤销案件"中的庄家朱耀民就是一个典型。据公安机关调查,朱耀民采取特殊的存贷挂钩手段来"圈到"资金,他曾经将长江证券公司、海通证券公司的资金拉到上海、南京等地的商业银行开户、存款,然后再由银行转贷给他本人用作炒股,先后组织资金 20 多亿元。然后,朱耀民又以手中握有的股票作为质押再度向银行借款,证券公司因为朱耀民大量频繁炒作股票,为证券公司带来了交易规模、佣金收入而把它奉为上宾,不惜挪用客户证券账户保证金、其他客户账户中的股票供朱耀民及类似的庄家炒作。当庄家炒作失败退场后,证券公司的资金窟窿难以弥补,最终正常经营被拖累,甚至被撤销、清算。朱耀民给几家证券公司造成的亏损就高达 10 亿多元。虽然一些庄家受到了法律制裁,如朱耀民被控犯有贷款诈骗罪,但他们所造成的金融动荡是无法抵偿的。

(五)君安证券有限公司股东虚假出资案件

君安证券公司 1992 年成立于深圳,主要创办者张国庆有丰富的金融从业经验,曾在湖北省人民银行、深圳市人民银行任职。君安证券公司成立后,在业务创新、人才培养方面占有优势。20 世纪 90 年代中期,君安证券公司是国内实力最强的证券公司之一,曾在 1997 年以总资产 175 亿元、利润7.1 亿元,排名国内券商第一位②。在一级市场上,君安证券公司成为 100 多家企业 A 股、B 股的上市推荐人和承销商,完成了近 300 亿人民币融资。君

---

①　刘云亮:《证券投资者诉讼维权的困境及其解决对策》,《中国证券期货》2010 年第 9 期。

②　邹愚:《君安之父张国庆兵败 MBO》,《21 世纪经济报道》2005 年 8 月 22 日。

安证券还在国内较早开展购并顾问、海外融资业务。君安证券公司自营业务规模大,1996 年通过炒作长虹公司股票累计获利就高达 40 亿元。在经纪业务方面,君安证券公司在国内建立了 60 多家证券营业部,交易量在上海、深圳股票市场上长期占据前列,国债交易量也居全国前十名。

君安证券公司最初的股东是 5 家国有企业,注册资本 5000 万元。1997 年,君安证券公司进行增资扩股,股本增加到 7 亿元。在此过程中,君安证券公司负责人张国庆主张实施管理层持股(MBO)改造。经过安排,君安职工持股会变成君安证券公司的最大股东,持股比例达 77%,原有股东的股份比例大幅下降。但君安职工持股会只是一个"白手套",在背后真正控制君安证券公司的是新长英公司和泰东公司两家投资公司,这两家公司分别为君安证券公司董事长张国庆和总经理杨骏控制①。

张国庆、杨骏等设立这两家公司时使用的资金遭到怀疑。君安证券公司财务部门在自查中发现有部分收入去向不明。国家审计署介入调查后发现,君安证券公司有 12.3 亿元的收入被放在账外运行,而张国庆等人正是动用这笔账外资金注册了上述两家投资公司,并以它们的名义购买君安证券公司的股权,使君安证券公司由国有控股公司转变为私人股东控股的公司。1998 年,君安证券公司被安排与国泰证券公司实施合并,张国庆以犯有"虚假注资"和"非法逃汇"等罪被追究刑事责任。

(六)五洲证券公司股东抽逃出资案件

五洲证券公司原为洛阳市证券公司,隶属于中国人民银行洛阳中心支行,1987 年成立时注册资本为 20 万元,1991 年注册资本金变更为 1000 万元,是河南省当时仅有的两家券商之一。2000 年 12 月,洛阳证券公司与中国人民银行洛阳中心支行脱钩,洛阳市新星兴物资有限公司成为洛阳证券公司主要股东,新星兴公司是洛阳证券员工内部集资控股的公司,即由洛阳证券公司职工间接持股。洛阳证券公司注册资金小,为了维持证券经营所需要的大量资金,开始挪用客户保证金。2003 年,洛阳证券公司挪用客户保

---

① 武安江、王清剑:《我国证券公司风险处置及金融监管的改革》,《吉林金融研究》2010 年第 1 期。

证金已达 5 亿多元。由于市场不景气,洛阳证券公司亏损比较严重。为了填补亏空并达到证监会规定的经纪类券商注册资本最低 5 亿元的规模,洛阳证券公司想到了增资扩股的办法。2004 年,经证监会批准,洛阳证券公司增资扩股并更名为五洲证券有限公司,注册资本增加到 5.12 亿元,公司总部迁往深圳,主要股东包括成都前锋电子股份有限公司、河南通元置业股份有限公司、湖北凯乐新材料科技股份有限公司、江苏太仓市对外经济投资发展有限公司等 9 家公司,拥有 11 个证券营业部及证券经营分支机构。在增资扩股过程中,五洲证券公司和新进股东联合造假,采取了惯常的走账形式。比如太仓市对外经济投资发展有限公司和五洲证券公司的合谋。2004 年 2 月,五洲证券公司在广发银行深圳福田支行和深圳发展银行布吉支行开立验资账户,要求新股东将出资存放到账户中。太仓市对外经济投资发展有限公司曾承诺认缴 6000 万元股份,2004 年 3 月 4 日该公司往广发银行深圳福田支行账户内汇入 6000 万元,但随即从上述账户中分笔划走资金。到工商行政管理机关规定的验资日即 2004 年 3 月 16 日,五洲证券在广发银行深圳福田支行及深发展银行布吉支行开立的两个验资账户的资金余额均为零。其余几家股东也没有如实履行出资义务,存在不同程度的虚假出资。2004 年 6 月,中国证券监督管理委员会河南监管局向广发银行深圳福田支行发出询证函,该行做了虚假证明,声称收到包括太仓公司在内的 7 家股东单位投资款 4.3036 亿元,截至 2004 年 6 月 5 日,五洲证券验资账户余额为 4.3036 亿元[①]。而事后河南监管局调查发现,该验资账户当日余额仅为 3.38 万元。

2003 年 8 月,证监会规定严禁证券公司挪用客户交易结算资金、挪用客户委托管理的资产、挪用客户托管的债券,如果继续出现上述行为将严肃查处。但五洲证券公司并没有收敛,继续大规模挪用客户证券交易保证金[②]。五洲证券公司将挪用的客户保证金主要用来炒作兰太实业股票,所持有的兰太实业股票最高时达到流通份额的 50%。2004 年 11 月以来,兰太实业

---

① 最高人民法院:《五洲证券有限公司破产清算组与广发银行股份有限公司深圳福田支行二审民事裁定书》,中国裁判文书网,2014 年 7 月 14 日。

② 倪浩嫣:《挪用客户保证金行为的法律性质》,《理论学习》2006 年第 2 期。

股票出现异常成交现象,股票跌幅接近30%,背后原因就是五洲证券公司从中获利解套。但即便如此,五洲证券公司的证券投资业务亏损还是相当惊人,公司所挪用的客户保证金有近4亿元无法归还。五洲证券公司还将挪用的客户保证金从事期货交易,由于其经营不善,亏损也非常巨大①。

2005年6月,中国证券监督管理委员会决定由东海证券公司托管五洲证券公司的证券营业部和经纪业务。2005年10月,中国证券监督管理委员会宣布关闭五洲证券公司,委托北京中兴宇会计师事务所成立五洲证券有限公司清算组,负责五洲证券公司的行政清算工作。随后,五洲证券公司被依法宣告破产。

三、管理层违规经营引发证券风险案件

证券公司管理层属于金融体系中金字塔顶端的一部分人,他们能够调动大量的资金进行证券操作,可以为客户进行股票上市和债券发行等融资运作,他们手中还掌握着大量的证券市场信息,包括那些对证券价格构成巨大影响的内幕信息,他们懂得复杂的证券业务操作技巧,能够分析证券走势,提出投资建议,成为很多中小投资者仿效的对象。但正是这些"强人"、"名人",却经常无视法律的禁律,利用他们的个人专长和职务便利,贪婪地从证券市场中攫取利益,卷走资金,同时将所在证券投资机构拖入风险,给广大投资者带来惨痛损失。

(一)大鹏证券有限公司破产案

大鹏证券公司成立于1993年,前身是一家证券营业部,1995年正式获批成立大鹏证券有限责任公司,后来经过增资扩股,注册资本增加到15亿元。在2001年之前,大鹏证券公司处于高速发展、规模扩张阶段,导致其盈利的一部分是证券经纪业务收入,而更大的部分是利用委托理财、国债回购的资金来进行股票炒作获取的暴利。大鹏证券公司从1998年起,陆续在深圳、北京、上海等17个城市的各个证券营业部开设资金账户348个,其中个人账户288个、机构账户60个,上述资金户下挂股东账户4679个,其中个人

---

① 李传金:《五洲证券破产之谜》,《经济观点报》2006年10月21日。

股东户 4657 个,以方便炒作股票。大鹏证券公司先后操纵五矿发展、天歌科技、广电网络等股票。在五矿发展这只股票上,大鹏证券公司从 1999 年起动用 11 亿元自营资金和 11 亿元委托理财资金大量买入,最高持股额达到 1 亿多股,占该股票可流通总额的 90%。大鹏证券公司以对敲的方式,即以自己为交易对象,进行不转移证券所有权的自买自卖,影响股票的交易价格。经过炒作,该股票价格从 7 元猛涨到 32 元,大鹏证券公司从该股中获利 8 亿多元。大鹏证券公司先后投入近 60 亿元资金炒作多只股票,但由于股市低迷,大鹏证券公司坐庄的股票不涨反跌,很快就亏损了 20 多亿元。不仅当初向客户承诺的理财收益无法兑现,连理财本金返还也出现困难。大鹏证券公司通过贱卖股票、挪用客户保证金等方式,归还了大部分股东的委托理财资金,但无力兑付其他客户的理财金。大鹏证券公司试图向银行拆借资金填补资金黑洞,但为时已晚,银行也不愿再向其提供资金①。

2004 年 12 月底,大鹏证券公司需要向深圳证券登记结算公司按期支付证券交易交割金 2 亿元,由于先前挪用了客户资金来炒作股票,导致股票交割时大鹏证券公司必须垫补所挪用的客户资金,否则就会形成向证券登记结算机构透支的情况。但此时大鹏证券已无自有资金,只能违约,导致大鹏证券公司累积的金融风险彻底爆发。经会计师事务所审计,大鹏证券公司的财务情况为:资产 49 亿元,负债 72 亿元,所有者权益－23 亿元。除了上述 23 亿负资产外,还审计出大鹏证券公司挪用客户保证金 17.36 亿元,挪用国债约 6 亿元,拖欠个人委托理财 1.29 亿元,整体亏损额达到 44 亿元。深圳市有关部门和证券监管部门引入长城资产管理公司等作为新股东进行大鹏证券公司资产重组,但由于与原有股东开出的条件差距过大以及大鹏证券公司债务巨大,重组失败。证监会宣布由长江证券公司托管大鹏证券经纪业务,其他业务停止,进行清算。2006 年 1 月 24 日,深圳市中级人民法院裁定大鹏证券有限责任公司因大量挪用客户资金操纵股价导致亏损,无

---

① 王莉:《托管十天后被关闭 大鹏证券 50 亿巨亏走向深渊》,《北京晨报》2005 年 1 月 26 日。

法偿还到期债务,裁定其破产。大鹏证券公司因此成为国内首个破产券商①。

大鹏证券公司的实际控制权一直被公司创始人徐卫国所掌握。在大鹏证券公司自营炒作股票时,徐卫国涉嫌通过其名下的公司开立证券交易账户,利用内幕消息,提前买入或卖出大鹏证券公司操纵的股票,在公司巨额亏损的情况下谋取私利。2005 年 8 月,大鹏证券公司原董事长徐卫国、原总裁、原财务总监、原副总裁、资产管理部总经理等人涉嫌操纵股票、侵占公款、抽逃资金被采取刑事强制措施②。2006 年,深圳市罗湖区人民法院判决徐卫国等犯有涉嫌操纵证券交易价格罪,判处有期徒刑一年零六个月。

大鹏证券自身违法经营导致巨额亏损,政府为解决其债务投入了大量的资金,而受大鹏证券操纵股票影响的股民的损失则难以计算。在造成如此大的金融风险的情况下,对大鹏证券公司负责人、直接责任人刑事责任的认定仍然比较困难,他们所受的惩罚与造成的损失也非常不对称。

(二)大连证券公司高级管理人员集体犯罪事件

大连证券公司成立于 1988 年,在全国共设有 22 家营业部,是一个中等规模的证券公司,在全国证券公司排名中仅列第 30 多位。大连证券是金融风险爆发较早的证券公司之一,是国内第一家被取消营业资格并责令关闭的证券经营机构。2002 年 9 月,大连证券就被证监会勒令停业整顿。2003 年 4 月,证监会正式宣布大连证券因违法违规行为严重,资不抵债,不再具备继续经营条件,责令关闭。司法机关对石雪、吕嘉等 12 名原大连证券公司高级管理人员所涉嫌的金融凭证诈骗、非法吸收公众存款、私分国有资产及合同诈骗等数项罪名进行了侦查和审判。

大连证券公司的经营亏损和金融风险与其他证券公司相比较为特殊,它与海南华银信托投资公司之间有着严密的利益捆绑关系。大连证券公司原董事长、总经理石雪长期把控着海南华银信托投资公司,同时涉足证券、信托两种金融业态,两家金融机构之间存在着相互利用对方资金和业务领

---

① 曾烨:《大鹏证券被宣告破产》,《晶报》2006 年 1 月 25 日。
② 谢九:《大鹏证券徐卫国受审》,《三联生活周刊》2006 年 11 月 10 日。

域、互相配合违规经营、风险互相传染的现象①。大连证券还参与了石雪所发动的"华银联合六家金融机构涉嫌金融凭证诈骗案"。这些违规行为加速了大连证券被关闭。海南华银信托投资公司也因严重违法违规于 2001 年 11 月被中国人民银行要求彻底停业整顿。

　　大连证券公司与华银信托投资公司勾结起来的最典型案件是"国债分销券"案件。早在 1991 年,华银信托投资公司与大连证券公司、无锡市商业银行天湖支行、长春证券、锦州证券、秦皇岛市商业银行、河北证券秦皇岛证券营业部等金融机构建立了业务联系,这些金融机构累计拆借给大连证券公司和华银信托投资公司的资金接近 10 亿元,都属于高息拆借。到期后华银信托投资公司无力偿还这笔资金,就想出了一种欺骗性办法,由华银信托投资公司、大连证券公司与上述几家金融机构分别签订《国分〈债〉券委托代售协议》,合同中伪造债券券种、销售时间、销售代理费率、到期还款金额等条款,实际上和早期的资金拆借时间、本息相对应,并制作《确认书》、《授权书》等相关文件,以此制造假象,即 5 家金融机构替华银信托投资公司、大连证券公司分销国债,并将国债销售资金转给华银信托投资公司、大连证券公司。但国债到期后,大连证券公司和华银信托投资公司无力兑付,从而将大连证券和华银信托投资公司之间的资金拆借关系包装为债券代销关系。大连证券公司和华银信托投资公司之所以篡改合同形式和内容,是因为他们打探到中国人民银行将出面对全国范围内信托投资公司的一些突出金融风险加以化解,尤其是对国债委托购买业务所拖欠的投资者资金优先兑付的消息,大连证券和华银信托投资公司密谋将上述金融机构之间资金拆借形成的债务伪装成为欠投资者的个人债务,妄图获得优先赔付②。据调查,华银信托投资公司、大连证券公司与几家金融机构共同伪造未兑付的"国分券"43684 笔,共计 14.1 亿元。上述伪造的协议骗过了人民银行的地方分支机构,直到材料上报到人民银行总行,才被揭穿。

---

　　① 王庆国:《我国券商的法人治理结构特征——由鞍山证券和大连证券关闭引发的思考》,《经济论坛》2004 年第 6 期。

　　② 江舟:《"中国金融第一案"何以发生》,《金融博览》2008 年第 11 期。

除了掩盖对金融机构的债务外,大连证券公司还采取这种方法掩盖对外非法吸收投资者公众存款形成的债务。大连证券公司董事长石雪指使大连证券公司总经理吕嘉、财务经理徐长国伪造协议书,将3亿多元公众存款也伪装成为华银信托投资公司委托大连证券公司发售"国分券"形成的债券托付债务。

大连证券公司将委托销售国债的形式加以"发扬光大",利用伪造凭证来非法吸收公众存款。1993年起,大连证券公司开始销售国库券,销售金额为2亿多元。从1996年开始,石雪决定采取"一券两卖"方式,除了向投资者发售真实的国库券,大连证券公司还以这笔国库券为凭据,印制了19万份"有价证券代保管凭证"及"国债收款凭证"销售给投资者,即不发售真实国债券面,只给投资者出具国债保证凭证,承诺国债到期后由大连证券公司还本付息。大连证券公司制作的国债销售凭证非常逼真,载明了国债的金额、利率及承兑期限,并根据国债利率变化标明不同的国债兑付利率。大连证券公司给出的国债利息高于市场利率,因而吸引了一些投资者来购买。大连证券公司将获得的国债凭证销售款项挪用到其他经营项目中,销售凭证到期后就采取卖新销售凭证还旧的方式继续吸收资金,有时还挪用客户证券账户保证金来兑付国债销售凭证。从1997年10月至2002年4月,大连证券公司共发行此类虚假国债24.35亿元,有7.77亿元无法兑付,还产生了数亿元的利息。

作为大连证券公司的控制人,石雪调用、挥霍了公司大量资金。如2001年4月,石雪与中国晓峰技术设备公司签订《国债认购与托管协议》,大连证券公司收取晓峰技术公司2.5亿元,约定由大连证券公司大连市中山路营业部帮助其购买国债,期限一年。2001年5月,石雪授意大连证券中山路营业部向晓峰技术公司提供了虚假的购买国债交易单。实际上这笔资金并没有购买国债,石雪将其中500万元资金汇给甘肃中诚理财顾问有限公司,其余2.45亿元资金用于购买房地产和注册公司,还有部分资金被转入香港炒股,致使大连证券公司无法归还晓峰技术公司的投资款。

再如1997年8月,石雪授意大连证券公司转款5040万元到河北廊坊佰亿食品有限公司,然后将资金转到香港炒股,这些资金大多亏损。2000年

11月,为掩盖炒股亏损,石雪伙同佰亿公司负责人伪造了一份大连证券公司与佰亿公司的《借款合同》,表明佰亿公司拖欠大连证券公司5040万元款项,将个人行为转为公司之间的债务。为了逃避调查,石雪授意大连证券公司两家营业部转款5040万元到佰亿公司,佰亿公司又将该款转回大连证券公司,造成佰亿公司将款项归还给大连证券公司的假象。石雪还授意大连证券公司下属多个部门合计转款1267.2万元至佰亿公司,后者再将该款项转回大连证券公司,将其计作佰亿之前欠款5040万元的利息。从账面上看,佰亿公司所欠大连证券公司的借款已经结清,实际上则是资金在账户上旅行的游戏①。

石雪等人还自行成立公司,利用职务上的便利,私自动用大连证券公司所掌握的较为充分的现金流,以"过桥贷款"、垫资等方式满足自身私利,侵吞大连证券公司的资金。

石雪认为北京天海大厦房地产项目可以盈利,就动用大连证券公司1.7093亿元款项买下天海大厦项目,并利用非法手段将房地产项目转到自己名下的公司,其操作手法十分隐秘。首先是帮助天海公司还债。由于证券公司不能从事委托贷款业务,石雪安排华银信托投资公司出面与天海大厦开发商天海公司、工商银行签订委托贷款合同,将天海公司原先在工商银行的2亿元贷款转成委托贷款,即由华银信托投资公司作为贷款委托方,工商银行作为贷款受托方,天海公司作为借款人,实际上是从工商银行手中买下了天海大厦的债权。随后,将天海公司的债权人由华银信托投资公司转为大连证券公司。为达到这一目的,石雪伪造了一份华银信托投资公司、大连证券公司、天海公司之间的债务转让合同书。合同中提到华银信托投资公司拖欠大连证券公司的资金1.6亿元,华银信托投资公司同意将天海大厦项目折价1.6亿元抵偿给大连证券公司以偿还债务。这样,大连证券公司就成了天海大厦的主要债权人。同时,石雪令人组建了一家名叫利洋公司的企业进入天海公司董事会以控制天海公司。接下来,石雪想出各种方法替天海公司还清所欠大连证券公司的债务。2000年11月,石雪要求大连

---

① 江舟、刘玫:《十四亿国资引爆金融巨贪》,《中国经贸导刊》2008年第17期。

证券公司将客户委托投资国债的 1.2 亿元资金转给天海公司,还要求大连证券公司转款 4000 万元到利洋公司,然后再转给天海公司,这两笔共计 1.6 亿元的资金到达天海公司账户后又转回大连证券公司,被当作天海公司偿还大连证券公司的借款。为以假乱真,石雪还以其他名义从大连证券公司调出 853 万元资金到天海公司,然后归还给大连证券公司,作为 1.6 亿元借款的利息[①]。

2002 年,石雪被检察机关起诉犯有贪污罪、挪用公款罪、金融凭证诈骗罪、非法吸收公众存款罪,其中贪污公款 2.6 亿元,挪用公款近 1.2 亿元,伪造金融凭证诈骗未遂 14 亿元,非法吸收公众存款 24 亿多元。经过 6 年多的漫长审判,2008 年海南省高级人民法院终审判决石雪死刑缓期两年执行。

大连证券公司被责令关闭并破产清算,从结局上看与其他问题证券公司相同,但给我们带来的思考却有所不同。

首先,大连证券公司采取销售虚假国债保管凭证的手段非法吸收公众存款,其作案手法并不高明,却能持续相当长时间不暴露。一方面原因是大连证券公司不惜拿出大量资金来支付虚假国债保管凭证的到期利息,并采取卖新凭证还旧凭证的手法掩盖造假行为。另一方面,当地金融监管机构的信息收集和现场稽查能力存在一定的欠缺。虽然当时的历史环境下,证券公司、信托投资公司等机构一拥而上开展国债委托销售业务,这方面的管理整体上较为滞后,真假国债销售不容易区分,但金融监管部门通过证券公司的资金流入流出数据监控、国债交易整体规模等数据还是可以分析和发现一些线索的。这也意味着金融监管机构职能履行的好坏与金融风险的规模和扩张速度有密切的关系[②]。还需要注意的问题是,大连证券公司有着较浓厚的官办金融机构背景,其股东的成分也不复杂,直接导致大连证券公司倒闭的负责人石雪还具有 10 多年的人民银行从业经历,非常熟悉金融机构的业务、财务规则。相较而言,大连证券公司的先天基础尚佳,但大连证券

---

① 丁英华:《对金融犯罪立法与治理问题的思考》,《中国检察官》2010 年第 12 期。

② 黄元芬、陈立新:《浅议我国证券公司风险与控制的内涵作用》,《西南金融》2004 年第 3 期。

公司最后却蜕变为财务资金管理松散、违法犯罪手段无所顾忌、公司管理层上下大多涉及金融犯罪的局面,这说明了什么问题? 我们的看法是,证券公司和其他类型金融机构的内部控制和治理好坏,管理层是关键,管理层的守法意识和行为比管理层自身素质更重要,熟悉金融业务的管理层开展违法经营所带来的金融风险更为可怕。因而,在金融机构管理人员的选任和监督上,不能光看其业务能力,还必须对其进行严格的法律评价和监督,防范内部人犯罪。

其次,大连证券公司与华银信托投资公司之间的股权和管理关系相当不正常,华银信托投资公司的身份不仅仅是大连证券公司的兴办人,也是共同犯罪的实施人。在我国,证券、信托业混业经营被禁止,但信托公司和证券公司往往都对国债回购、委托理财、对外资产投资等业务感兴趣,而且信托资金有相当大一部分流入了证券市场。由于业务方式的差异,证券公司往往管理的现金居多,而信托投资公司管理的资产居多。信托投资公司和证券公司联手起来,就能形成一种类似产业链的非法金融活动链条,即信托投资公司在上游活动,通过委托贷款、吸收理财资金等方式集聚资金,为证券公司输血。而证券公司则在下游,通过操纵证券市场来获得高额的非法利益。同时,证券公司也可以假借信托投资公司之手涉足房地产、投资等行业,甚至利用信托投资公司的涉外业务将来自国外的游资、热钱引入我国证券市场。信托投资公司和证券公司的非法组合会将股票等虚拟产品的风险和房地产等实体经营项目的风险叠加起来,使金融机构腹背受敌,只要股票板块或实体投资板块中任何一方面出现问题,就会立即影响到另外一个板块,传导金融风险①。尽管国外的投资银行多数都兼营信托业务和证券业务,但从上述一些案件来看,我国推行这种多业态金融机构的时机还不成熟,监管也难以跟上,因此,有必要继续保持信托业务和证券业务分离的局面。值得注意的还有,目前我国一些大型金融控股公司正打算向全牌照金融机构的方向努力,如一些保险公司通过持股商业银行或信托投资公司、设

---

① 刘映春:《论我国金融业分业经营法律制度的改革及模式选择》,《北京行政学院学报》2005 年第 5 期。

立基金管理公司等方式,形成银行、证券、投资业务集为一体的经营模式,有些金融集团通过互联网业务平台开展存款、理财、风险投资等业务。金融机构之间的抱团一方面有利于应对突发性金融事件,充实可经营的资本;另一方面,由于信用杠杆等工具的运用,金融控股集团的一些业务的投机性、趋利性色彩大为增强,各种关于金融机构和金融市场的信息、传闻会很快影响到原本正常的一些金融业务的运行,导致金融资产萎缩或出现资金周转困难,"误伤"一些金融机构。

第三,对于引发金融风险的金融机构负责人、直接责任人的调查和司法追诉程序应当独立,并得到充分保障。在大连证券公司高管集体犯罪案件中,侦查和审理时间跨度相当长。以主犯石雪为例,2002 年被调查和羁押,但直到 2008 年才终审定罪量刑,期间还经过了抗诉、再审等曲折的过程。是什么原因造成证券业犯罪的调查时间长、审判难、结果慢呢?一方面是证券交易案件涉及交易宗数多,证券价格形成机制复杂,证券监管规则和法律较为笼统。另一方面,也不能排除在调查和案件审理过程中的一些有"背景"的保护伞庇护金融犯罪的嫌疑人。目前与证券交易相关的罪名法定刑不高,入罪条件较严,一些证券犯罪案件中证券机构负责人获判的刑罚不少是轻刑,只有少数犯罪人如石雪被认定有非法吸收公众存款和贪污等罪名,才被重判。可见,证券犯罪刑罚的威慑力相当有限。这就要求我们更广泛地采取经济化的手段来实现证券犯罪刑罚的惩罚目的。

我国的证券公司在组织方式方面学习了国外投资银行的特点,有较大的资金使用自主权,可以经营风险档次不同的多种业务。但我国的证券公司面临的共同问题是成立时间普遍较短,内部管理机制尤其是风险管理机制构建情况较差,而业务扩张性非常强。概括起来讲,不少证券公司不顾市场风险和公司实力盲目扩张,增大自营证券投资规模,使得资本金和庞大的业务相比极不相称。在证券市场不景气或个性经营活动失误后就无法恢复元气[1]。还有一些证券公司为了追求市场排名,为了追求证券经营网点的业

---

① 柳仲颖、匡海波、陈树文:《我国投资银行业务结构的优化路径研究》,《科研管理》2008 年第 6 期。

绩,对下属证券营业部放松监管,纵容它们挪用客户交易结算资金,或利用证券交易席位高度控股、操纵股价,使证券营业部成为各路"庄家"的大本营,并且帮助恶意炒作股票者逃避监管机构的核查[1]。证券监管机构在监管工作中难以卡住证券公司挪用客户账户保证金、假借国债回购或委托理财名义将资金投入炒股的行为,其原因是多方面的:一是信息技术在证券公司各营业部的推广情况、实际执行情况有差别,即使在一些已经推行第三方资金存管的证券营业部,也时常暴露出这一问题。二是一些证券从业人员作为金融行业的精英人士和接受过证券从业资格考核、证券法制教育的群体,在高额的经纪佣金面前迅速丧失了从业准则,也从侧面说明了我国证券从业人员管理上的粗放性和惩戒上的弱化[2]。三是对于证券公司资本结构漏洞百出、虚假出资、挪用资金的案件调查和打击较为滞后,对一些证券行业的严重违规人员的监控不严密,导致执法权威性不强,证券公司有空子可钻。四是证券公司本身的经营和财务信息的公开与审计制度不严,虽然证券公司不是严格的公众公司,但证券公司掌握着大量的公众投资者资金,因此,对于证券公司资金使用情况的监管应当比照上市公司的财务监管要求执行。哪些是证券公司的自营资金,哪些是投资者资金,哪些是受委托项目,哪些是自营项目,都需要有清晰的财务报告,并且需要证券公司及时披露违约、涉诉、预期盈利、亏损等敏感情况。一些监管部门担心证券公司的不利经营信息披露之后会影响市场气氛,造成投资者恐慌和股价波动,所以主张对于证券公司应当进行不公开监管。个别证券公司借机隐瞒了一些重大经营事项,和证券监管机构玩猫捉老鼠的游戏。但是,证券公司违规经营的教训表明,虽然证券公司的丑闻是一种不利于证券市场的信息,证券公司的一些投资决策带有商业秘密性质,但如果通过公开信息监管等手段让证券公司老老实实按照证券规则进行经营,认真做好风险判断和防备,使证券公司的自营和证券投资者的投资处于平等地位,证券公司中屡次发生的违

---

[1]　程克群、栾敬东、曹彩龙:《中国投资银行业务发展探析》,《江淮论坛》2013年第3期。

[2]　冯果、李安安:《金融创新视域下的公司治理——公司法制结构性变革的一个前瞻性分析》,《法学评论》2010年第6期。

规融资、挪用客户资金等现象必将大量减少,证券市场中的暗箱也会减少[①]。投资者知道证券公司在干什么,在买卖什么股票,可以选择跟从,也可以选择回避,反而更有利于市场的稳定。近年来,我国已经推动部分合规证券公司上市成为公众公司,加强其信息披露的责任,目的也在于此。不仅可以依靠市场的力量和股民的力量来监督专业的证券投资经营者,同时也使得证券公司可以从市场上获得资金补充。这对改变证券公司的经营心态,强化证券公司对分支机构的管理监督,也有一定的积极意义。

(三)汉唐证券公司账外经营案件[②]

汉唐证券公司 2001 年经中国证监会批准,由贵州证券和湛江证券合并改名形成,注册资本 9 亿多元,有 20 家股东及 22 家证券营业部。公司业务范围包括证券的承销和上市推荐、证券投资咨询、资产管理、经纪业务和自营业务、发起设立基金和基金管理公司等。2004 年 9 月,中国证监会鉴于汉唐证券公司经营严重违规、存在巨大金融风险等情况,决定暂时由信达资产管理公司托管经营汉唐证券公司,对汉唐证券公司的资产、债务进行为期 6 个月的全面清理,以决定对公司是进行重组还是予以关闭。由于重组的难度非常大,中国证监会将汉唐证券公司托管期限延长至一年,但未能与相关竞购者达成重组协议。2005 年 11 月,中国证监会对汉唐证券董事长吴克龄、总裁宋建生、财务总监刘家明和基金管理中心总经理金斌则等四人及公司原高级管理人员平健伟作出实施市场禁入的决定。2007 年 6 月吴克龄、宋建生、刘家明、金斌则等四人被深圳市公安局刑事拘留。

为处置汉唐证券公司的金融风险,政府付出了高额代价,中央决定承担汉唐证券客户保证金、国债回购欠库款和个人投资理财等项目的偿还责任,其中客户保证金 25 亿元,国债回购欠库 10 亿元,个人委托理财 1.41 亿元。中国人民银行动用资金高达 40 亿元。省市级政府负责承担分布于广东、上

① 张亦春、黄霞、蔡庆丰:《投资银行的利益冲突及其监管:实证研究的质疑》,《金融研究》2005 年第 7 期。
② 李骐:《汉唐证券难逃被关闭清算命运,资产将被打包出售》,《经济观察报》2005 年 5 月 21 日。

海、北京等 13 个省市的个人债务,虽然只占汉唐证券公司对外债务的 10%,也需要投入数亿元资金。一些由投资者个人出资,但是以公司名义与汉唐证券公司签约的委托理财协议尚不能得到兑付。汉唐证券公司名下的投资银行资产、经纪业务资产、银证通业务被打包公开拍卖出售,出售所得用来归还汉唐证券公司对外拖欠的机构债务。2007 年 9 月 7 日汉唐证券公司清算组向深圳市中级人民法院提出破产清算申请,当时汉唐证券账内外的汇总资产清查值总额为 59.75 亿元,负债清查值总额为人民币 91.21 亿元,净资产为 -31.46 亿元,完全符合不能清偿到期债务且严重资不抵债的破产条件。2007 年 12 月 29 日深圳中院发布公告,宣告汉唐证券有限责任公司破产[①]。

汉唐证券公司早期的经营比较出色。2002 年 5 月获得股票上市主承销商资格,2003 年汉唐证券公司在上海证券交易所股票基金总交易量排名中位列第 12 位,在注册资本 10 亿元以下的综合类券商中排名第 2 位,在深圳证券交易所的排名位列第 23 位。汉唐证券公司投资银行业务在行业内处于领先地位,先后为洪城水业、久联发展等公司做上市辅导和包装,每年收取证券发行佣金四五千万元。2004 年汉唐证券公司获得债券业务主承销商资格,曾作为主承销商发行长航企业债。汉唐证券公司的另一个亮点是银证通业务。汉唐证券公司累计与 2000 个银行业务网点进行签约,在上海银证通市场占有率达到 50%,有 4 万多客户、托管市值达 20 亿元[②]。汉唐证券公司还与外国金融机构合作组建了汉唐—澳银证券投资基金,是我国引入较早的中外合资基金。2004 年时,汉唐证券曾被评为"2004 年中国最受尊敬的 20 大证券公司",综合指数排名第 15 位。2004 年上半年时,汉唐证券公司的财务报告还显示公司仍然处于盈利状态,净收益达 3940 万元,其中自营收入 1378 万元,其他渠道收入 2000 多万元。但就是这家蒸蒸日上的公司却隐藏着巨大的金融风险和犯罪行为。

---

① 黄文珍:《风险控制:券商的生命线》,《中国证券期货》2004 年第 12 期。

② 赵静:《经纪业务现状及证券营业部的出路浅析》,《上海青年管理干部学院学报》2004 年第 1 期。

汉唐证券公司首先爆发巨大亏损的是证券自营业务。调查表明,从2000年到2004年,汉唐证券公司先后在74家证券营业部使用上海证券交易所股票账户4554个、深圳证券交易所股票账户2296个,利用资金、持股优势操纵"浪潮软件"、"百花村"、"菲达环保"、"恒大地产"、"南纺股份"、"铜峰电子"、"中国软件"股票价格。如汉唐证券公司累计持有浪潮软件4401.05万股流通股,占该公司总股本的26.64%,占流通股本的比重高达64.06%。汉唐证券公司的大手笔投资并没有给公司带来利润,反而深受股价大跌之害。其中浪潮软件股价下跌了20%,铜峰电子股价从最高时的每股12.78元跌到最低时的每股6.45元,跌幅近50%,南纺股份的股价跌幅达到了20%,恒大地产股份的股价跌幅为30%。到2004年9月时,汉唐证券公司自营股票造成浮动亏损14亿元①。汉唐证券公司自营业务中还存在严重的违反行业禁止规则的情况,比如汉唐证券公司曾参与炒作恒大地产公司的股票,而恒大地产公司前任法定代表人吴克龄同时也担任汉唐证券公司首任董事长,基于这层人事关系,汉唐证券公司在高位价格购入该公司股票,存在明显的暗箱操作和利益输送嫌疑。又如,汉唐证券公司通过自有账户和其他隐蔽账户先后持有菲达环保公司2988.906万股流通股,占到了菲达环保总股本的21.35%、流通股的53.37%。而此前菲达环保的半年度报告只显示汉唐证券公司持有403.55万股流通股,占总股本的2.88%。这说明汉唐证券一直在悄悄增持菲达环保的流通股,没有按照规定发布股权增持公告,违反上市公司持股比例规定②。

汉唐证券公司的自营业务操作风险失控缘于该公司采取坐庄手法,先不惜资金成本大量吸纳股票,然后自买自卖,编造消息,拉高价格,最后再择机出货。为了达到控盘目的,汉唐证券公司一方面私自设立大量的人头账户、挂名账户。另一方面,汉唐证券公司非法挪用了大量资金,调查发现汉唐证券公司从金融市场上拆借了5亿元资金投到股市,还将代理国债回购款项和客户账户保证金,乃至本应交由银行负责管理的第三方监管资金悉

---

① 翁富:《坐庄对敲交易行为解密》,《股市动态分析》2011年第15期。
② 翁富:《坐庄对敲交易行为解密(二)》,《股市动态分析》2011年第16期。

数挪用于炒作股票。

其次,汉唐证券在国债回购业务上也采取了非常激进的操作手法,导致风险急剧增加。2003 年汉唐证券公司在上证所债券市场交易总量排名第五,国债现券交易量达到 98.52 亿元,排名第一,成为国债交易活跃券商。但汉唐证券公司的资金实力并没有市场预期那么雄厚,汉唐证券公司在开展国债交易业务时私下采取了杠杆交易方式,只支付 3%到 5%的票面资金从国债登记公司处购得国债。这种做法的风险在于当国债价格出现波动时,交易商的盈亏就会被放大 20~30 倍,假设所交易的债券品种价格下降5%左右,交易商所交存的预付金就会亏损殆尽,必须向国债登记公司交纳资金补仓[1]。2003 年以来,国债价格出现较大降幅,当时汉唐证券公司认购的国债票面金额达到数百亿元,短期内亏损就达到几亿元。中央国债登记公司曾经对汉唐证券公司的国债经营方式和额度提出过警示,要求汉唐证券注意备付金的充足性,注意控制国债交易额度,以免无法交纳补库资金,但汉唐证券置若罔闻。

第三,汉唐证券公司的企业债券发行业务占用资金巨大,影响了资金周转。代理发行企业债券曾是汉唐证券公司业务的亮点。汉唐证券代理发行了 2004 年长江航运集团公司企业债,规模为 10 亿元人民币,期限 10 年,每年付息,到期一次还本,采用浮动利率方式计息。但在 2004 年 4 月、5 月时,债市暴跌,国债、企业债的交易额全部下滑,企业债券交易额同比减少了50%以上,汉唐证券公司三次调整发行方案,设法使债券回报达到投资人期望的收益率,但债券销售还是很困难。为了激励其他承销债券的金融机构,汉唐证券公司延长了承销团成员的划款期限并提高了承销佣金,最终承销团成员合计销售 4.7 亿元。汉唐证券自身拿出 5.3 亿元资金,以承销加包销等方式完成了长航债的销售,但此举使汉唐证券的大梁流动资金被困在债券池中,而长航债的市场交易量又很稀少,资金流动效率很差。

第四,汉唐证券公司除自身陷入金融风险外,还将风险传染给了其他金融机构。经证监会调查,汉唐证券公司曾经牵线中国人寿再保险股份有限公司

---

① 戴璐:《汉唐丧钟为谁而鸣》,《英才》2005 年第 8 期。

（以下简称"中再人寿保险公司"）开展投资。2004年，中再人寿保险公司在未经董事会批准的情况下与汉唐证券签订了高达6亿元的协议，汉唐证券公司为获得这笔资金，采取严重违规的做法，以公司证券客户账户上的交易保证金作为担保。由于汉唐证券公司被中国证监会责令停止业务，中再人寿保险公司有4亿元左右的投资款无法收回，占该公司注册资本金的一半。在两家公司之间的债权纠纷中，中再人寿保险公司认为与汉唐证券公司签订的协议属于"经纪业务"协议，即中再人寿保险公司租用汉唐证券公司的券商席位进行债券、基金交易，汉唐证券公司收取相应的佣金。从性质上看，是中再人寿保险拥有投资决策权，但汉唐证券公司没有按照协议内容执行，私下挪用了中再人寿保险公司账户上的资金。为此，中再人寿保险公司申请法院冻结了汉唐证券公司部分客户保证金，加剧了汉唐证券公司的资金链断裂速度[1]。而汉唐证券公司则认为它与中再人寿保险公司签订的是"委托理财"协议，汉唐证券公司拥有投资选择权。尽管两家公司各执一词，而且当时关于保险资金的投资范围、投资限制，以及对责任人的问责等规定还比较缺乏[2]，但保险资金损失难以挽回，从而引发了保险公司的信用危机，已是无法回避的事实[3]。

另一家受到汉唐证券事件拖累的是光大银行海南分行。光大银行海南分行与汉唐证券公司之间的关系非常复杂，汉唐证券公司早先曾从光大银行手中购买证券营业部，又在光大银行开立证券资金托管账户。光大银行也曾向汉唐证券提供股票质押贷款和其他名目的资金拆借融资，供汉唐证券公司炒作坐庄股票，后期还允许汉唐证券以客户账户保证金为抵押提供借款。但在汉唐证券公司爆发全面兑付危机之前，光大银行海南分行抢先向法院申请冻结了汉唐证券公司4亿元客户保证金，还自行从汉唐证券公司在该行开立的证券保证金账户上先后4次扣划2.6亿元资金。根据规定，客户账户保证金的所有权属于证券投资客户而不是证券公司，证券公司私自动用客户保证金属于严重违规，但汉唐证券公司挪用客户保证金的行

---

① 朱一飞：《论委托理财的风险承担》，《同济大学学报（社会科学版）》2007年第3期。

② 张冬：《论委托理财合同的风险责任——兼议新〈证券法〉的委托理财条款》，《学术交流》2006年第2期。

③ 李德林：《债主追讨汉唐证券》，《证券市场周刊》2005年5月23日。

为光大银行不可能不察觉,证券监管机构所设计的由商业银行充当客户证券结算资金保管人,防止证券公司染指客户资金的机制被两家机构联合规避。在这一事件上汉唐证券公司与光大银行海南分行实际上进行了恶意串通,共同损害投资者利益。

汉唐证券公司的高风险经营行为给一些上市公司造成了麻烦。2004年年末,汉唐证券公司手中持有浪潮软件4401.05万股流通股,占总股本的26.64%、流通股本的64.06%,成为仅次于浪潮软件的母公司浪潮齐鲁软件产业有限公司的第二大股东。浪潮软件公司2004年准备实施配股,但由于汉唐证券此时被托管,是否有资格参与配股以及如何抽出资金购买新配股份成为难题,为此,浪潮软件只能一再推迟配股时间,修改配股方案。根据中国证监会批转的浪潮软件配股申请,汉唐证券公司需要拿出1.1亿元的现金认购配股,而汉唐证券公司的现金已完全枯竭。如果不参与配股,浪潮软件股价配股将摊薄现有股价,汉唐证券公司手中的4000万股又将自动贬值,承受巨额损失。迫于无奈,汉唐证券公司只得在2004年12月连续两天通过上海证券交易所减持浪潮软件公司流通股股票858.41万股,成交均价为11~12元,收回现金1亿元左右。这与汉唐证券公司之前将浪潮软件股票价格炒高到18元时相比,已经跌价近30%,汉唐证券公司在短短两天内就新增亏损3000万元,而且这种割肉式卖法也拖累了其他投资者持有的浪潮软件股票,影响了浪潮软件公司的经营[①]。

汉唐证券公司开展的委托理财业务很多都处于违约状态。比如,汉唐证券公司曾与四川长虹电子股份公司签订了2亿元的委托理财合同,汉唐证券公司在理财到期后无法归还资金,投资者怀疑长虹公司在本财务年度会出现巨额投资亏损,导致四川长虹公司的股票价格持续低迷。又如,2004年8月汉唐证券公司贵阳业务总部公开表示汉唐证券公司贵阳市新华路营业部未经赤天化股份公司同意擅自将赤天化托管于此营业部的5000万元2002年记账式(第十三期)国债用于债券回购融资,且现已不能卖出和转托管。赤天化股份公司在贵州省高院起诉了汉唐证券公司。再如,2004年特

---

① 柯浪:《汉唐证券"贱卖"风波》,《法人杂志》2007年第8期。

发信息股份公司在深圳起诉了汉唐证券公司,要求汉唐证券支付已到期的国债投资理财款项 5000 万元。特发信息公司诉称,2003 年 9 月时特发信息公司与汉唐证券公司签订了两份《委托国债投资协议书》,合同总金额 5000 万元,期限一年,约定投资收益的 70％归特发信息公司,30％归汉唐证券公司。但合同到期后,汉唐证券公司不但未归还理财本金和收益,还将理财资金挪作他用,导致特发信息公司投资资金损失[①]。

汉唐证券公司的风险爆发也缘于投资理财客户。汉唐证券公司曾通过各种关系吸收了上海不少大型国有企业的资金进行投资理财,实际上是高息定向集资,规模最高时有十几亿元[②]。2004 年以后,上海市国资委规定市属国有企业要清理类似行为,确保资金安全。2004 年 8 月,汉唐证券公司上海证券总部的大型国企投资理财客户要求公司解除委托理财合同,归还委托理财资金,汉唐证券公司以各种理由加以拖延。2004 年 8 月 16 日,这批客户设法将汉唐证券持有的国债 8 亿多元强行卖出以归还委托理财资金,导致汉唐证券公司严重亏损的丑闻迅速曝光,成为汉唐证券被调查和托管的导火索。仅仅一天以后,中央国债登记公司通知汉唐证券公司立即补充占用的国债结算资金,汉唐证券公司国债业务即时出现违约。

中国证监会得知情况后派出调查小组进驻汉唐证券公司,查出了其他更为严重的违法经营行为。经审计审查,汉唐证券公司在短短 3 年内亏损额达到 29 亿元。其中自营证券按成本价计入的账面值为 43.75 亿元,而 2004 年时的市值只剩下 26 亿元,亏损了 17 亿元。汉唐证券公司违规挪用客户保证金 25 亿元,透支了 8.51 亿元客户结算备付金。调查还发现汉唐证券公司成立时的不少股东没有持续出资,而是在公司成立后以借款等名义从汉唐证券公司抽走了近 3 亿元资金,导致汉唐证券资本金萎缩。

汉唐证券公司的金融风险涉及证券自营、国债回购、委托理财等多个领域,而且呈现连锁态势。汉唐证券公司的失败,首先是市场低迷、自营证券

---

① 余凯:《特发信息:委托理财雪上加霜》,《股市动态分析》2004 年第 38 期。
② 詹高尔、朱香山、庄薇:《"委托理财"＝挪用公款近 12 亿?》,《中国经贸导刊》2007 年第 4 期。

业务失算。其次是国债融资规模失控，伴之以客户保证金存款被大量挪用和质押贷款，形成巨大的资金窟窿。第三，汉唐证券公司的内部管理问题则是公司破产的主因。在汉唐证券公司的股东中，海南润达实业有限公司是第一大股东，出资额1亿元。其他股东包括贵州醇酒厂、贵阳智诚商场、青海省投资公司、西宁正华建设投资控股有限公司、山东笙歌服装股份有限公司、江苏阪神电器股份有限公司、江苏常发制冷集团有限公司等。这些公司有些是海南润达公司拉来的名义股东，有些公司是海南润达的关联公司和一致行动人公司。海南润达公司主导的汉唐证券采用的是追求高速发展、炒作股票赚取利润的经营思路。为达到被炒作股票的控股权，不惜挪用委托理财资金、国债回购资金、客户的证券交易账户资金来实现自己的目的。汉唐证券公司在日常管理上极为忽视风险管理，内部分为不同派系，公司管理层不稳定，公司高层对营业部管理极为松散。深圳市证券监管部门的调查结果列举了汉唐证券公司的十项突出问题：一是国债融资业务内部管理失控，柜台系统管理严重缺失；二是通过预留空白支票等形式转走客户保证金存款，并拿到其他金融机构当作质押品，致使客户保证金存款因被证券登记结算公司强行扣划，支付风险突然爆发；三是股东出资不实，真实股东不清，多数股权被操纵利用；四是治理结构严重失衡，内部人控制，管理粗放；五是高管人员失职、渎职，甚至蓄意违法违规；六是大量挪用客户资产，形成巨大支付风险；七是高息融资，重仓持股，操纵股价，巨额亏空；八是通过壳公司把证券公司作为融资平台和证券操作平台，转移资金，转嫁风险和损失；九是通过关联公司占用资金和进行实业投资；十是严重账外经营，以虚假信息欺骗监管部门，混淆视听。[①]

汉唐证券公司的破产，最值得反思的是委托理财行为金融风险，这种委托理财合同是汉唐证券公司为吸收资金采取的惯用手法，涉及金额数十亿元。从合同内容上看，出资理财方基本上不承担风险，只享有收益，而汉唐证券公司则要负责保证偿还理财本金，还要以较高的收益来笼络这些资金，

---

① 尹晓燕：《我国证券公司治理现状的原因及解决措施》，《吉林师范大学学报（人文社会科学版）》2007年第5期。

使其继续留在汉唐证券公司。当时国债交易市场上行情波动不大，因此，国债理财只是一个幌子，汉唐证券公司把这类资金投到了其他领域，如自营股票坐庄。从另一个侧面看，委托汉唐证券公司开展投资理财的大多是国有企业、上市公司等规模较大的企业，它们利用当时国家政策对企业自有闲置资金管理较松的空子将大笔资金拨到金融市场中，但它们又害怕因资金损失承担责任，于是和证券公司签订名义上较为安全的国债投资协议并要求保本保息。证券公司则投其所好，抛出保证本金和高额利息的诱饵。从表面上看，证券公司获得了资金，出资方获得了资金的安全和稳定的收益。一大批风险券商与国有企业、金融机构交好，共同编织了一件华丽的外衣①。而正是这种委托理财行为严重影响了 21 世纪初期我国证券市场的稳定，券商手握轻易得到的资金在证券市场上肆意坐庄炒作股票，出资者在幕后坐收渔利，使得部分股票的价格严重偏离市场规律。而当市场变冷时，证券公司在理财委托方的压力下，不惜割肉拼命抛售股票。市场应声恐慌，证券公司和股民同时蒙受损失。证券公司显然是没有能力保证委托方只赚不赔的②，再加上券商内部人控制和牺牲券商利益攫取个人利益的机会存在，大部多委托理财协议都是以券商无法完全履行告终。为了维持这种恶性循环，券商开始挪用客户的证券投资账户保证金来填补窟窿，最终引发券商的兑付危机。

　　另一个值得注意的倾向是一些主营业务不强、盈利能力差的上市公司也沉迷于委托理财业务，而不将主要精力放在发展业务、开拓市场上，导致上市公司的利润增加充斥着"水分"。上市公司本身的"体质"虚弱，影响着证券市场的健康发展。如特发信息股份公司在 2003 年以来先后与多家金融机构发生委托理财关系，除上述与汉唐证券公司的 5000 万元委托理财外，特发信息公司还与光大证券公司签有 5000 万元的《债券业务委托管理合同》及《委托买卖协议》，特发信息公司还先后三次与大鹏证券公司签订总

---

① 巴曙松：《顽症需下"猛药"——证券公司启动退出机制势在必行》，《中国金融家》2005 年第 2 期。

② 李旭旦：《关于券商"核心竞争力"的思考》，《华东经济管理》2003 年第 2 期。

额达 1.5 亿元的《国债托管协议》，与新世纪证券公司签有 2000 万元的《国债委托管理合同》。上述合同实质上都是通过资金拆借收取利息，与特发信息公司的主营业务没有任何关系，上市公司从股民手中筹得的资金没有投入生产经营过程中，而是玩起了资金游戏，以此来掩盖公司核心业务增长乏力的实际情况，制造看起来很"漂亮"的业绩。特发信息股份公司 2004 年半年报显示，公司购买国债获得投资收益 549.75 万元，而特发信息公司 2004 年上半年实现的净利润才 204.57 万元，国债投资收益远高于其他业务板块的盈利，成为支撑公司业绩的漂亮外衣①。但特发信息公司这种行为带来的祸患是无穷的，上述与汉唐证券公司的理财协议本金无望收回，与光大证券公司的委托理财合同项下的 5000 万元资金很难收回，与大鹏证券公司签订的 1.5 亿元的国债交易委托资金中，收回的本金为 1.2 亿元，还有 3000 万元理财本金无法收回。这类上市公司所发挥的错误示范效应带来的损失则是整个证券市场的风险。

四、新型证券风险案件情况

在中国证监会组织证券公司清理整顿、彻底实行客户委托资金第三方银行存管、证券公司经纪类业务与自营业务严格分离、加强证券交易电子化水平、立法增加证券犯罪种类等措施下，2005 年前后发生的证券公司大规模违规经营、无序竞争、大幅度制造金融风险等情况基本上消除，但是证券经营机构和证券从业人员中违法违规经营的情况没有杜绝，而是向更隐秘地操纵市场、内幕交易方向发展。一些原先在证券公司从业的人员转往公募基金公司以及民间性投资理财机构，利用以前在证券公司积累的信息渠道和证券投资技巧，为特定的"庄家"服务，或者诱导投资者开展不正规的证券投资活动。

近段时间以来暴露出一些证券经营机构内部控制失效，盲目追逐一些高风险的投资品种，或在融资融券、证券指数交易等行为中违反证券法和相关行政法规，扰乱证券市场秩序的事件。如 2015 年 7 月中国证监会宣布，

---

① 皮海洲：《上市公司理财忙是为股市敲响的警钟》，《武汉金融》2013 年第 4 期。

在对民族证券公司利用自有资金开展投资的活动进行核查时发现有高达
20.5 亿元的资金存在违法违规行为,具有很高的风险,证监会决定根据《证
券公司监督管理条例》、《证券公司风险控制指标管理办法》等法规的规定对
民族证券进行处罚,暂停该公司的证券自营业务(固定收益证券自营业务除
外),并暂停核准民族证券新业务的申请,对民族证券公司予以谴责,对涉嫌
违法犯罪的责任人员进行调查。

2015 年 9 月,中国证监会做出了对杭州恒生网络技术服务有限责任公
司、上海铭创软件技术有限公司、浙江核新同花顺网络信息股份有限公司 3
家公司涉嫌非法经营证券业务案件的立案调查结果,认定 3 家公司非法从
事证券交易业务,罚没 3 家公司违法所得总计 15107.73 万元,并处以
45305.18 万元罚款。其中没收恒生公司违法所得 13285.24 万元,并处以
39855.72 万元罚款;没收铭创公司违法所得 1598.79 万元,并处以 4796.37
元罚款;没收同花顺公司违法所得 217.70 万元,并处以 653.1 万元罚款。与
此同时,对 3 家公司相关负责人处以警告和罚款。需要指出的是,上述 3 家
公司并不是证券公司,而是一种属于创新业态的金融信息技术服务商,是证
券市场中重要的一环。3 家公司中,恒生电子公司、同花顺公司同时还是上
市公司。证券法规定,证券业务经营资格采取核准制,应得到中国证监会批
准,但恒生公司、铭创公司、同花顺公司开发的证券交易辅助软件系统具有
在已开立证券交易账户基础上私自增设交易子账户、接受证券交易委托、查
询证券交易信息、进行证券和资金的交易结算清算等多种证券业务属性功
能。通过该系统,投资者不履行实名开户程序即可进行证券交易。这种软
件帮助一些游资不经证券公司营业部的账户监管就能进入证券市场,一些
投资者可以通过软件渠道借来资金,实现场外配资①。在 2014 年开始的股
市活跃期中,有不少投资公司和地下钱庄利用这一系统将资金借给炒作股
票的投机者,借款人只需要支付 20% 左右的保证金就可以借得资金,然后到
市场上炒作股票②。恒生公司、铭创公司、同花顺公司明知自身的软件能帮

---

① 陈彬:《场外配资的违法性分析》,《证券市场导报》2015 年第 9 期。
② 王洋:《中国股市的达摩克利斯之剑——场外配资》,《商业文化》2015 年第 27 期。

助一些投资者违法开展证券业务,仍然向不具有经营证券业务资质的客户销售系统,提供相关服务,帮助融资,收取利息。据调查,恒生电子公司的HOMS系统客户资产规模约4400亿元,上海铭创公司筹资约360亿元,同花顺公司的筹资约60亿元。这些场外配资在证券市场上炒作极为激进,成为推动股市不理性运行的重要力量。在2015年8月开始的股市剧烈震荡中,这种场外配资不但自身损失惨重,还释放出了很强的恐慌情绪,拖累了整个证券市场,制造了一种意想不到的证券风险。

这几家软件公司能够顺利接入证券公司的业务交易系统,并且在证券市场上兴风作浪,与部分证券公司为争夺客户和佣金而放松管理有密切关系。在处罚上述几家金融软件商的同时,中国证监会发布通告,对海通证券公司、方正证券公司、华泰证券公司进行调查,主要原因是这几家证券公司不按规定审查客户身份,将证券交易功能与上述3家公司的交易软件直接绑定,使得客户可以隐秘地操纵股票。从上述几家证券公司的信息化管理系统和业务经验来看,它们能够发现户名不实、交易额庞大、股票换手率高等异常现象,但是它们没有尽到识别客户、监控异常交易、向证监会报告等义务,反而给股票炒家们提供了一个相当安全的炒作基地[①]。为此,中国证监会决定按照《证券公司监督管理条例规定》对3家券商从重处罚和警告,没收华泰证券公司1824万元违法所得,并处以5470万元罚款;对华泰经纪业务部总经理胡智、信息技术部副总经理陈栋处以10万元罚款并予以警告。没收海通证券违法所得2865万元,并处以8595万元罚款;对零售与网络金融部原任总经理处以10万元罚款,对多家营业部负责人给予警告并处以5万元罚款。没收广发证券公司680万元违法所得,并处以2041万元罚款;对信息技术部总经理林建何以及上海分公司相关负责人处以10万元罚款并予以警告。没收方正证券公司违法所得871万元,并处以1743万元罚款;对多家营业部负责人予以警告并处以5万元罚款。可见,证券风险与证券市场如影随形,证券交易者、经营者的违规偏好难以扭转。

在证券市场成交活跃时期,一些职业炒股者采用极端手法盯住某些股

---

① 胡继晔:《榨取型制度有悖市场公平》,《北大商业评论》2015年第7期。

票,通过股票涨跌停交易规则,动用大量资金进行短线交易,推动股票价格暴涨而牟利。由于股票交易活动中资金充裕程度是影响证券交易规模和交易价格的重大因素,因此一些股票品种成为大额资金进出炒作的天堂。为了牟取暴利,这些职业投资人不惜触犯股票交易的法律规则和技术限度。2015 年 9 月,证监会做出处罚决定,对利用光大证券公司宁波解放南路营业部、银河证券公司宁波解放南路营业部等证券交易席位的马信琪、孙国栋等职业投资人操纵证券价格的行为进行行政处罚。其中马信琪的违法行为主要是在 2015 年 7 月 31 日开盘前多次大笔申报暴风科技公司股票买入单,然后又快速撤单,造成疯抢股票的态势,诱使其他投资者跟单,从而达到耗费少量资金以不成交或少量成交的方式拉抬"暴风科技"股价,然后在市场开盘后快速反向卖出手中股票而获利的目的。孙国栋则在 2014 年 12 月至 2015 年 5 月期间,在开盘集合竞价阶段、连续竞价阶段、尾市阶段通过虚假申报、连续申报抬高股价等方式影响"全通教育"、"中科金财"、"如意集团"、"西部证券"、"开元仪器"、"奋达科技"、"鼎捷软件"、"暴风科技"、"雷曼股份"、"深圳华强"、"仙坛股份"、"新宁物流"和"银之杰"等 13 只股票,然后再在当日或次日抛出手中库存的股票获利。中国证监会认为这些职业投资者采取带有欺骗性的交易策略,假买实卖,虚张声势,造成了市场的盲动,作出了没收马信琪违法所得 44 万元,并处以 132 万元罚款,没收孙国栋违法所得 1129 万元,并处以 3389 万元罚款的处罚决定。这种股票操作手法在职业证券投资者中较为常见,它需要事先蛰伏在某只股票上,囤积一些股票,然后再借助市场声势或者资金优势突然拉高股票价格,快速抛出牟利,如果不是马信琪、孙国栋等投资人频繁在交易系统上下单、撤单,"集中火力"炒作某些热门股票,以及他们恶炒股票的"涨停敢死队"名声在外,证券监管部门是很难从数以千万计的投资者,动辄数万亿的交易规模中发现他们的"狐狸尾巴"的。但是,目前的调查方法和人力物很难查明他们是否与其他职业投资者串通,采取互买互卖、一致行动等方式来逐步拉抬股票,他们是否和相关的财经媒体、人士存在勾连,利用后者释放一些蛊惑性消息来帮助他们炒热股票的声势。事实上,当前证券市场上一些股票不正常的价格变动(这些股票被传媒形象地称为"妖股")背后都集结着一些投资者和资本集团,他们频繁的高度自动化操作将政府对证券市场稳步调控,对投资者进行风险教育的努力成果消耗殆尽,使得证券市场卷入暴涨暴跌的怪圈。在相当多的情况下,他们的行为尚不构成证券犯罪,只能称之为证券市场的"麻烦制造者",是市场顽疾。在应对亚洲金融危机等国外热钱游资侵犯证券期货市场时,政府可以组织动员资金对抗外来市场"入侵者",而对这些本国市场内部的搅局者,政府及证券市场的友好资金力量却没有很好的对策。

在这种局面下,证券经营机构应当承担一定的社会责任,除了按照证券交易管理规则履行采集客户终端有效信息、进行客户回访审查、进行交易软件使用规则说明外,对于客户的大宗、异常交易行为应进行提醒和交涉,对于所发现的违规交易现象要及时上报,使这些证券市场的投机者无法得到庇护①。当然,这些举动会影响到一些证券公司的客源和经纪业务代理收入,也会与不干预客户投资决策、保守客户秘密等证券业惯例产生一定的冲突。但从全局来看,只有证券公司一致行动起来,在委托交易活动中建立起金融风险的防护坝,不让违规者、投机者有机可乘,才能减少和减缓证券交易中的不正常、不健康现象,维护证券市场交易的透明、合法,才能使整个国家的证券体系少受冲击,赢得投资者的信心,从而长远有利于证券行业。

第四节　证券公司金融犯罪治理的若干争议问题

一、行政接管的必要性和效果

首先,对于证券公司风险的处置,必须站在比债权人利益更高的层次来思考问题、构思方案,因为金融安全与债权人利益并不能简单等同。金融安全的临界点无法由政府来划定,而是应当在政府立场和市场态度之间寻找平衡点,综合考虑金融企业的处置成本、债权人利益的保全程度、金融行业和市场的稳定周期等重要因素。过往对于出现风险的证券公司,政府多采取行政接管措施。但实施行政接管对于处置证券公司金融风险的作用是有

---

① 陈端:《金融创新监管:堵不如疏》,《北大商业评论》2015 年第 7 期。

限的,行政接管实际上只是接管了企业经营管理权,对于企业的业务重塑所能做的工作主要是补漏和止血,很难化解证券公司所做的表面为市场化行为,实质为非理性行为所埋藏下的金融风险。而且行政接管实际上是动用公共资源去救助特定股东投资的公司,在资源、成本的计算上会出现极大可能的"预算软约束"。尽管在其他国家有通过行政机关帮助金融机构渡过难关的例子,但更多的行政接管也只是短暂支撑金融机构的运行,或者由政府主导以低价格将金融资产快速处置,最终由市场来消化债务①。

二、证券公司破产的可行性问题

证券公司破产债权的处理关系到证券公司制造的金融风险的修复和投资者损失的弥补,是金融风险防控中不可缺少的一环。金融机构破产清算由于涉及金额巨大,债权人数量多,分布地区分散,而且涉及国内外对我国金融体系的评价,因此,我国一直小心翼翼地推行破产。政策界和学术界也有一些看法认为过多地推动金融机构破产会带来金融恐慌,连带影响到一些正常经营的金融机构,损害金融稳定大局。结合几家证券公司破产的实践来看,这种观点不一定全面。证券投资金融机构与传统的储蓄类金融机构相比,投资者的金融压力承受能力普遍较强,投资者的家庭和个人资产也较雄厚。由于证券市场分投资风险的多发性以及盈亏自负的市场法律规则的双重影响,证券市场投资者对于证券公司所带来的金融风险认识较深,在证券公司出现倒闭时的反应比银行储户的反应更为沉着。证券公司被托管、清算一般不影响投资者继续买卖手中持有的证券产品,一些证券公司挪用的客户投资账户保证金大部分被换购成为股票,小部分被挪用和挥霍,在处置证券公司的资产时这些股票没有完全丧失价值。这些相对"有利"的条件使得证券公司破产案件不再是一条死胡同。

我们认为,证券公司破产处置是一种法律程序,但也可以发挥社会治理机制的作用。第一,要全面开展财产保全和资产处置,通过广泛调查证券公

---

① 江枫:《南方证券被关闭标明解决券商问题靠市场配置资源》,《证券时报》2005 年 5 月 11 日。

司账面资产、对外投资、网点、设备等固定资产,特别是证券公司所持有证券资产可能产生的分红、股份行权、配股等增加收益的机会,并把握好资产处置的时机,尽可能多地锁定证券公司残余资产的价值,防止资产贬值或进一步恶化;同时要防止破产证券公司的一些内部人员抢先变卖资产或将资产转移到其他单位名下,干扰破产清算。司法实践中也存在着涉及破产案件资产保全过宽、保全依据不足、将涉案破产机构与其他机构合资合作形成的资产通通保全,影响案外人正常经营的现象,对此需要审慎处理①。第二,确保证券公司债权人的知情权。证券公司金融风险中受害最大的是参与委托理财、国债回购、投资账户保证金被挪用的客户。他们对于资产处置、清算过程中的动向反应非常强烈,需要向他们如实反馈破产清算的进展。第三,要协调好各个地区、不同层级的行政和司法机关。有些证券公司在破产前后已卷入多项民事债权债务诉讼,不同法院相继对证券公司资产采取查封、扣押、保全措施,虽然破产法规定应中止与破产相关的各类民事案件的审理和执行,但在司法实践中由于司法机关之间认识的差异、债权人的压力以及部分地方保护主义因素,一些司法机关抢先对证券公司名下的资产进行处置,造成了其他债权人的不满,影响了破产清算的进度和破产受理法院司法的公信力②。一些破产证券公司的控制人、高级管理人员也因涉及刑事犯罪被司法机关调查、审理。根据最高人民法院、最高人民检察院、公安部关于金融纠纷案件"刑先于民"的精神,一些证券公司债权债务的处置被暂停,以等待刑事案件侦查、审理的结果。一些涉案资产也被刑事扣押和没收,导致民事债权人的焦虑,拉长了破产清算的时间,增加了清算难度。因此,需要树立一盘棋思想,严格、公正地执行破产法,在区分个人刑事责任和刑事案件涉案资产与民事债权债务时审慎为之。第四,要选择适宜的破产清算管理人。证券公司破产和关闭过程中一般由证券公司所在地政府主持破产清算工作,成立金融稳定工作小组。一些证券公司则有先期负责托管的金融机构来负责破产债权的日常管理。破产管理机构应该配置熟悉金融证券事

---

① 杨宏芹:《证券公司破产清算程序研究》,《企业经济》2007年第8期。

② 叶林:《上市/证券公司破产、重整、和解问题的法律思考》,《法治论坛》2008年第2期。

务和破产法律、善于与债权人沟通的专门人员,司法机关也应加强对破产管理人的监督,避免破产清算过程中出现浪费资产、分配不公的现象。第五,在破产处置过程中要加强投资者教育和风险原因分析。由于债权人的各种债权性质存在差异,形成原因和法律约束力也不同,债权人对于破产清算的处置方案和结果不可能都满意,而有些重大债权处置和分配行动需要得到债权人会议的表决同意。因此,需要加强对证券公司债权人的说理释法,让他们一方面认识到在证券公司金融风险中既是受害者,同时自身也难免存在一些投资不谨慎甚至过错的行为,在通过破产来实现债权人利益最大化的同时,也应自行承担一些法律和金融风险[①]。另一方面,促成债权人尽可能理性地、及时地通过破产债权处置方案,早日摆脱金融风险。第六,应当积极探索一些专门针对金融机构破产案件处理的法律程序,如面对人数众多的债权人的会议召集、议事程序、议事规则、信息通报程序,针对涉案证券资产、信用资产的保管、保全、取回程序,与金融机构破产有关联的民事、刑事诉讼办理程序、法院管辖权限、合并审理和执行方法等,使金融机构破产案件的审理更加公正、科学、快捷。

---

① 舒细麟:《我国证券公司破产中投资者保护问题研究》,《证券市场导报》2006 年第 11 期。

第六章 金融机构组织管理风险及犯罪治理

《布莱克法律词典》对金融机构（Financial Institution）的定义是"经营管理金钱、信用或资金的商业、组织或公司"，金融机构和金融行业两者之间存在着差异①。前者是一个职业范畴，后者是一个经济范畴，代表着金融行业、产业、公司、网络等要素。我国的金融机构中成立时间较早的单位都由国有资本全资组建，比如工商银行、农业银行、中国人民保险公司等，而且金融机构资本金来自于中央财政资金。随着改革开放的深入，地方政府、大型中央企业也有意组建金融机构，上述单位的资金也能在一定程度上满足设立金融机构的要求，于是出现了一批多元国有资本主体组建的金融机构，如交通银行、招商银行、平安保险公司、太平洋保险公司等。在证券领域，证券公司属于新生事物，中央当时允许地方政府试办证券公司和证券业务，地方政府采取国有银行、地方财政、国有企业共同出资的方式积极成立各类证券公司，有的证券公司还吸收非国有资本入股。这些证券公司是 1993 年公司法颁布后首批符合公司法律特征的金融机构，即有两个及两个以上股东，成立股东会、董事会、监事会等机构。在加入 WTO 过程中，我国政府决心对国有全资金融机构实施股份制改造，让部分金融机构吸收外资入股并挂牌上市，成为公众公司②。这一系列举措使得金融机构逐渐摆脱了国家监管部门、财政部门下属单位的身份，成为有限责任公司或股份有限公司。目前，

---

① 丛娜：《浅论金融机构概念中银行延伸业务的界定——对〈刑法〉第 264 条规定中盗窃金融机构的理解》，《经济研究导刊》2008 年第 12 期。

② 程惠霞：《国有金融机构改制实现模式的比较与选择》，《当代财经》2004 年第 6 期。

除了中国投资公司、国家开发银行、农业发展银行、证券交易所等投资性、政策性金融机构外,我国绝大多数金融机构都是拥有多元化股东的公司法人。这也带来了金融机构当中的股东关系、出资者与管理者关系、公司治理关系等问题。回顾公司法颁布 20 多年来金融机构在公司管制上走过的历程,可以发现金融机构中出现了一些名不符实的公司或者"坏公司",不按照公司法规定进行金融机构改组改制、不按照公司治理原则经营管理的金融机构。其中一些金融机构触发了巨大的金融风险,最后拖垮了自身。由此可见,正规化的公司设立体制和运营管理体制对于金融机构的健康发展及金融稳定有着重要的意义。对于公司治理上的违法和盲目事件,我们必须认真总结教训,并考虑适宜的治理策略。

第一节　金融机构公司治理失败的案例及教训

金融机构承担着服务实体经济和民众、维持金融稳定的重要使命,政府对金融机构的管理一般是求稳,不会轻易撤销、关闭金融机构。但在我国金融管理实践中,有一批金融机构却因为自身经营管理上的严重错误和漏洞,最终被政府逐出金融体系,亚洲证券公司、华夏证券公司等就是典型的例子。

一、亚洲证券公司治理失败案例

亚洲证券公司原名三峡证券公司,成立于 1993 年,是经原湖北省人民银行批准,由宜昌市财政部门牵头设立的证券公司。2003 年 3 月,三峡证券公司更名为亚洲证券公司,并将总部从武汉迁至上海,被批准为综合类券商,设有 48 家证券营业部和 12 家服务部,公司注册资本金 10.329 亿元,属于规模较大的证券公司。亚洲证券更名后不到两年,就出现了严重的金融风险。2004 年,中国证监会决定委托华泰证券公司对亚洲证券公司的经纪业务及所属证券营业部、服务部进行托管,原有的经纪业务正常开展①。

亚洲证券在设立初期就存在一些不稳定因素,虽然在一段时间内曾经高速发展,但始终无法摆脱经营管理危机。

亚洲证券公司面临的首要问题是股东虚假出资。亚洲证券公司的股东变动过程可以分为几个阶段。1993年三峡证券公司刚成立时,直属湖北省人民银行,注册资本是5000万元。1997年,三峡证券公司与湖北省人民银行脱钩,进行了第一次增资扩股,引进十几家股东,注册资本增加到1.86亿元。当时的股东中,深圳星隆投资有限公司认购1860万股、湖北宜百贸易股份有限公司认购1395万股、宜昌八一钢铁(集团)股份有限公司认购124万股,但这3家公司都存在出资不实问题,占到了三峡证券公司股本总额的近20%。2001年,泰盛公司开始进入三峡证券公司,从上述股东以及其他股东手中受让了3689万股三峡证券公司股权,成为三峡证券公司最大的股东,并进入公司董事会获得董事长席位。同时,武汉博大公司、武汉旺达公司、光大中南国际经济技术合作有限责任公司、武汉和丰物业管理有限公司、武汉铁路局襄樊铁路分局也成为三峡证券该公司的股东。但后来的公司内部文件显示,资金不到位的股东有10家,涉及股权总额16163.4万元,约占公司注册资本金的16.65%。文件中所说的注册资本是三峡证券增资扩股后的数据。如果按照增资前的数据计算,股东出资不实的比例超过85%。证券监管部门调查结果显示,三峡证券公司18家股东中有12家存在各种问题,有些是未实际出资,只是名义上持股,以应付三峡证券公司增资扩股的口号②。更有甚者,有些股东利用三峡证券公司的借款或其他资金来作为入股款项,从而成为三峡证券公司的股东。如武汉博大公司持有三峡证券公司2480万股股权,认购股权的资金来自于三峡证券公司下属子公司安丰资产管理公司;武汉旺达公司持有三峡证券公司2325万元股权,入股资金来源于三峡证券公司流出的实业投资资金。武汉华策公司、武汉通

---

① 黄嵘:《亚洲证券已被闪电托管,证监会加速券商行业整顿》,《中国经营报》2005年5月8日。

② 龚旭云、李万镝:《我国问题证券公司退出方式的选择》,《全国商情(经济理论研究)》2005年第11期。

发公司向三峡证券公司协议借款,然后用借得的资金参股三峡证券公司。光大中南国际经济技术合作有限公司和上海四环医疗产业发展有限公司共持有三峡证券公司股权3255万股,可算得上第一大股东。但有关资料显示,1997年三峡证券增资扩股时,光大中南实际出资仅400万元,其余的2795万元资金是三峡证券公司先打入其账户,然后又划回三峡证券公司①。

其后,三峡证券公司再次扩股并改名为亚洲证券公司,注册资本增加到10.329亿元。主要股东变为中国泰盛投资控股有限公司、邯郸钢铁股份有限公司、中国银河证券有限责任公司、宁夏灵州公司、上海工业新技术创业投资有限公司、上海牛奶集团有限公司等。前三家公司为并列第一大股东,但泰盛公司的具体出资额难以查实,银河证券公司则是以24家证券营业部作为实物出资,评估价格2亿元,但其中部分营业部经营状况糟糕,实际估价达不到预期额。不久后,大股东泰盛公司就设法套现股权。泰盛公司持有亚洲证券公司19.36%的股权,名义上出资额2亿元。泰盛公司在未经亚洲证券公司股东会同意,也未告知亚洲证券公司的情况下将所持股权作为质押品为一家北京公司的债务作担保,而这家北京公司曾在2002年与亚洲证券公司签订协议,亚洲证券公司拿出2亿元资金交给该公司委托管理,该公司则相应以亚洲证券公司的股权证作为质押,这种收取自身股权作为担保凭证的行为不仅不符合公司法规定,也有悖商业规则。因为如果受委托管理资金的公司出现违约,无法偿还2亿元资金,亚洲证券公司就需要以质押品抵偿债务,这就意味着亚洲证券公司要用宝贵的流动资金来购买自己的股权。根据公司法规定,股份有限公司和有限责任公司只有在减少注册资本、注销股份或者向公司股东分配股份、实施股权激励时才能从市场上回购股份,亚洲证券公司的经营状况明显不符合上述条件。2002年7月亚洲证券公司、泰盛公司和前述北京投资管理公司三方签署了一份委托投资协议。协议的内容为亚洲证券委托给"北京公司"两亿元资产,"北京公司"再委托泰盛公司管理两亿元资产,通过这个协议,泰盛公司最终占有了这2亿

---

① 杨剑:《华泰证券证实托管事宜,相关人员已进驻亚洲证券》,《东方早报》2005年5月10日。

元。协议还约定,亚洲证券公司同意在"北京公司"收回委托泰盛公司进行资产管理的两亿元本金和收益后,再随即归还从亚洲证券公司获得的委托资产管理的本金及收益。如果泰盛公司不能按期归还"北京公司"委托管理的资产及收益,则亚洲证券公司有权处理所质押的股权,同时泰盛公司不再归还亚洲证券公司委托管理的两亿元资产及收益。至此泰盛公司可达到两个目的,一是从亚洲证券公司手中拿到与当初入股金额相同的资金,实际上是变相抽回对亚洲证券公司的出资,同时用这笔资金进行经营套利。二是继续保留亚洲证券公司最大股东的地位,获取股东利益。2003 年投资理财协议到期后,泰盛公司表示无法归还上述理财资金,愿意将所持亚洲证券公司 19.36％的股权质押交给亚洲证券公司处置,并退回了股权证明书,这充分证实了泰盛公司抽逃注册资金的行为。事后泰盛公司又找来了安徽丰原集团有限公司承接了其股东地位,以掩盖其抽逃股本的行为。

在新旧股东的争斗、博弈中,亚洲证券公司在经营管理上长期陷入混乱。一方面,亚洲证券公司的股东、关联公司之间的债权债务关系混乱,亚洲证券公司被作为"唐僧肉"不断被蚕食。在亚洲证券公司与一些股东所签订的委托管理资产协议中,对资产管理费用、投资收益、委托期限、投资范围和风险控制等内容规定非常含糊,有些协议根本没有提及。三峡证券公司时期的股东光大中南公司先后向三峡证券公司借款 2750 万元,最终只归还 100 万元,尚欠的 2650 万元已经过了诉讼时效。湖北华龙实业(集团)有限公司向三峡证券公司借款 3500 万元,还要三峡证券为其 4600 万元贷款进行担保,债务总金额达 8000 多万元。后来,湖北华龙公司及其关联企业全部停业,三峡证券公司的 3500 万元借款无法收回,还承担了 1190 万元的担保债务。三峡证券公司时期的大股东珠海国盛企业发展公司曾将武汉市恒惠证券营业部卖给三峡证券公司,双方交易时约定由珠海国盛公司承担交易前证券营业部的债权债务,三峡证券公司只接收营业部的硬件设施,但珠海国盛公司隐瞒了原恒惠营业部违规发行债券保管单、拖欠客户大量债务的事实,结果三峡证券公司接手营业部后债主纷纷上门,三峡证券公司替珠海国盛公司偿还了债务近 4.6 亿元。同时,三峡证券公司还拆借给珠海国盛公司 8280 万元资金,国盛公司也没有归还。三峡证券公司的大股东泰盛公司 2001 年时将 1 亿元资金委托给三峡证券进行理财,泰盛公司提出理财资金回报率为 11%～13.5%,是三峡证券公司开展的所有委托理财合同中回报率最高的一笔。上述这些股东的自肥行为,使得亚洲证券公司本不充实的资产状况更加亏空,严重损耗了亚洲证券公司的利益。

亚洲证券公司除了证券业务,还沿袭股东的风格,经营投资、房地产、宾馆等业务。在经济形势和经营管理水平的双重限制下,亚洲证券公司这些非主业经营拖累了公司的正常发展。

在股东的指使下,亚洲证券公司不顾高风险经营环境,不断扩张,公司制定的经营目标是用 5 年时间使注册资本金增加到 30 亿元以上,总资产达到 200 亿元,净资产达到 40 亿元,二级市场占有率达到 3%左右,实现经纪业务、资产管理、投资咨询、基金管理业务全面增长。但实际情况是亚洲证券公司的注册资本一直亏空,净资本、盈利能力等数据成为纸上谈兵。一些坏账和债务问题并没有如实在财务报告上反映。2002 年 5 月中国证监会调查初步发现,亚洲证券公司存在柜台个人债务 9.32 亿元,机构债务 5.16 亿元,挪用客户保证金 3.63 亿元。经过证监会督促,亚洲证券公司只处理了小部分债务。到 2002 年底,亚洲证券公司还拖欠 11.82 亿元受托资产[①]。中国证监会希望亚洲证券公司实施增资扩股,用新募集的资金来偿还上述拖欠款项,尤其是挪用的客户交易结算资金和兑付柜台个人债务,但亚洲证券公司的原有股东没有补足拖欠出资额,新进股东对于公司经营状况表示不安,不愿意将出资用来填补以往亏空。

由于公司上下都缺乏内控意识和内控机制,亚洲证券公司投机成风,违规炒作股票现象严重,尤其是在深南玻股票上的操作,不但给公司带来了十几亿元的严重损失,而且构成了刑事犯罪。1999 年时深南玻公司披露信息是当年公司亏损额 1.69 亿元,每股收益为－0.25 元,但经过资产和经营上的调整,2000 年深南玻公司可望摆脱亏损,预期净利润 1.64 亿元,每股预期收益暴增到 0.24 元,成为绩优股。当时深南玻公司并未对外披露扭亏消息,2000 年时任三峡证券公司董事长邓贵安到深圳考察深南玻公司提前获

---

① 叶展:《亚洲证券清算工作启动》,《上海证券报》2005 年 5 月 31 日。

得了这一消息。从 2000 年 3 月起，三峡证券公司董事长邓贵安、副总裁李晓春等人使用三峡证券公司的 7 个自营账户和三峡证券公司控股的 3 个证券账户，分别在全国 19 个证券营业部先后开设股东资金账户 29 个，全部买入深南玻股票，投入资金近 12 亿元。仅仅花了两个月，深南玻公司的股票价格就从 5.4 元涨到了 25.82 元，涨幅接近 5 倍。但到了 2001 年时，我国证券市场出现熊市格局，上证综指从最高点的 2245 点跌到 1400 点，深南玻的股价也降到了 10 元左右，三峡证券公司自营业务部分前期获利损失殆尽，还出现深度亏损[①]。2001 年 5 月，中国证监会深圳证管办正式立案调查三峡证券公司通过操纵信息买卖股票，认定三峡证券公司获利 2 亿多元，遂将案件移交给司法机关。审理结果表明，2000 年 3 月至 12 月，三峡证券公司采取不转移证券所有权的自买自卖方式，买入"深南玻 A"股票一亿三千零四十五万七千三百二十九股；累计卖出深南玻股票九千二百零四万九千五百八十六股；2000 年 12 月，三峡证券以自己为交易对象，不转移证券所有权自买自卖该股票八十四万零七百八十五股，占当天总成交量的 90%，严重影响了证券交易价格。截至 2000 年 12 月 29 日，三峡证券公司在这只股票上违法获利 2.8 亿元。法院判决原三峡证券公司法定代表人、董事长邓贵安有期徒刑两年六个月、原三峡证券公司总裁李洪尧有期徒刑两年、原三峡证券公司副总裁李晓春有期徒刑一年，并认定三峡证券公司构成单位犯罪，判处罚金两亿八千万元[②]。2003 年亚洲证券公司仍不收手，再次操纵深南玻（当时已更名为南玻科控）的行情，将该股票的股价从 10 元再度拉升到 20 元。但几个月后，股价又跌至 9 元，给亚洲证券公司带来了 5 亿多元的亏损。

对证券公司股东的经济约束、法律监管滞后是我国在证券行业长期存在的问题。一些有实力的股东除了给证券公司注资，还能给证券公司提供一些较强的经济和行政资源，比如亚洲证券公司的大股东变为泰盛公司后，由一家地方性券商迅速扩充为全国范围内经营的证券公司，在两年时间里

① 汪涛：《南玻股价操纵案四方争辩，亚洲证券面临巨额赔偿》，《21 世纪经济报道》2004 年 6 月 5 日。

② 张先国：《原三峡证券负责人操纵证券价格获利 2.8 亿被判刑》，新华网 2004 年 6 月 17 日。

完成了更名、迁址、增资扩股和改制等工作。泰盛公司所动用的不仅仅是资金资源,还帮助亚洲证券公司拿到了证券监管机构的批文,帮助亚洲证券公司结识了其他有相当强实力的股东,这些资源是原来的三峡证券公司所缺乏的。然而,泰盛公司等股东没有打算在三峡证券公司长期耕耘,而是想短期套利退出,这就使得证券公司的经营战略和行为呈现出短期化和明显有利股东的倾向,甚至成为股东的提款机。同时,由于我国商业银行法等法律规定的限制,金融机构之间的相互持股行为较为少见,故证券公司的股东多为非金融型企业,包括一些实业型公司和从事第三产业的公司,这些公司的内部风险管控、合规性建设与金融机构相比较为松弛。不难想象,松散管理的公司成为证券公司的股东,证券公司怎么能时时事事做到严格防控风险?

在亚洲证券公司大肆制造金融风险的过程中,证券监管机关对于原三峡证券公司及改名后的亚洲证券公司的股权情况进行了数次审查,但没有开出力度足够的"罚单",只是对其业务范围进行了限制,不允许亚洲证券开展基金销售业务。这种姑息致使亚洲证券公司在规模继续扩张的同时,内部资本亏空黑洞继续发展。公司还采取暗度陈仓的方法经营那些被限制的业务,最后在审计机构进入公司调查时才发现亚洲证券超范围经营。这说明单纯资格准入式的监管难以扭转证券公司内部治理方面的缺陷,单纯对证券公司进行核查所获得的信息情报与从市场渠道、专业会计审计机构获得的信息相比,其准确性、时效性存在着差异。

二、华夏证券公司内部治理失败案例

华夏证券公司原股东为几家国有商业银行,后来变更为北京市政府所属企业。2002 年以来,华夏证券只召开过 1 次公司监事会创立大会,此后再也没有开会,没有选举监事长。2003 年,原华夏证券公司陷入管理动荡期,中国证监会指派了一个四人工作组负责华夏证券公司的经营,但这个工作组未能全面掌控华夏证券公司的业务管理权,无法有效指挥华夏证券公司的各地分支机构,工作组内部在职权划分、人事安排上也屡屡发生矛盾,未能忠实、勤勉地发挥作用。北京市政府入主华夏证券公司后,还是未能扭转业务决策、资金管理上的混乱局面,没有督促华夏证券公司弥补在法人治理结构、监督约束机制上的薄弱之处。

在这种状况下,华夏证券公司的业务出现了"野蛮生长"的状况。首先,忽视风险,不考虑成本进行融资。华夏证券公司招揽客户委托理财资金的主要手段是高息,据不完全统计,2001 年到 2004 年间,华夏证券公司以承诺 3.85%~12% 不等的收益率,签约理财的客户资金合计 69.8356 亿元。但这些资金没能实现盈利,反而亏损了 16.8872 亿元,其中在股票上亏损的金额达到 7.4349 亿元。华夏证券公司在后期还采取委托投资国债、国债托管、融券回购等方式对外融资,并支付 4.5%~10% 的利息,融入资金 190 笔,净融资额 50.1114 亿元,为这些融资支付的利息就高达 7.4085 亿元[①]。同时,遭到华夏证券公司挪用的客户保证金达 16 亿元,华夏证券公司拖欠的委托理财资金为 34 亿元,这些都被投入到华夏证券公司的违法违规市场运作中[②]。

其次,无所顾忌地炒作股票。华夏证券公司在炒作股票的过程中,不但将自营业务资金全部押宝进去,还将客户的国债交易委托金、证券账户保证金也挪用于炒股。同时,华夏证券公司还命令所投资的实体企业以各种名目向银行贷款,然后将贷款投入股市。据 2004 年时统计,华夏证券公司的证券业务中,太极集团、青海明胶、火箭股份等股票是造成巨亏的祸首。华夏证券公司自营证券与受托投资管理业务曾经持有太极集团股票 6087.29 万股,占该股票总股本的 24.09%,流通股的 81.16%;持有青海明胶股票 1325.09 万股,占该股票总股本的 8.37%,流通股的 20.72%;持有火箭股份股票 9487.11 万股,占该股票总股本的 26.99%,流通股的 46.12%。其中,华夏证券公司持有太极集团和火箭股份两只股票的总量都已经超过证监会规定的证券公司最高只能持有上市公司总股本 10% 的上限。为了拉高股价,华夏证券公司的操盘人员采取自营证券与受托投资管理业务股票进行倒仓的做法,实际上是一种自我交易,即自营账户的股票以高价卖出时,动用客户账户中的证券交易委托保证金来接盘;或者由证券交易账户保证金

---

① 李中东、李德林:《北京市审计局进驻调查,华夏证券巨额亏损迷雾》,《证券市场周刊》2004 年 8 月 1 日。

② 马兰、张红梅:《从华夏证券审计问题看如何强化证券公司的内部控制》,《职业圈》2007 年第 21 期。

作为卖方,自营账户作为买方。两种账户轮流使用以拉高股价,然后伺机抛售,获得利润①。在炒作太极集团股票过程中,华夏证券公司不惜成本将股票价格从 22 元拉高到 37 元,还迟迟不愿出售股票获利了结,反而是继续增持。在炒作中国嘉陵股票时,当该股票价格上涨到 5.4 元时,华夏证券公司却与南京高科签订股权转让协议,将 1800 万股以每股 4.5 元价格转让,使华夏证券公司蒙受损失。华夏证券公司还涉足 B 股市场违规开展自营业务。2004 年该公司持仓的 B 股金额约 1.5 亿元,相比买入时亏损了 4000 多万元。华夏证券公司在股票自营、国债回购业务上的失败,加上对外投资、担保形成的坏账,最后酿成了 55 亿~60 亿元的亏损②。

华夏证券公司在短短几年时间里,由良性发展下滑到巨额亏损,直至破产,退出证券市场,其中最核心的因素是公司本身的法人治理严重欠缺。无论是在领导层正常履职的时期,还是从外部空降领导层产生管理权争端的时期,华夏证券公司始终没有解决好业务的合规性监管问题,公司所营运的庞大金融资产的盈利状况、安全状况没有人去过问。公司部分高层级管理人员、分公司责任人员,没有接受必要的稽核、监控,使得华夏证券公司自有的资产和客户存放的资产被轻易挪用、草率投资,一些风险可控的业务被人为地加大风险③。而华夏证券公司的股东、证券监管部门、公司内部员工等没有对公司进行有力的监管和监督。华夏证券公司掌控资金、业务运营权的责任人在制造出巨大的金融风险后,只有个别人员被追究行政责任,而没有对他们"较真",追究相应的经济责任甚至刑事责任。在华夏证券公司自营、投资业务重大亏损的背后,不排除部分证券从业人员搭车套利、将好资产与坏资产"调包"、趁机渔利等情形。这既是委托—代理关系中固有的道德风险的体现,也是市场经济初创时期,弱法律规制情况下典型的灰色经济行为。这种灰色经济行为对金融安全的破坏比对实体经济的破坏更为剧

① 陈关亭、李蓓:《华夏证券公司的免疫缺陷综合征:内部控制严重失效》,《财务与会计》2009 年第 6 期。

② 李箐:《华夏证券股份有限公司经济责任审计报告(征求意见稿)》,《财经》2004 年 6 月 30 日。

③ 赵怡雯:《盲目扩张拖垮华夏证券》,《中国市场》2008 年第 50 期。

烈,它不但能拖垮华夏证券公司这样的大规模企业,而且还能复制出更多的金融违法、犯罪种子,侵蚀更大范围的金融活动,也会将其他的市场投机性势力引诱到金融体系中,伺机攻破金融风险防护层,掠夺金融资产,导致更大范围、更深层次的金融风险。

1993年我国就制定了公司法,对公司股东的出资义务进行了规定。但在实际执行过程中,对验资环节的把控不够严格,有些公司股东签订出资协议后迟迟不履行协议;有些股东通过各种名目借来资金作为出资,在公司成立前后又以各种名义转走出资;有些股东的股权、土地出资涉及出资性质、改制等问题。这些现象反映出公司的股东、公司的债权人对于公司资本重要性认识的缺失。加上我国企业破产法正式出台较晚,在很长时间里企业破产处于雷声大雨点小的状态,也不利于公司资本的稳定性。大部分情况下,公司股东的出资不实行为仅仅构成民事违约,不必承担其他行政、经济责任,对于违约股东提出诉讼的案件数量非常少,导致不实出资行为成为低风险、无法律后果的时髦行为。由于金融机构的注册资本额巨大,股东更是想出各种办法来避免实际出资尤其是现金出资,但金融机构的注册资本不到位不但影响金融机构自身的发展扩张,更容易导致金融机构用委托代理的客户资金来填补营运和经营亏损的窟窿,使得出资不实产生牵连甚广的金融风险。从已披露的金融机构倒闭、破产案件分析,不少机构都存在注册资本不实——业务开展受阻——盯上客户资金——不负责任挪用——亏损无法弥补——股东置身事外的恶性链条。

第二节　建设业务和风险并重的金融机构法人治理结构

法人治理结构(Corporate Governance 或 Corporate Governance Structure)是在现代企业经营管理中诞生的,是现代法人组织为了解决内部所有权与经营权分离以及委托—代理关系问题而建立的一整套用来规范所有者、经营者、监督者以及其他利益相关者之间责权利关系的制度安排。在公司中,它主要表现为在公司内部设置股东会、董事会、经理层以及监事会,进行分权制衡,达到既能保证股东利益导向又能实现对经理人有效约束和激励的目的。法人治理结构主要着眼于以下几个方面。

(一)股东

股东是金融机构的出资人、最终受益人、风险承受人、重大事项决策人。股东会召开频度较低,在股东会投票过程中股权的比例具有决定意义。对于股东会的决策事项只能通过司法进行有限救济。金融机构的股东会主要居于幕后,通过其选任的董事会、高级管理层来实现股东的权益和影响力。金融机构股东出资是否到位关系到金融机构能不能在激烈的金融竞争和复杂的经济环境中生存的问题,需要严格地进行监管。而且,这种监管不能停留在金融机构成立时检查出资,而应当采取动态监控和不定期抽查的措施,对于金融机构和股东及其所控制公司进行的关联交易应当强制性披露交易情况,以便区分这种交易是民事债权债务还是恶意串通进行资本转移[①]。对于金融机构成立时充实但逐笔流失的出资,应当要求金融机构股东实体补足,不能采取协议、票据等虚拟信用方式,并审查股东是否存在挪用或职务侵占行为;对于完全没有或部分没有履行出资义务的股东,需要根据刑法分析股东在虚假出资过程中有没有诈骗活动,审核股东能否胜任金融机构出资者身份,对缺乏出资能力和意愿的股东要通过一定方式让其"出局"[②]。

随着我国金融市场进一步开放化和国民待遇化,今后,更多的非国有公司企业,以及国外投资者都有可能投资创设金融机构或者具有部分金融职能的公司,因此,应当结合其他类型公司的管理方式和经验,采取一些针对性措施。首先,为金融机构股东建立出资情况信用档案,对于信用档案积分不高或者有违约记录的公司和个人进行公示,限制其成为金融机构出资人。其次,发动金融机构股东行使决策权,由出资到位的股东联合限制出资不到位的股东,通过投票表决将这类股东驱逐出金融机构,或者寻找合适的接盘股东来取代虚假出资的股东席位。第三,发挥内外部监督力量的作用,对关联交易、管理层协助股东私下转移出资的行为进行监督,对于金融机构的异

---

① 王晓慧:《关于股东出资违约责任的解读》,《法学杂志》2010 年第 2 期。

② 林晓镍、韩天岚、何伟:《公司资本制度改革下股东出资义务的司法认定》,《法律适用》2014 年第 12 期。

常性交易和关联性债权债务进行专门核查,确保金融机构财务会计报告的真实性。而更重要的防范措施还在于大力加强金融机构法人制度建设,使其能够主动、能动地防范金融风险。

(二)董事会

决策机构的主要组织形式是董事会。董事会的角色是公司的决策机构,依照法律法规、股东会决议和本单位章程开展工作。董事会的具体权力包括本单位的发展规划、财务预决算、重大业务、章程拟订和修订等决策事项,按照有关规定履行高级管理人员人事管理方面的职责。董事会的构成和规模由公司的发展战略、经营规模等方面特点来确定①。金融机构董事会的角色定位非常重要,需要在股东利益和本机构利益之间实现正确选择。过往发生在一些金融机构中的案件显示,有些董事秉承出资人的意愿,将金融机构作为抽水机,大肆为股东提供担保,随意抽离注册资本,为股东谋取其他方面的利益,使自身所服务的金融机构利益受损。有些董事以能人自居,以手中掌握的日常决策权和人事权为法宝,对股东的要求采取阳奉阴违的态度,背着股东会大肆开展账外经营等方面的高风险业务,既不代表股东利益,也不维护金融机构利益,制造出巨大的亏损和金融风险。因此,在公司治理框架下加强对金融机构董事会的选任、履职审查和监督非常重要。

(三)监事会

监事会负责监督公司的财务和董事、经理、高级管理层人员履行职责的情况。监事一般由股东委任代表和公司职工代表共同组成。依据公司法规定,监事负责纠正公司董事、监事、高级管理人员违反公司财务制度,损害公司利益的行为②。这种规定较为笼统,针对金融机构的风险状况,可以利用金融机构的章程对监事会的权利进行明确,即增加监事对于金融机构涉足金融风险事务时的提醒和制约功能。公司法赋予监事有查阅公司财务账

---

① 林少伟:《董事异质化对传统董事义务规则的冲击及其法律应对:以代表董事为研究视角》,《中外法学》2015年第3期。

② 王燚:《现代日本公司法监事制度考察——兼论我国公司法监事制度的完善》,《五邑大学学报(社会科学版)》2008年第2期。

目、列席公司董事会会议、向股东会提出提案、提议召开临时股东会等方面的权利。针对金融机构的经营,监事的权利需要更加具体,如应规定监事会有权要求金融机构风险管理委员会提交金融风险状况报告,有权决定聘请会计、申请机构进行专项审计,有权将制造重大金融风险行为的金融机构高级管理人员报请金融监管部门处罚[①]。同时,金融监事会监事的选任存在着过于看重过往职务、资历的现象,不少金融机构都将退出领导职务的高级管理人员委任为监事,真正由职工代表出任的监事不多,造成了监事会与管理层的同质化,在履行监事的职责时按照老思维、老方法,或者难以做到地位独立、立场鲜明[②],造成了监事会职权软弱、监督工作走形式等现象,贻误了发现和遏制金融风险的最佳时机。

(四)理事会

金融机构在设置董事会、监事会的同时,有必要考虑设置理事会。理事会不是由公司股东来选举产生,而是由公司面向社会延揽的方式产生,可以包括政府主管部门人员、客户代表、学术界代表、公司员工、会计机构代表、其他有关方面的代表。理事分为内部理事和外部理事,可以分别采用公司聘任、员工推选等不同的方式产生。金融机构董事会、监事会、管理层负责人确定为当然理事,也可以根据理事会规模确定执行理事和非执行理事,相应规定理事的权利和责任追究制度。理事会的主要职能是配合政府和社会对金融机构业务开展、风险管控等方面提出监督建议,不插手金融机构的具体业务经营,但通过与金融监管机构、金融行业协会、金融中介服务机构、金融机构管理层、金融机构股权持有者的制度化联系机制,将政府监管、行业自律、社会监督、股东监督、专家监督等有助于金融风险防控的力量利用起来。

二、管理层选择与约束

(一)管理层的自律

管理层是公司业务执行机构,包括行政负责人、主要管理人员。管理层

---

① 梁庆周:《如何发挥监事会的监督作用》,《理论学习与探索》2004 年第 2 期。

② 胡斌红:《监事会与独立董事职能重叠》,《企业导报》2010 年第 22 期。

对董事会负责,按照董事会决议履行日常业务管理、财务资产管理和一般工作人员管理等职责。金融机构的高级管理人员职权非常大,能够调动上千万元甚至上亿元的资金。过往发生的金融犯罪案件中有相当一部分是金融机构高层管理人员所为,有些管理人员还以集体决策、经营失误等借口逃避应当承担的渎职责任。同时,金融机构的管理人员变动较为频繁,在行业内部流动现象较多,因此,需要对金融机构中担任总经理、副总经理、高级营运经理、风险管理责任主管、资金财务主管人员等高层管理职务的任职资格从严进行审查,并建立履行职责的信息记录档案,以便于识别这些管理人员对金融风险的态度,追查其过往履职过程中有没有恶意行为,以警示、震慑一部分屡屡制造金融风险的管理人员[①]。

(二)管理层的履职

管理层承担着金融机构下设分支机构监控以及内部职员监控的繁重使命。基于金融市场的物理维度,金融机构需要设置诸多的分支机构,通过规模扩张、客户扩展来保持市场占有度和盈利水平,而且,金融机构的业务在某种程度上是追求垄断的,因此,金融机构的业务重心是下沉式的。分支机构是金融机构的重中之重,金融机构需要针对分支机构进行资源切分、业务协调、绩效考核。这会导致分支机构之间的激烈竞争,问题的关键是各个金融分支机构之间竞争的方法以及对金融机构安全稳定带来的影响。由于我国金融机构大多实行一级法人体系,金融机构的分支机构不具有独立法人地位,不能独立承担民事法律责任,因此,金融分支机构一旦出现问题,无论是出于金融机构整体声誉考虑还是基于法律规定,金融机构必定会被牵连。过去我们比较强调一定区域范围内几家金融机构之间的风险传染,现在我们更应该意识到,分支机构的金融风险等同于整个金融机构的金融风险,一家陷入金融风险的分支机构很容易把风险传染给其他健康的分支机构,引起连锁反应。不少证券公司出现倒闭、破产的结局就是因为部分分支机构祸起萧墙。为此,需要在金融机构内部的分支机构层面建立有效的风险侦

---

① 吴育辉、吴世农:《股权集中、大股东掏空与管理层自利行为》,《管理科学学报》2011年第8期。

测机制和风险防火墙系统，减少信息盲区，让金融机构的分支机构少发生金融风险，一旦发生金融风险很快就能被发现。

对于金融机构工作人员的内控涉及公司职位设置、薪酬体系设计、职业生涯管理、公司法治建设、公司文化建设、内部监察体系建设、技术控制、财务控制等多个方面，这些功能建设要依靠公司的核心领导力的建设来推进①。从多个金融机构爆发的内部人员违法犯罪情况看，有以下几个特点。

首先，引发金融风险的金融机构内部工作人员本身非常熟悉风险，如证券公司的工作人员熟悉股票交易规则，懂得依靠重组信息、盈利预期等概念或者通过自买自卖、互买互卖等操盘手段操纵股票价格以欺骗投资者的做法难以持久，明白股票价格被炒高必然会产生巨大的泡沫，其价格下滑是无法阻挡的道理。银行的工作人员对借款人的经营方式、财务健康程度相当熟悉，知道有些借款人通过虚假广告、包装项目、伪造利润、循环担保等手段套取银行信用的伎俩，明白一旦经济形势或市场竞争格局发生变化，或者借款人规模扩张失控、资金链断裂，银行所发放的贷款风险会非常高。而正是这些了解金融风险，并富有审查判断金融风险职责的人对金融风险置若罔闻，或狂妄地认为自己能够压制住金融风险，但结局往往是金融风险失控，给金融机构和金融市场带来巨大的影响。从这点来看，对于此类金融机构工作人员的风险教育和管理，其重点不是教会他们识别风险，远离风险，而是要考虑如何控制他们自我膨胀的任意性（"赌性"），不能将金融机构的重点经营项目和职责放在少数人手上，保持金融机构本身在风险管控上的主动权。

其次，引发金融风险的金融机构工作人员在图利性上往往由于个人私欲而超过限度。有时，金融分支机构、所在部门的利益与金融机构的利益、公众利益是对立的。金融机构一直以来实施较为优厚的薪酬体系，一方面为吸引金融人才，另一方面是考虑通过高薪酬来对冲职员的图利企图，但从实施成效上看，高薪酬并不能满足部分金融机构人员的胃口，他们盯上了金

① 赵息、许宁宁:《管理层权力、机会主义动机与内部控制缺陷信息披露》,《审计研究》2013 年第 4 期。

融机构雄厚资金这顿大餐,认为可以凭借自己的才能从金融机构那里搭便车,不费吹灰之力赚取大量利益,尤其是在股票、期货、基金投资等高风险性金融活动中更容易搭便车。随着金融市场的成熟和金融信息管控的严格,金融机构内部人人搭便车、赚取短期"外快"的行为得到一定的遏制,但是这种行为将长期存在。金融机构的领导层需要有针对性地防范这种行为,对金融机构重要的交易员岗位和接触重要信息岗位的人员进行兼职、兼营审查,也需要设计双方上岗或对人上岗,共同完成操作,重点岗位不定期轮岗,有不良记录人员退出机制等控制手段,结合合规教育、职业素养培养、公益理念熏陶等社会化手段,来减弱金融机构重点工作人员的敛财倾向[1]。

除了强化金融从业人员的自律意识,也要充分调动金融从业人员参与风险治理的积极能动性,让社会治理在常规性的金融活动中也潜移默化地发挥作用。金融机构内部工作人员是金融风险的重要攻击对象,有些时候他们为了扩展业务,忽视风险;有些时候他们明知有较大的金融风险,但不刻意回避;有些时候,他们甚至主导或参与制造金融风险。在常规性的金融活动中,金融从业人员主要负责按照金融监管准则和合同条款来创制和管理金融产品,收集和维护金融信息,保证金融活动合法合规。在履行上述职责过程中,金融从业人员不仅要运用和服从金融规则与法律规范,也要通过金融道德操守和禁止性规则来约束自己,比如不宜涉足高度投机性领域,不得放任金融客户的某些恶化资产行为,不得利用职务自我渔利或纵容亲友渔利,不能隐瞒重要的信息[2]。在金融风险苗头已经显现,有必要考虑是否动用法律规则的力量来保护金融机构和投资者利益的时候,社会治理的手段和力量也能发挥重要的作用。比如,金融从业人员可以通过劝导、警示债务人履行金融合约,可以动用行业圈、社会圈等社会关系网络对陷入困境的债务人进行救助,可以利用散布在不同金融部门的社会资本,掌握更多的关于债务人的信息、动向,同时也相互交流债务人的风险状况。即便进入民事

---

① 杨元泽:《基于共同治理模式下的银行公司治理结构》,《金融论坛》2008 年第 12 期。
② 肖柯:《公司治理与管理融合视角下内部监控机制构建——基于上市公司的一个理论框架》,《云南财经大学学报》2014 年第 2 期。

诉讼法律程序,金融从业人员和债务人之间仍然可以探索非诉讼的纠纷解决机制,可以通过对话、谈判争取其他债权人一起对债务人做出豁免和救助。金融从业人员除了对债务人采取法律以外的社会化接触措施外,也可以通过传播正确的信息来减缓金融市场的不安定情绪,揭穿金融谣言,提醒可能的风险,向投资者建议较为稳妥的避险措施,对于还债意愿和能力较恶劣的债务人设置黑名单,通过对广大投资者的利益进行保护,促进金融秩序回归到正常层面。

三、章程建设

(一)金融机构章程的全面性

章程是各类公司依照法律规定推出的涵盖公司基本信息、核心管理制度、主要经营规则的文本,具有法定效力。章程的主要作用对象是股东、管理人员、员工。对于公司章程是具有契约的性质还是具有自治法规的性质,抑或两种性质兼而有之,学术界一直争论不休。对公司章程性质的认识涉及对公司法性质与理念的认识、公司章程的生效、公司的治理结构、股东权益的保护、公司章程的解释等诸多方面。金融机构绝大多数都采取公司形式。章程对金融机构也有重要意义,但不少金融机构只是把章程作为格式化、形式化的摆设,只对一些必要记载事项进行规定,如名称、住所、经营范围、管理机构,而对金融机构的经营宗旨和使命阐述不清,在章程制定过程中对股东的意见重视不够,金融机构内外部人员对章程的共识性不高①。更令人担忧的是,章程对于经营、组织、风险等重大活动的规则及禁止性规定等着墨甚少。

(二)金融机构章程的公开性

章程的本源是规范公司组织和活动的主体性文件,体现着契约意识和自治精神。经过制定章程,公司设定今后的发展方向和经营方式,提出公司所有者、管理者的行为准则,划定公司利益、股东利益、员工利益的界限,相

---

① 常健:《论公司章程的功能及其发展趋势》,《法学家》2011 年第 2 期。

当于公司存续期间的一份长期有效的合同。章程不仅主要体现了出资人的意愿,更吸收了法律的强制性、指导性规范以及公司雇员、社会关切群体的意见①。在市场管理部门和企业监管部门不可能对所有的公司逐一开展监管的前提下,章程可以发挥把守好公司行为边界,成为投资者和政府监管部门助手的作用。目前,一些金融机构推行核心员工持股的股权激励措施,使得金融机构的员工同时成为金融机构的股东,对金融机构的稳健发展起到了至关重要的作用。吸引他们参与金融机构章程的制定,让他们在享有股东分红权益的同时也享有金融机构的最高管理权力,吸纳他们对金融机构发展和金融风险防控的认识,来设计和调整金融机构的经营战略和业务原则,可以为防范金融风险奠定更广泛、更坚实的基础。

　　章程的显著优点是公开性。公司投资者向社会公众较为充分地公开他们的投资意图、经营设想、公司股权结构、决策管理机制等内容,使交易相对人能够了解公司的基本情况,结合公司的财务会计数据、经营表现,来判断公司的经营理念、可投资价值。金融机构的章程和公司章程的基本形式、内容保持一致,在公开性方面则有着更高的要求。外部投资者和接受金融服务者通过公开的金融机构章程能够了解金融机构的股权关系,明了金融机构的经营风格,测算金融机构的总体风险偿付能力,评估在出现经营风险时股东的抗压能力,从而对金融机构的整体抗风险能力加深了解。

　　金融机构业务对象是公众性的,不能简单地将金融机构理解为赚取不特定的存款人、投资人等金融服务需求者的利润的公司,而应当考虑将金融机构界定为经济、金融生活中金融媒介服务、信息服务的供应者,金融产品的设计者和运营商,同时也是金融风险平衡的责任者。只有在金融机构章程中公开表达出上述愿景,号召金融机构的股东和职员对金融产品、金融信息、金融风险等方面加以同等重视,金融机构的风险管理建设才有一定的基础②。金融机构的股东、投资者还可以根据公开的章程设定的目标,来监督

---

　　①　姚彦吉:《公司章程的契约性与自治性》,《宁波大学学报(人文科学版)》2006 年第 1 期。

　　②　常健:《我国近代公司章程制度的实施效果分析——以公司法律的变革为线索》,《中国政法大学学报》2010 年第 5 期。

金融机构实施稳健经营,并促成金融机构的经营计划、经营方式最大限度地符合股东利益和客户利益,根据章程赋予的权利限制否决金融机构的一些高风险性金融行为。

（三）金融机构章程的约束性

强化金融机构章程的效力与约束力对于解决一些金融机构股东更迭频繁和经营行为日益复杂化等问题具有重要的意义。随着混合所有制的推行,金融机构的股东范围将会越来越广泛,金融机构的资合性、公众性色彩将会越来越浓厚。金融机构的章程对发起人应具有约束力,对于退出的股东应存在溯及力,对于新进股东自然也应具有约束力。股东的变更本身就是章程重点关注的事项,新股东的承接转让出资、加入股东名册是章程必须规定的事项,除了履行程序,章程中所体现的金融机构经营战略和原则对于新股东是一体适用的[①]。对于金融机构开展的新型业务,可以用章程的一些约定和宣示性条款来加以判定。

四、独立董事与风险治理

独立董事（Independent Director）是公众性公司专门设置的不由股东推荐、不负责指导公司具体经营活动,但对公司事务保有独立判断和监督职责的专门人士。独立董事制度的精要在于独立于公司上下,与公司的董事会、管理层不存在立场和利益上的关联。换言之,独立董事起到一种"牵制"性作用。20世纪30年代独立董事开始出现。近几十年来,大量的上市公司纷纷设置独立董事职位帮助完善公司的治理。科恩—费瑞国际公司2000年5月发布的调查显示,美国前1000家大公司中独立董事在董事会中的席位最多有9人,占到了董事总人数的81.1%。经合组织（OECO）统计各国公司的独立董事制度后发现,英国公司董事会中独立董事占比为34%,法国公司

---

① 胡微:《公司章程的自由与公司制度创新》,《华南理工大学学报（社会科学版）》2012年第4期。

董事会中独立董事占比为 29％,美国公司董事会中独立董事占比甚至高达 62％[①]。独立董事这种突破传统的委托—代理模式的职位是公司发展中调和制度矛盾性利益冲突的一种创造发明,公司监管当局对于独立董事和股东之间不存在利害关系以及独立判断能力寄予厚望,希望它们能有效扭转公司治理中的自利性和公司领导者面临的信任危机。

独立董事制度最早并非出现在金融机构中,但这一制度与金融活动的关联非常紧密。首先采取独立董事制度的是上市公司,这种公司的股票是一种有广泛影响性的金融产品,独立董事在减少上市公司的不正当经营行为上的努力直接影响到公司股票价格的稳定,造福公司的股东和市场上的潜在投资者,对于金融市场的影响无疑是积极的。其次,负责推进独立董事制度的主力是证券监管部门[②]。美国 1940 年投资公司法案曾规定投资公司的董事会应聘请不少于 40％的独立人士。1976 年美国证监会的法律要求每家上市公司设置独立董事负责的审计委员会。独立董事制度进入我国的时间较短。1999 年,国家经贸委与中国证监会联合发布《关于进一步促进境外上市公司规范运作和深化改革的意见》,在境外上市公司安排独立董事。2001 年中国证监会发布《关于在上市公司建立独立董事制度的指导意见》,要求所有上市公司必须设置独立董事;中国证监会发布的《关于加强社会公众股股东权益保护的若干规定》也要求加强独立董事制度,并促成了独立董事制度写入新的公司法。

独立董事能给金融机构带来怎样的影响? 独立董事能够为金融机构的社会治理带来怎样的便利?

目前我国已上市的金融机构均设置了独立董事,美中不足之处在于:首先,这些金融机构所聘请的独立董事有不少是具有浓厚政府背景的人士。如中国人寿股份公司曾聘请的独立董事孙昌基曾任中国银行副行长,光大银行股份公司曾聘请的独立董事周道炯曾任中国证监会主席,交通银行股

---

① 宁向东、张颖:《独立董事能够勤勉和诚信地进行监督吗——独立董事行为决策模型的构建》,《中国工业经济》2012 年第 1 期。

② 曲亮、章静、郝云宏:《独立董事如何提升企业绩效——立足四层委托—代理嵌入模型的机理解读》,《中国工业经济》2014 年第 7 期。

份公司曾聘任的独立董事刘廷焕曾任中国人民银行副行长。根据中央关于党政领导干部社会兼职的要求,这批金融政要现在已离任独立董事,但这种独立董事聘请逻辑还是深刻影响着各种金融机构。这种做法让一些舆论和公众投资者认为这些独立董事是国资股东推荐或者管理层有针对性的聘请,影响了独立董事的声誉。其次,金融机构聘请的一些独立董事年龄偏大,兼职偏多,同时出任多家公司的独立董事,在时间精力、健康履职方面存在短板。第三,在没有上市的金融机构中,独立董事制度没有完全覆盖。当独立董事只是一种荣誉性、象征性职位时,它所发挥的作用必然会大打折扣。今后,欲使金融机构中的独立董事更加充分地发挥防控金融风险的作用,需要多管齐下。

第一,对照公司法和上市公司的有关规定详尽规划金融机构独立董事的知情权、工作条件、行权保障机制、津贴、履职保险等方面的制度,使金融机构的独立董事职位不被"虚化"。独立董事制度是舶来品,我国正式在上市公司中实施这一制度只有十几年时间,还没有生长成为公司的基础性制度,有不少规定是纸面性的①。我们的看法是需要在金融机构中普遍性地设置独立董事,不管该金融机构是不是上市公司,并且考虑在金融机构的分支机构中设置独立董事的派驻机构或者代表,使得金融机构的各个层面都能得到独立董事的关注和监控。独立董事无论是就一些经营管理问题预先发表意见还是开展事中、事后监察,都需要得到真实、全面的信息,需要金融机构各个职能部门、分支机构的服从和配合。这需要金融机构的观念革命。金融机构与其他公司一样,在流程再造、管理层级精简、营业成本控制上有较强的需求,因此,需要一个强有力、效率更高的决策机制②。传统上的董事会也是朝着这个方向在努力,但是,金融机构还需要着重考虑金融风险的问题,金融安全和金融效率两种目标相比较而言,金融安全是更为终极的目标,也是金融机构应当承担的公共政策使命。要抓好金融安全,首当其冲的

---

① 琚磊、麻昌华:《完善我国独立董事制度的若干思考》,《现代经济探讨》2012 年第 8 期。

② 叶康涛、陆正飞、张志华:《独立董事能否抑制大股东的"掏空"?》,《经济研究》2007 年第 4 期。

是要化解金融机构内部的风险源。公司体制下，所有者与经营者的立场差异、代理风险、代理成本等问题无可回避。金融机构的运营中，实际控制者、经营决策者制造金融风险的能量非常大，不但需要找到一个低成本制衡代理者权力过大的制度，更需要引入能够有效制约金融机构控制者酝酿、释放金融风险的机制，找到一个厌恶金融风险的"代理人"，代表股东乃至公众所持有的防范金融风险的意愿。金融机构的决策机构与执行机构之间的关系与其他公司大体上一致，董事们高居决策者地位，监督、制约具体的业务执行者，股东会、监事会对董事会及管理层也形成一定程度的监督，独立董事是董事群体中的内部监督者，是补齐监督短板的重要一环，独立董事的配置加强了监督的权重，使得公司的治理机构更加丰富化。金融机构的独立董事负有的监督职责更重，因为在金融机构盈亏指标之外还有难以量化的金融风险，金融体系及金融机构独特的脆弱性使得金融机构的掌控者、核心决策者必须有防范风险的意识和担当。

第二，对独立董事的薪酬加以合理安排。当前，一些金融机构给予独立董事的薪酬相当丰厚。独立董事获得报酬不违反这一制度的设计原理，但高薪酬机制一方面可能激励独立董事独立、忠实地履行职责，另一方面也会带来独立董事与决定其薪酬的公司股东会、公司高级管理人员的利益纠缠，干扰独立董事铁面无私地履行监管职责。解决独立董事的薪酬问题不宜简单地采取封顶制，而应灵活考虑多种方法，比如可否由各家金融机构共同成立专门支持独立董事的信托基金，由该基金负责支付独立董事的部分薪酬？可否在公司鼓励分配时考虑独立董事的分成？可否对独立董事的薪酬给予税收等方面的优惠？

第三，独立董事在尊重金融机构营业秘密的前提下，有必要分享金融风险防控信息和经验，成立独立董事的专门协会或论坛是一个可行的办法。独立董事的专门组织还可以承担推荐适任董事的职能[①]。独立董事发挥作用需要学术界的顾问和支持，以保持独立董事参与治理金融机构的水准，提供经济、金融活动的最新趋势、动向，独立董事可以利用自身审批的公司专

---

① 韩君彦：《浅析上市公司独立董事的法律责任》，《时代金融》2008 年第 12 期。

项基金来支付这些辅助人士的薪酬。

第四，独立董事的职权不宜全方位化，应当突出重心。我国法律法规对独立董事的定位和职权设置与常规的董事相比更为丰富。除行使公司董事的一般职权外，还被赋予对于上市公司重大关联交易的前置审查确认权利，向董事会提议聘用或解聘会计师事务所的权利，提请召开临时股东大会和董事会的权利，独立聘请外部审计机构和咨询机构的权利，在股东大会召开前公开向股东征集投票权的权利；并可就公司董事的提名、任免，公司高级管理人员的聘任、解聘，公司董事、高级管理人员的薪酬，上市公司的股东、实际控制人及其关联企业对上市公司的交易、债务管理，及涉及中小股东权益的事项等发表独立意见。这些规定有利于树立独立董事的权威，防止公司出现少数人控制的局面。但这些规定的设计可能将独立董事困入股东之间的博弈，而独立董事对于公司作为一个整体如何处理与市场、经济形势之间的关系的关注度难免会下降①。作为金融机构，需要强调的是公众性和对于金融市场、经济体系的影响性，因此，金融机构的独立董事应当有更宏大的使命，即保障金融机构的经营安全，进而促进金融市场的安全。独立董事除了要继续裁断金融机构一些经营活动是否符合股东的利益、金融机构的内部管理是否合法规范外，也需要能动地考虑金融机构的经营风险会不会给市场带来较大的冲击等宏观问题，对防止金融危机保持清醒的头脑。换言之，金融机构的独立董事不能仅仅着眼于帮助金融机构实现利益最大化，还需要帮助金融机构实现自身安全最大化，风险输出可控化。

第五，独立董事规模的大小影响到公司的治理水平。中国证监会认为独立董事在上市公司占到三分之一较为合适，主张独立董事多多益善的观点也不时出现。对此问题应当辩证地看待。金融机构的董事会中独立董事的数量多少不是重点，他们所履行职责的方式和介入深度才是重点。独立董事应当在金融机构中有自己的"地盘"，负责组建和管理一些专门的委员会和专责小组，如审计、金融机构管理人员任职资格复查、金融机构风险评估与决策、风险处置与诉讼协调等方面，独立董事领衔的这些委员会和小组

---

① 焦丹琳：《我国实施独立董事制度的问题及对策分析》，《中国商贸》2012 年第 13 期。

要能够真正影响金融机构的决策和经营。同时,独立董事不能满足于仅是一个个人职位,而是有必要建立起背后的支撑群体,吸纳会计界、法律界的专业人员作为独立董事的助理、顾问,使得独立董事的专业化水平更上一层楼,而非仅仅依靠经验来应对金融机构的经营管理问题[①]。

第六,独立董事的自我学习和培训机制不可或缺。随着金融全球化、信息化程度的加深,金融业务、金融风险也出现新的样态,成长性的金融行业需要与时俱进的管理思想和方式,独立董事有必要接受新的金融、法律、财务、信息培训,修炼深厚的局面驾驭能力和风险判断能力,成为金融机构中的知识、管理方法制高点。

第七,独立董事也应受到公司治理机制的制约。换言之,独立董事的履职考核、操守评估、问责制度不能只停留在纸面上,独立董事本身具有卓著的声望,也较小幅度地牵涉到道德风险圈中,具有较高的公信度。但独立董事如果只是沉默者和被动者,对于金融机构的健康运行和风险管理不是一件好事,因此,需要用考核机制来促进独立董事更加敏锐、更加勤勉地监管金融机构。但由谁来考核独立董事,采取何种方式审视独立董事的工作还没有成熟的做法[②]? 可以考虑的方式包括独立董事之间互相评鉴、公众股东代表为独立董事打分、专门的人力资源评估机构评价独立董事等。独立董事自身也需要放下"身段",将自己视为金融职场的一员,主动的接收社会评判,保持工作的勤勉和水准。根据权责一致原则,对于独立董事疏于职守、不认真履行防控金融风险职责,或者从事与其身份、操守相悖的行为,应当设置相应的内部弹劾和外部干预制度。针对独立董事的内部弹劾可以由公司的股东会、其他独立董事、公司聘请的专业会计审计机构来实施;针对独立董事的外部干预主要包括金融监管部门对独立董事的不当行为进行通告、提出警告或进行谴责、金融机构审查和纠正独立董事的不当言行、追究严重违背独立董事义务者的法律责任等。

---

① 李茂强:《美国的董事业务调查权及其对我国的借鉴意义》,《天津市政法管理干部学院学报》2007 年第 2 期。

② 刘诚、杨继东、周斯洁:《社会关系、独立董事任命与董事会独立性》,《世界经济》2012年第 12 期。

第八，理顺独立董事和监事会之间的关系，通过金融法规、公司法规的完善和协调，解决两种职位的定位问题。独立董事的定位是外部董事、外来人士，金融机构监事会组成中既包括本机构人士（员工代表），也可以包含股东外部聘请的人士，出任两种职位的人士在身份背景上可能会有一些重叠性。在主要工作方式上，监事会主要司职监督金融机构的财务状况，监督金融机构董事、经理等高级管理人员损害金融机构利益的行为，而独立董事的工作往往也涉及公司财务表现，两者的差别在于监事会不干预、不介入金融机构的具体经营行为，而独立董事有权利对任何公司行为发表意见。在制约力度上，监事会所拥有的提议召开临时股东会、列席公司董事会、代表公司起诉或者起诉公司股东等职权比独立董事的职权要更广泛、更有力一些①。因此，独立董事有必要从监事会制度中吸取一些有益的经验做法，也要避免和监事会撞车，成为监事会"2.0版"。具体而言，独立董事应当将金融机构的各种具体业务作为检查、建议的重点，将金融机构风险防、管、控作为自身的工作特色，发挥经验丰富、视野开阔的优势，在金融机构的业务前段，即从业务设计、策划、决策等环节就积极介入，在监控金融机构风险过程中既站在金融机构利益立场、金融机构股东利益立场，还要考虑金融交易对象和金融市场安全的立场，形成兼济②。独立董事也需要和金融机构监事会之间保持充分的信息交流，协调立场，就一些对金融机构经营和风险存在不同看法的事务进行沟通，对于一些可以启动监事会工作机制加以解决的管理、财务问题，独立董事可以配合、支持监事会的工作程序。

五、金融从业人员的劳动关系维护

在金融机构内部组织管理关系上，向雇员多释放一些利润和权利，提高员工福利，也是一种风险治理思路。尽管我国目前金融行业的薪酬水平大大高于其他实体行业，但这种高不是中位数意义上的，而是典型的金字塔模

---

① 顾功耘、罗培新：《论我国建立独立董事制度的几个法律问题》，《中国法学》2001年第6期。

② 谢志明、易玄：《产权性质、行政背景独立董事及其履职效应研究》，《会计研究》2014年第9期。

式。金融业高级管理人员处于金字塔顶端,年度薪酬达到了数千万元,而且还握有股票期权等权益,而金融业的一线服务人员工作强度很大,薪酬也不高,有些还无法获得期限较长、较为稳定的劳动合同,时常面临因业务过失被罚款的困境。因此,金融业的薪酬扭曲已经到了非调控不可的程度。目前,国家在考虑收入分配方式改革时,专门提出了限制国有企业(包括国有金融机构)高级管理层的薪资水平,防止自肥,有效调控行业整体工资增长机制和分配机制等政策。金融机构薪酬调控的依据和理念可以充分借鉴社会市场经济原理。在德国社会市场经济实践中,当出现危机或进行改革时,德国工会和雇主等各方能达成共识,相互妥协,共同寻求解决危机或改革的方案,大大减少了劳资双方摩擦带来的损耗,排除对经济效率和劳动生产率的负面影响。在我国,金融业发展还没有步入工会与公司、股东的谈判博弈时代,但借鉴德国这种成果分享机制和争议解决方式对于我国金融业的长远发展是非常有利的,对解决金融道德风险也有一定的积极意义。

　　另一个值得注意的问题是金融机构裁员。近期以来,全球经济下行的趋势明显,一些大型金融机构纷纷开始减员裁员,渣打银行 2015 年已裁员约 4000 人,还计划裁员 250 名董事总经理,占到四分之一的高层职位。2015年 3 月,富国银行宣布裁员 1000 人。2015 年 5 月,摩根大通公司宣布 2016年裁员 5000 人。2015 年 6 月,汇丰银行宣布裁员 5 万人。2015 年 7 月,美国银行宣布裁员 3000 人,巴克莱银行宣布裁员 3 万人。金融行业是传统的高收入、高福利行业,金融机构工作人员的报酬预期较高,对于工作机会和报酬变化比较敏感,受裁员潮影响的金融机构的职员尤其是被裁掉的职员会产生较强的抵触和敌对情绪,一部分金融机构工作人员会采取各种方法牟取和过往相似的工作、生活待遇,这容易刺激一些触发金融风险、伤害金融机构利益的行为发生。如何在工作机会减少、收入下降的情况下保持金融机构职员的专业化、守法化是一个重要的课题。

第七章　金融财务信息风险及犯罪治理

第一节　金融领域虚假财务会计资料分析

一、财务会计资料的作用

财务会计资料能够真实反映各类公司企业的资金使用方式、资金使用效益、资金安全管理能力等信息，对于判别风险、确定法律责任也有重要作用。金融领域中的财务会计资料直接反映了客户资金和金融机构自有资本在金融活动中的流入流出和损益情况，涉及的资金数额巨大，非常能够反映出金融机构经营的合法性、效益性以及金融行为的安全性、风险性等方面的问题。正因为这样，财务会计资料的作假、舞弊屡禁不止，一些金融机构存在着违法投资、借贷、私设账目开展账外经营等行为，为了到达掩盖真相、欺骗客户和上级、逃避责任的目的，金融机构负责人伙同财务会计主管人员一起实施涂改、伪造、变造、增列虚列账目[①]。有的金融机构高级管理人员则诱使、威胁、强迫财务会计人员在财务会计报告上做手脚，不但损害了财务会计报告的公正性和准确性，也影响了财务风险的处置，掩盖了违法犯罪事实。一些企业也将虚假的财务会计报告、资信证明报告提交给金融机构骗取贷款、银行承兑汇票、保函等金融产品，最终无力向金融机构归还资金。

---

① 余玉苗、吕凡：《财务舞弊风险的识别——基于财务指标增量信息的研究视角》，《经济评论》2010 年第 4 期。

两类行为的结果是一致的,即最终会导致长期隐藏的金融风险集中爆发,一些规模庞大、业务具有竞争力的金融机构也难逃倒闭的命运。

二、金融机构财务会计资料作假案例分析

华夏证券公司成立于 1992 年,中国工商银行、中国农业银行、中国银行、中国建设银行和中国人民保险公司五家金融机构是主要发起人,华能集团等 41 家大型企业参股,注册资本 10 亿元。2002 年,华夏证券公司增资扩股,注册资本达到 27 亿元,相应的股东结构也发生了改变,北京市政府成为华夏证券的实际控制人。从股东结构来看,华夏证券公司无疑是一家优质的证券公司,以国有银行和政府投资公司为首的股东给华夏证券公司带来了较为严格的财务管理规章和会计业务规范、较高素质的金融人力资源。在华夏证券公司成立初期,这些制度和人力资源发挥了作用,促成了华夏证券公司迅速发展,在证券交易额、营业收入、利润总额等方面排名全国前列,建设了 91 家营业部和 24 家证券服务部,招募了 2500 多名员工。华夏证券公司依托较先进的业务管理理念和财务管理系统,还开展了一些证券业务创新,公司设计了证券交易营业部之间的信息联网,实现了各个营业部委托交易的股票和资金的统一清算系统,在资金审计和运用方面处于国内领先水平[①]。华夏证券公司利用充沛的资金和科学的财务调度,在实业投资领域快速扩张,对高速公路、房地产、酒店、典当行等进行了投资,显示了财务内控、经营内控等方面的能力。但是,华夏证券公司合规经营、正常发展的势头没有维持多久,当时的主事者在财务管理方面实施了大量违法违规行为,导致公司经营迅速出现危机。

1999 年,华夏证券公司在一次内部自查中,发现各营业部违反证券开户财务管理规定,存在 2.6 万个挂名 A 股账户,还发现有近 30 亿元的客户保证金被挪用。华夏证券公司财务管理系统中完全没有显示这些情况,公司也没有对不执行财务规章的分支机构和相关人员进行处理,导致违规经营

---

① 李绍华:《华夏证券中期市场定位研究》,《湖南经济》2000 年第 12 期。

现象愈演愈烈①。后来，审计部门又发现华夏证券公司更多的财务违法线索②。主要包括：(1)违法开支行为。为了争取股票上市承销业务，华夏证券公司在公司经费中存在为上市公司报销费用、预留债券承销手续费收入、返还上市公司手续费、支付顾问费等违规问题，加大了公司的财务负担。(2)私自开立账户行为。为了方便炒作股票，华夏证券公司违规将公款私用，以个人名义在营业部开设B种(机构投资者)账户，操控股票。华夏证券公司北京海淀南路营业部副总经理陈某、华夏证券公司石家庄营业部经理王某、陈某某共同挪用河北电力公司存放在华夏证券的社保资金，对华润锦华公司的股票进行炒作。他们为了方便用多个账户进行对倒式买卖，决定将华润锦华股票从华夏证券石家庄营业部转托管到多家证券公司的46家营业部，开设多个账户来操纵市场价格，但炒股失败，造成了河北电力公司存放的社保资金亏损2.22亿元，华夏证券被迫偿还这笔资金。(3)违反将资产和负债分别管理、分列账户的规则，擅自利用手中的股票为其他公司贷款提供股权质押担保，背负了担保责任，导致自身资产损失，有些对外质押股票是委托理财项下的资金所购买，进而导致华夏证券公司委托理财本金的硬损失。有一笔用于对外担保的实物资产部分在收回后发生了1000多万元的减值，还有一些质押的股票收回后再卖出，由于市场行情变化导致5000万元亏损。华夏证券公司为此还卷入多起诉讼，面临潜在损失。(4)虚假利润行为。华夏证券公司为掩盖亏损，处心积虑进行了财务造假。2002年时华夏证券公司将21家上市公司法人股转让给下属公司，虚增该年度利润51542.89万元。2003年时华夏证券公司通过计提两个应收债权项目的利息和罚息31753.93万元、13276.74万元，虚增利润45030.67万元。2004年华夏证券公司的真实资产状况是：总资产同比下降37.2％，总利润与净利润出现惊人的巨大亏损。华夏证券公司还招来了大批诉讼，资产、账户纷纷被法院查封，资金最窘迫时账上只剩下4000多万元，负债高达60亿元。

---

① 陈关亭、李蓓：《华夏证券公司的免疫缺陷综合征：内部控制严重失效》，《财务与会计》2009年第6期。

② 马兰、张红梅：《从华夏证券审计问题看如何强化证券公司的内部控制》，《职业圈》2007年第21期。

（5）外汇管理账户的违法行为。原华夏证券公司副总裁王某某曾参与了一笔外商投资项目的经纪业务。该笔外资来自英国，外方在毛里求斯注册成立了"中国中原基金"，准备以外币投资中国的 B 股市场。中原基金选择在华夏证券公司开立证券投资账户。在王某某同意下，华夏证券公司西南某营业部将中原基金缴存的 B 股美元账户保证金私下兑换成人民币用于炒作 A 股股票，被国家外汇管理局处罚，王某某也被中国证监会取消了金融机构高级管理人员任职资格。（6）账外经营行为。审计发现华夏证券公司发生了多起账外经营，如原华夏证券公司重庆分公司总经理王某在任职期间违规开展了大批的账外委托资产业务，替客户炒股。王某等人还参与了自营炒作太极集团和西藏矿业两只股票。为了炒高这两只股票的价格，王某等人不惜采取高息借贷资金的方法，导致华夏证券公司同时在股票价格和资金借贷方面蒙受损失，给华夏证券重庆分公司带来的亏损累计达到 5.68 亿元。（7）篡改会计数据的行为。华夏证券公司原苏州营业部经理严某为了挪用营业部资金和客户保证金进行账外经营，实施了盗用营业部公章私自与客户签订委托理财协议以及伪造华夏证券总公司公章与其他证券经营机构开展业务等行为，还修改了证券公司的电脑数据和财务账册，他经手的部分违规业务给华夏证券造成 1.74 亿元的损失。华夏证券公司上海分公司原常务副总经理王某在任职期间私自设立小金库从事账外自营，还为一些客户违规拆借资金，形成大量风险债权和坏账，金额达到 2106 万元。为了掩盖自己的违规行为，王某授意有关人员篡改了公司电脑中的资金和股票数据，在管理上海管理总部和所属营业部证券业务时造成浮动亏损 6063 万元。（8）越权调动资金行为。华夏证券公司江西业务部总经理熊某在华夏证券公司工作 6 年，他利用本人职权，在未经集体讨论和履行正常审批程序的情况下擅自同意对外开展投资，向外拆借资金，为他人提供担保，造成 3.46 亿元的债权无法收回。华夏证券公司总部自营部门负责人胡某、方某在 3 年多的时间里，所负责的自营和委托理财项目没有报请公司内部的自营管理机构审批，划付大额资金时没有书面协议，将公司自营业务变成为少数人的投资冒险服务。胡某、方某先后操控天歌科技、厦华电子、华晨汽车、太极集团等 6 只股票，在有些股票交易上出现重大失误，比如在股价还在上升过程中时将厦华电子股票抛售,转而在高位买入太极集团股票,他们的行为导致华夏证券公司总部自营业务损失达 2.2 亿元,他们决定划出的大额资金,坏账损失达到 8761 万元[①]。(9)盗用客户账户行为。华夏证券公司兰州某营业部客户经理张某对客户周某承诺可以帮助他炒股,周某遂将 70 万元资金存入证券账户交给张某炒作。后来张某诱骗周某新开立了一个证券投资账户,将 70 万元资金转入新账户。刚开始一段时间,张某帮助周某推荐股票有所盈利。后来,周某就放心把股票买卖交给张某经办。后来,周某发现新开设的股票账户密码被更换,他本人无法查询股票账户信息,经多次交涉,张某告诉周某炒股亏损 27 万元,但张某依旧从这个股票账户上扣走了交易佣金。周某起诉张某借他人名义持有、买卖股票,私自控制、修改股东密码,频繁进行交易,以谋取佣金[②]。

到 2004 年,华夏证券公司全系统不良资产余额达到 415976.26 万元,是实收资本的 1.54 倍,占总资产的 26%。各项自营业务和投资业务没有实现很好的效益,经过核实的损失已达十几亿元。华夏证券公司还有一些挪用客户资金、对外提供担保、以子公司名义向银行贷款、拆借资金的行为,因为会计账目的混乱和故意不记录已很难彻底查清。鉴于华夏证券管理混乱,多人卷入金融犯罪,公司无力扭转亏损的局面,2005 年 8 月,中信证券公司与中国建银投资有限责任公司共同出资筹建了中信建投证券有限责任公司和建投中信资产管理有限公司,接管了华夏证券的全部证券业务及相关资产和非证券类资产。华夏证券公司名称得到保留,但成为没有任何业务的空壳公司,只负责承接原华夏证券的债务。2005 年 12 月,中国证监会和北京市人民政府发文决定停止华夏证券公司及所属分公司、证券营业部和证券服务部的证券业务活动,撤销华夏证券公司的业务许可。2008 年,华夏证券公司被法院裁定宣告破产[③]。清算结果显示,截至破产时华夏证券公司资

---

① 高志海:《北京二中院召开首次华夏证券股份有限公司破产债权人会议》,《中国审判》2008 年第 12 期。

② 赵怡雯:《盲目扩张拖垮华夏证券》,《中国市场》2008 年第 50 期。

③ 李箐、于宁:《华夏证券徘徊生死之间,市场化重组抑或直接破产》,《财经杂志》2005 年 2 月 23 日。

产总额仅为 38.18 亿元,而负债总额为 89.86 亿元,净资产为 −51.68 亿元。在破产分配中,公司原有股东可能只能获得很少的补偿,其中机构债权人收回资金的比例更低。

第二节　金融财务会计领域的犯罪治理思路

针对金融领域的财务会计行为,《会计法》做了相应规定:"各单位必须依法设置会计账簿,并保证其真实、完整。""任何单位或者个人不得以任何方式授意、指使、强令会计机构、会计人员伪造、变造会计凭证、会计账簿和其他会计资料,提供虚假财务会计报告。任何单位或者个人不得对依法履行职责、抵制违反本法规定行为的会计人员实行打击报复。"《刑法》第 193 条规定了贷款诈骗罪,规定以非法占有为目的,编造引进资金、项目等虚假理由,使用虚假的经济合同,使用虚假的证明文件,使用虚假的产权证明作担保或者超出抵押物价值重复担保,及以其他方法,诈骗银行或者其他金融机构的贷款,数额较大的,处五年以下有期徒刑或者拘役,并处二万元以上二十万元以下罚金;数额巨大或者有其他严重情节的,处五年以上十年以下有期徒刑,并处五万元以上五十万元以下罚金;数额特别巨大或者有其他特别严重情节的,处十年以上有期徒刑或者无期徒刑,并处五万元以上五十万元以下罚金或者没收财产。《刑法》第 255 条还规定了打击报复会计、统计人员罪,"对依法履行职责、抵制违反会计法、统计法行为的会计、统计人员实行打击报复,情节恶劣的,处三年以下有期徒刑或者拘役"。《刑法修正案(六)》新设了骗取贷款罪,规定"以欺骗手段取得银行或者其他金融机构贷款、票据承兑、信用证、保函等,给银行或者其他金融机构造成重大损失或者有其他严重情节的,处三年以下有期徒刑或者拘役,并处或者单处罚金;给银行或者其他金融机构造成特别重大损失或者有其他特别严重情节的,处三年以上七年以下有期徒刑,并处罚金"。这些规定对保障会计法规的严格实施,保障正常财经活动秩序发挥了重要的作用,但从金融实践看,还需要有针对性地加强对会计违法行为,打击报复财务会计人员行为的社会治理①。

一、应当充分重视会计规则的权威性和独立性

会计行业是建立在特殊规则基础上的行业,通过设定专门的规则来衡量会计人员行为的正当性、工作的规范性,并且对会计人员的行为形成起强大的指引作用。其他行业虽然也存在一些约束本行业从业人员行为的"行规"或者准则,但无论从数量上还是从深度上都难以与会计业的执业规则相提并论。在会计规则基础之上又予以进一步细化、专门化,形成了会计术语、会计准则、会计制度、会计法规等。

会计规则是技术规则和道德规则的合一。技术规则是会计科学的反映,通过一些会计基础概念和预设,如资产、负债、所有者权益之间的数值关系,"有借有贷,借贷相等"的记账要求,分期核算,序时逐笔,货币计价,日清月结的核算机制等来支撑日常会计活动。会计技术规则建立在客观规律的基础之上,是比较稳定的,不会随意变更的。如果会计规则受到人为的篡改或干预,就会给会计活动带来混乱。如会计规则要求会计核算应当以权责发生制为基础。凡是当期已经实现的收入和已经发生或应当负担的费用,不论款项是否收付,都应当作为当期的收入和费用;凡是不属于当期的收入和费用,即使款项已在当期收付,也不应当作为当期的收入和费用。如果在核算过程中少列或不列当期收入,不如实反映支出,则整个会计平台就失去了可靠性和审慎性。因此,会计规则强调,任何单位或者个人不得以任何方式授意、指使、强令会计机构、会计人员伪造、变造会计凭证、会计账簿和其他会计资料,提供虚假财务会计报告。会计道德规则是关于行为的正当性、道德性要求的一面。通过正当与否以及是否谨守会计职责、忠于会计职业的理念驱动来评价的有关会计行为,对会计人员产生影响②。会计行业首当其冲的道德要则是诚实、守信。诚实是指言行跟内心思想一致,不说假话,

---

① 李娜:《打击报复会计人员犯罪有关问题探讨》,《河南教育学院学报》2010年第2期。
② 夏楠:《会计道德及其影响因素研究》,《中国管理信息化》2015年第3期。

不做明知不对的事情。守信,就是讲信用,不失信,"言必信,行必果"。中国近代著名的会计教育家潘叙伦先生曾题写"信以立志,信以守身,信以处事,信以待人,毋忘立信,当必有成"作为会计从业人员的座右铭。2001 年 4 月,朱镕基在视察北京国家会计学院时题写了"诚信为本,操守为重,坚持原则,不做假账"的题词,都揭示出会计人员独立、不伪的诚信要求①。道德规则的作用是隐性而又强大的,如果会计人员真正将这些理念牢固地内化,就能在形式和实质两方面均做到不肯为、不敢为、不愿为有悖会计规则之举。同时,会计道德规则对会计人员以外的人士也有一定的效应,一方面促使他们信赖、尊重会计人员的工作成果,理解会计人员的立场;另一方面也警醒和震慑他们不应陷会计人员于不义,不得强令会计人员做会计准则所不容的行为。

二、应当加强对会计人员这一特殊群体的关注支持

会计是一个从事监督和管理财务方面的工作的古老职业,主要内容有填制各种记账凭证、处理账务、编制各种有关报表等。我国现行的《会计法》、《注册会计师法》、《会计从业资格管理办法》等法规都没有对何谓会计人员给出明确的定义和范围。根据财经实践,我国从事会计工作的人员大致可分为三类:一类是在专门的会计机构(如会计科室、会计事务所)中从事会计工作的专职会计人员、会计机构负责人、企业总会计师等;第二类是没有单独设立会计机构,而是隶属于其他机构(如行政科室、派出机构)当中从事会计工作的会计人员和专职人员;第三类是尚不具备会计资格,受单位临时指派从事一些有关会计事务工作的人员②。财政部 1996 年发布的《会计基础工作规范》要求会计人员应当具备必要的专业知识和专业技能,并应当按照国家有关规定参加会计业务的培训。1999 年修订的《会计法》和 2005 年财政部颁布的《会计从业资格管理办法》要求从事会计工作的人员具备必要的专业知识和专业技能,并应取得会计证。由此可见,严格意义上的会计

---

① 马元驹:《论会计规则与会计规则意识》,《上海立信会计学院学报》2006 年第 2 期。

② 张平:《论打击报复会计人员、统计人员罪》,《统计与决策》2005 年第 9 期。

人员应当限于那些持有会计从业资格证书的人员,具体范围可包括财务主管人员、会计员、出纳员、记账员、核算员、稽核员等。

金融体系和金融机构中设置有大量财务会计职位。在金融领域曾发生过对坚持原则、勇于指出问题、不徇私造假、不执行违法违纪指令的会计、统计人员加以指责、贬斥、打击的现象,不但使财务会计人员在精神、物质利益方面严重受挫,他们的积极性也受到了伤害,同时还助长了歪风邪气,纵容了浪费、造假、贪污、腐败等社会公害,直接间接地损害了国家、社会、集体、公众的利益。

在犯罪学当中有特殊被害人理论。所谓特殊被害人是指因牵涉、知晓、揭露违法犯罪现象而容易遭受打击报复、陷害等犯罪行为的人士,这一类人群勇于坚守职责、维护正义,由于卷入利害关系的缘故而暴露在对立势力面前,其回旋余地和自我保护能力都非常有限。如果社会对他们的关注度不够,他们自身的人身权利和民主权利容易被侵害。现实生活中也屡屡发生举报人、控告人、信访人、申诉人因揭露违法犯罪线索,提出合理诉求,要求解决问题而触怒某些权力部门或者有权势的人员而招致恫吓、辱骂、跟踪,甚至被拘禁、殴打的现象。会计人员无疑是一种特殊受害人,对会计人员的打击报复由来已久,而且不是个别现象。财政部会计事务管理司在20世纪90年代对8712个单位进行了调查,有10.5%的单位反映存在打击报复会计人员问题,其中1.84%的单位打击报复会计人员的问题情节严重。这大大影响了会计人员行使职权,还对会计人员的身心和工作积极性造成了严重的负面影响。一些地方还发生过会计人员不堪单位领导无端刁难、责骂、扣减待遇而离职、失业、患病甚至自杀的事件[①]。2001年,中国证券市场发生了一起著名的揭露会计造假案件。中央财经大学刘姝威教授因揭露湖北蓝田股份公司会计报表造假,受到了蓝田公司要挟,不但接到了侵犯名誉权的民事诉讼传票,还收到了死亡威胁邮件。后来的事实充分证明刘姝威教授是秉承专业立场来揭露问题的,但对于打击报复会计专业工作者的有关人员的法律责任追究却不了了之,顶多只是对行为人追究党纪、政纪责任。

① 力康泰:《新刑法释义与判例分析全书》,国际文化出版公司1997年版。

从这一点看，对于坚持按财务会计制度办事，如实开展财务会计工作的人员以及勇于揭露财务会计造假行为的人员，要加以针对性的关注和保护。需要大力宣传、贯彻《会计法》《刑法》的规定，提高各级部门、单位领导人的法纪观念和尊重会计规则、扶持会计道德的意识，鼓励、支持会计人员善于运用、敢于运用法律的武器同各种打击报复行为做斗争；同时，也有必要通过执业保险、社会援助、专门奖励等方式加大对财务会计人员的支持力度，使更多的财务会计人员愿意和敢于将违法犯罪现象暴露在阳光下。

再次，总结、归纳、曝光妨碍财务会计人员行使职责、打击报复会计人员的各种情形。无论是会计法规还是会计规则都强调会计人员一方面要做好自己的本职工作，高质量地完成本单位、本部门的会计事务；另一方面，会计人员在会计工作中应当依法履行职责，对所发现的各种违反会计法规的现象予以揭露和抵制。这是作为国家公民的会计人员的人身权利和民主权利，也是法律赋予的职责、义务。财务会计人员在办理会计核算、审计过程中往往能发现一些蛛丝马迹，在遇到涂改、伪造、变造、故意毁灭会计凭证、会计账簿、会计报表和其他会计资料，使用不真实、不合法的原始凭证，违反国家统一的财政制度、财务制度规定等行为时应当予以抵制以及向上级、有关部门揭露和报告上述行为，绝不能主动参与上述损害国家利益、社会利益和所在单位利益的行动[①]。当财务会计人员依法依职揭露、举报上述行为可能会招致一些对自身不利的打击报复时，需要明确两个问题：一是妨碍和报复打击财务会计人员行为的方式问题。《会计法》第46条列出的"以降级、撤职、调离工作岗位、解聘或者开除等方式实行打击报复"的行为是直接利用职权所实施的。最常见的打击报复方式，除了《会计法》的规定，还有下述情形，如指使煽动对会计人员实施殴打、限制行动自由等肉体迫害，扣发工资、奖金、津贴，无故处罚、处分，待岗、转岗，剥夺评奖、晋级、进修机会等经济、政治迫害，批评、抹黑、孤立、谩骂、限制言论自由等精神摧残，对会计人

---

① 刘成才、石琼晔：《浅析"会计困境"引起的信息失真及对策探究》，《现代经济信息》2009年第24期。

员的亲属实施类似行为也应视作打击报复①。二是行为恶性问题。《会计法》和《刑法》规定的是情节恶劣的打击报复行为,即构成情节犯,如致被害人出现重伤、自杀、精神失常、无法正常工作生活,致使国家利益遭受重大损失的;一贯打击报复他人的,打击报复造成影响恶劣的等。对于那些情节尚没有达到恶劣程度,无法入罪的妨害、打击行为不能轻易放过,尤其是不能忽视间接性的打击报复、妨害行为。因为从各地的司法实践来看,人民法院审理的打击报复会计人员的犯罪寥寥无几,一方面说明我国的会计法规日趋完善,财经会计法律环境逐步好转,但从另一个侧面看,说明动用法律制裁妨害和打击报复财务会计人员的行为有其适用上的客观性困难,必须借助社会治理、公司法人治理等手段来达成这一使命。这种状况也提醒会计学界、法学界,需要加强对妨害、打击报复财务会计人员行为的研究,提出更为准确的会计人员的认定标准、加害人的范围标准,对打击报复的具体方式进行归纳列举,对违法情节是否恶劣的判断依据等方面的问题进一步加以细化,推动配套的法律解释出台。

除了对刑法上所规定的单位法定代表人或者代表单位行使职权的主要负责人进行监控,及时制止他们实施的打击行为外,对于公司、企业其他重要决策及管理岗位人员实施的妨害、打击报复财务会计人员的行为也要保持警觉,虽然这些人员的权力和行为后果比不上单位负责人,但也会对财务会计人员的切身利益带来一定影响②。与此同时,也要妥善区分,对于实践中出现的单位领导人、业务管理人员与会计人员之间意见不合、沟通不畅、对法律政策理解片面、处理问题急躁等问题,只要不是出于打击报复之心,就不能简单地将其归为妨害、打击报复财务会计人员,应当具体考量。

---

① 娄桂莲:《会计信息失真界定、成因与治理研究》,《财会研究》2013 年第 1 期。

② 杜鹏程:《浅议单位负责人打击报复会计人员的法律责任》,《中共合肥市委党校学报》2002 年第 2 期。

第三节　治理金融财务会计风险的金融稽核机制分析

一、金融稽核的要害性和缺位性

金融业是专业性非常强的行业，或者说是数字性信息非常密集的行业，大量的金融活动都通过财务数据反映出来。从财务会计数据中可以探测出金融风险的状况。金融机构有义务按照金融法规、会计法规制定和留存财务会计数据。金融监管部门、审计部门也需要通过真实、准确的金融数据来监控金融机构的运行，评估金融风险状况，调查金融违法行为。金融经营状况和金融业务数据需要通过金融稽核来核实。金融稽核是金融监管的基础和重要组成部分，包括制定稽核政策法规、实施现场检查和非现场检查，对金融市场的资源配置合法性和金融服务的合规性进行干预[①]。在金融机构市场准入和退出、日常业务营运的合规性和风险性管控、问题金融机构的救助与处置等方面都离不开金融稽核。2008年全球金融风暴爆发以来，各个国家再次感受到金融风险的破坏性，纷纷加强金融监管和稽核力度。通过金融稽核，多个震撼性案件被揭露出来。如摩根士丹利公司、瑞银集团两大投资银行被美国商品期货交易委员会处以1400万及20万美元的行政罚款，此次处罚缘于监管当局在一次特别稽核中发现摩根士丹利隐瞒了一笔原油期货大宗交易，而瑞银集团为隐瞒此事提供了帮助。在国内则暴露出齐鲁银行近60亿元的虚假存单质押案件。济南的刘济源多年来和齐鲁银行有业务往来，是银行的"优质客户"。他勾结齐鲁银行信贷管理人员伪造质押贷款证明及存款单印鉴，向银行申请发放贷款和开具银行承兑汇票，并采取循环申请、以新还旧等手段，一年多时间里从未失手。主管部门曾规定银行应该对50万元以上的大额存单质押行为进行排查、对账，对要害的信贷管理岗位要不定期进行现场稽核，但齐鲁银行从未履行这些核查工作，使

---

① 柯贵根、张瑜东：《金融稽核与金融审计析辨》，《现代财贸（广东省财贸管理干部学院学报）》1997年第1期。

得骗贷者刘某从容得手。直至案发前刘某和银行内部的贷款经办人员突然同时失踪，该行启动稽核才发现这一巨大骗局，初步估算损失额超过了齐鲁银行一年的净利润①。上述这些案件的暴露和查处过程引起了人们的反思，如果金融财务、会计性稽核体制出现迟缓，一些隐蔽的金融违法行为就会酿成大风险；相反，如果能够对涉案金融机构开展快速又有效的金融稽核，这些案件的案值和损失额度应该能够被及时控制。

现代金融交易活动呈现出交易产品复杂化、交易类型虚拟化、交易范围无国界化、交易手段网络化、交易规模海量化、交易速度瞬间性、交易结果难以逆转等特点，意欲图利或危害金融安全的行为人炮制的金融风险也异于过往，对金融机构内外部稽核而言，不但要保持"快"这一关键因素——快速反应能力和反应力度，还要形成另一种核心能力——"深"的能力，即金融稽核应以金融活动的合规性为起点，更多更深地发现、纠正和制裁违规金融交易行为和金融风险案件。

当前我国的金融稽核整体状况尤其是速度、质量方面存在诸多不足，主要的影响因素有以下几方面。

首先，我国金融业实行分业经营、分业监管的模式，银监会、证监会、保监会分别负责监管某一特定领域，中国人民银行负责金融业的全盘稳定和协调，中央审计部门也参与国有金融企业的经营审计和风险评估。但这种监管模式中权力型监管色彩浓厚，在监管理念、监管工作内容、监管手段、惩罚方式上体现出很多和其他从事市场管理的行政机关雷同的地方，没有体现出金融业的独特性，这种过分倚重权力的监管所导致的结果是金融业习惯于被监管、被稽核，宝贵的金融自律功能废弛。就监管机关而言，虽然耗费巨大，但也无法派出足够的力量对金融机构进行业务稽核②。就金融机构而言，主要精力都投入业务竞争和新业态拓展，无暇也无动力去开展稽核。齐鲁银行案件中，金融监管部门在前期没有介入，齐鲁银行本身的稽核力量也没有察觉，反而是该行聘请的独立会计师事务所发现了一些蛛丝马迹。

---

① 付聪：《齐鲁银行"12.06"特大伪造票证案的案例研究》，《经济导刊》2012年第4期。
② 姜洪、曹红辉：《金融监管体制的现状、弊端及其改进》，《经济研究参考》2006年第3期。

据统计,近年来银行系统暴露出的金融违法犯罪案件中,有 70％属于银行内部人员参与或内外勾结型作案,这也从一个侧面说明了监管机关该管未管和金融机构自身稽核失灵的尴尬。

其次,各领域监管中难免出现交叉地带和叠屋架床式的多重监管,造成制度效益损耗。如银行业的监管,从制度设计上看应该是由银监会负责,但中国人民银行的职能中规定它有权对与制定执行货币政策、开展业务、从事金融服务等直接相关的金融机构、其他单位及个人的相关行为直接进行监督检查,这种安排可能会造成银监会在监管实践中与中国人民银行形成重叠①。表现最为明显的是对洗钱的遏制,中国人民银行内部设立了反洗钱局,而银行业是洗钱的主要通道,作为银行业监管机关的银监会在其中的职能和地位尚不明确。2012 年,深圳的陈某等人开立了数百个空壳公司以及个人的银行账户,通过南昌市某银行的电子支付业务系统对公账户上的现金划转到个人账户,然后进一步实施网上银行转账和外汇买卖操作,每笔资金转账收取万分之一至千分之一不等的“手续费”,4 个月内洗钱超过 28 亿元。直至人民银行资金清算系统提示该行出现与其业务规模明显不符的交易记录,通知该银行调查,陈某的行为才败露②。而银监机构近年来虽对洗钱的打击出台了不少规定,但在具体案件的处置行动上无疑是慢了“半拍”。在层出不穷的金融风险面前,无论是“大家都抢着管”还是“大家都不愿管”,都会造成在金融稽核方面的利益博弈及更深层次的路径依赖,引发稽核失灵。

第三,金融法规规章对金融稽核的规定含糊,欠缺法律保护力度。我国近年来密集出台了一批规范金融行业的法律法规,但众多法律规范中没有一个条文能够清楚回答金融稽核是什么,稽核工作在金融监管中处于怎样的地位和功能的问题。在金融稽核应立足哪些领域的问题上没有清晰的规定,只是笼统地强调加强监管,而没有从金融行为、金融组织、金融产品的递

---

① 汪泰雨:《中国金融体系的“免疫力”》,《人民论坛》2009 年第 24 期。
② 严立新:《中国反洗钱战略(2013—2018)的升级转型及其实施机制的建立》,《管理世界》2013 年第 9 期。

进关系层面上加以规定。多部法律均规定银监会、证监会、保监会和中国人民银行之间应当建立管理信息共享机制,但没有法律条文明确这种信息特别是稽核信息共享机制该如何建立、如何运行。现实中在相互沟通信息、协作开展监管上各部门缺乏主动性,不愿意率先作出反应,只能依靠更高层级的行政机构来组织、触发。在金融稽核方面,也找不到稽核的反应速度、完成时限、披露机制、稽核与危机处置预警等方面的相应规定。往更深层次看,我国涉及金融领域的行为规范的条文分散在人民银行法、商业银行法、证券法、保险法以及刑法等法律之中,各个法律又往下派生出更多条例、规章和制度,有些规定之间出现重复规定、冲突规定的情形,而一些重要领域如期货、金融经纪、海外金融市场等仅有粗略的规定,造成法律依据空白。近年来,我国企业在海外金融市场上出现了一系列商品期货、外汇套期保值交易失败案例集中暴露出这一问题。

二、发挥金融稽核作用的建议

成熟的金融稽核不仅仅凭借稽查人员的财务会计素养和信息技术处理能力,它实际上是一项社会工程,需要金融监管行政体系、金融稽核制度法规体系、金融稽核社会氛围来共同支撑。针对我国金融领域中的非正常经营行为和财务状况的稽核,需要在顶层设计和具体推进两方面双管齐下。

(1)实现关于金融稽核法律规定和政策体系的系统化和完整化

综观世界,英国在 2000 年就通过了《金融服务和市场法》(Financial Services and Markets Act 2000)①,作为全面金融监管的依据。美国在金融监管改革方面虽历经波折,但最终参议院还是通过了《金融监管改革法案》。我国也应根据金融危机和历年来查办金融风险案件揭露的一些经验启示,参考国外立法,对金融领域相关法律法规认真清理,明确法律之间的层级划分,拾遗补阙,制定一部专门的金融监管法。要在充分明确金融业涉足领域及金融监管范围的前提下,将银行、证券、保险、外汇、期货、基金、离岸金融

---

① 高田甜、陈晨:《基于金融消费者保护视角的英国金融监管改革研究》,《经济社会体制比较》2013 年第 3 期。

等相关业务的监管纳入统一规制,全面涵盖金融机构的市场准入、日常业务经营和市场退出机制三个方面内容,对金融稽核的权限、内容、权力主体、配合义务、信息使用等方面加以较为详细的规定,使监管机关各归其位、各司其职、统筹协调、同步进退,经常性地开展专业化、集中化的金融稽核,提高微观金融层面的有序性和共同抵御风险的能力。此外,要增加各类突发金融事件快速稽核机制的政策规定。我国目前虽有《国家金融突发事件应急预案》,但主要是针对系统性风险,还需要出台针对具体的金融案件的预警和评估的规定,本着特殊情况特殊处理、确保金融安全优先的原则,简化金融稽核启动的程序,明确稽核报告的法律效力。

(2)树立重视信息技术、社会治理元素的新稽核理念

当今金融活动日益朝着全球化、自由化、开放化的趋势发展,无论是风险控制还是金融创新,都是在市场条件下进行,这要求监管机关尽可能地适应市场运行的规律,将权力型监管转换为市场取向、以信息化为支撑的监管。这方面英国的经验值得借鉴,英国成立了金融服务监管局(FSA),承接了原英格兰银行的一些监管职能,还打破伦敦证券交易所垄断证券市场信息的格局[①];倡导对不同的金融机构采用"量体裁衣"式的有效监管,在监管手段上不以"控制"为基础,而是运用合适的外部监管和谨慎的规则,高度利用被监管机构的会计报告,还专门成立了"金融服务和市场特别法庭"作为监管制约和纠纷裁决机构。我国的金融稽核工作需要加强的是科学划分金融监管机构的权责,并效仿国外成立具有针对金融管理机构各项权能投诉的受理和仲裁性质的机制。在稽核中要以指导性规范为主,辅之以必要的强制性规范,并加快金融信息采集利用水平,确保相关信息第一时间流向监管稽核单元。如洗钱案件的查办,目前金融监管机构所能获取的客户资金来源去向、经济经营状况等背景信息都不齐全,对金融交易是否构成洗钱的准确性和判断速度就会打折扣,需要加快社会信用体系的建设。再如银行、证券业广泛采用了网上交易,金融机构工作人员与客户直接见面的机会减少,需要针对网上银行、网上证券系统的特点设计一些能够识别洗钱的计算

---

① 乔海曙:《金融监管体制改革:英国的实践与评价》,《欧洲研究》2003年第2期。

机程序嵌进去,以便第一时间发现案件苗头。在倚重金融监管机关的同时,也要发挥金融行业协会和民间组织的制衡作用,把他们的财务、会计、审计优势和金融稽核工作结合起来,在日常的金融行为守则制定和金融案件调查过程中发挥出它们应有的作用。前述的齐鲁银行案件,在 2009 年度普华永道中天会计师事务所对齐鲁银行进行审计时,就对该行资产中所谓 48 亿元"存款质押"贷款的合理性、借款人还款能力的充分性等问题提出疑问,为此出具了保留意见,但齐鲁银行更换了审计师并掩盖了此事的进一步深入调查。如果金融机关部门重视并跟进会计师事务所发现的这一重要线索,对遏制违规行为,减少国家、金融机构、客户的损失就能发挥更积极的作用。

第四节　金融信息、舆论治理

由于金融市场尤其是股票证券期货市场具有投机性和赢利上的无因性,难免存在着人们所熟知的金融泡沫,即便是监管严格的市场环境下也会出现泡沫。严格地说,金融泡沫并不能等同于金融风险。在很多场合下,它只是纸面上的存在和不付诸实际的行动,但金融泡沫和金融风险是如影随形,成比例共增长的。在股票、期货市场中,金融泡沫就向是一种兴奋剂,使投资者忘记金融风险。而在少数有能力操控股票证券市场的人士手中,金融泡沫则是掩盖金融风险、制造金融狂热的催化剂。他们不仅仅生产金融泡沫,还鼓动各种媒体、专业机构帮助他们扩散金融泡沫[①]。

泡沫是如何孕育的呢?这就必须回到市场、资金、投资者等元素之间的内外部信息联系上来分析。很多证据表明,金融市场的泡沫来源于某种耳语效应,一些金融事件和经济形势、政治决策的分析首先被一些能够接近核心信息的人士所掌握,然后被专业的金融分析人士所加工,乃至附会,最后通过公众传媒和社交网络传播给更多的金融主体,并被推定为好的消息或

---

① 　张建伟:《噪声交易、金融泡沫与金融市场多重均衡理论》,《当代经济科学》1999 年第 4 期。

者坏的消息,进而影响理性或非理性的金融决策①。在同一时期,不会只存在一个泡沫,而是存在数个泡沫叠加,当部分泡沫不足于引导金融市场行情向少部分始作俑者规划的方向发展时,还会冒出更多更玄密的泡沫,泡沫的制造者和拥护者对泡沫寄予很高的期望。但泛滥的泡沫会超越掌控,增强金融市场中的任意性行为,如疯狂追涨杀跌,直至最大化的泡沫出现,戳破以往的各种泡沫,导致金融市场剧烈波动。由于金融市场尤其是证券期货市场对于各种经济、政治、国际关系信息具有较强的吸纳性和转换力,这种信息泡沫效应和自然界中的蝴蝶效应一样,在金融市场中屡屡发生②。

　　在金融风险疏解和防范过程中,传媒和社会话语的力量有较为独特的作用③。尤其在我国,金融市场的信息来源渠道较为单一,官方或者接近官方渠道的信息所具有的权威性远高于其他渠道的信息。因此,政府机构和主要媒体所释放的信息对于金融市场的驱动力和破坏力是相当惊人的。这里仅举几宗例子。2005 年后,我国证券市场赢来一波兴旺势头,当时的市场上流传着各种宏观微观面的消息,比如世界经济出现复苏势头,人民币升值的重大利好,国有企业改革加速,石油、金融、电力、能源等大型国有企业回到中国境内上市,股民可以分享红利,上市公司试点全流通,各种类型的股票之间将实现权利和收益平等等。这些消息本身并非空穴来风,但是使这些信息与证券市场的热度以及股票价格之间产生某种联想则是各类媒体的功劳。和媒体相互呼应的还有各类证券投资咨询机构、股评专家专栏、财经宣讲活动。从这时起,微博、全球等自媒体开始影响金融证券市场,在网络上帮人推荐股票、代理理财的现象暴增,甚至出现"带头大哥 777"等非法兜售内幕信息、诈骗等事件。直到 2007 年 5 月 30 日后证券市场出现大幅下挫时,各种消息还在充斥市场,比如用行情微调、股票还有下一波涨幅等信息来掩盖庄家的悄然出货,让投资者不明就里,作出错误判断。这种泡沫泛滥的状况下,一些审慎分析投资格局、呼吁警惕市场风险的深刻分析和严肃评

---

① 李晓新:《我国金融信息制度亟待完善》,《检察风云》2008 年第 21 期。

② 李黎力、张红梅:《明斯基研究传统:经济学所忽视的金融泡沫研究传统》,《经济学家》2013 年第 9 期。

③ 周家琮:《股市里的"第四种权力"》,共识网,2015 年 7 月 24 日。

论遭到遮盖和围攻，一些媒体为了博取版面和经济收入，没有尽责地审查和处理涉及金融投资的各种信息来源，一些具有政府背景的人士或者专家学者针对金融市场前景作出的发言不够中允或者被传播者加以断章取义。作为维护金融市场稳定、纠察金融风险的政府出现失能，没有出面严肃澄清、制止各种煽动性和不确定的言论，只是单纯重复"市场有风险，投资者要谨慎"，没有发挥出打击金融风险的核心职能。

因此，在涉及可能影响金融稳定、可能会对金融风险产生附加效应的事态和言论的处理上，官方、媒体、金融业者、投资者应当采取怎样的态度，如何发挥正确、健康的导向作用来避免金融泡沫的扩大，在可能范围内防控住部分金融风险，是社会治理可以着力的课题。我们的初步看法包括以下几个方面。

第一，加强对金融从业人员的信息披露管理的教育。对于金融机构、证券市场交易成员等金融信息来源者的信息披露实施管控。上述金融行业人士掌握着大量有价值、有影响力的金融信息，或者能够预先感知到金融市场的走势，如了解政府是否决定加息、降息，信贷规模从宽从紧，市场走向趋好趋坏等，他们的言论容易透露出这些信息。对于这些人士，应当从法律和职业规范等多个层面入手进行管制，要求他们不得擅自对外披露金融信息，不能有意诱导金融市场参与者，不能以直接间接方式对本机构或其他类似机构的金融活动发布倾向性的言论，当他们的文字和言论有可能引发市场异动时应当即时作出说明和纠正。他们手中所握有的金融情报、财务信息应当根据是否涉及金融商业秘密、是否涉及内幕信息进行管理，防止有意无意的泄露和被刺探。对于违反这些禁止性规则的人士，要坚决运用金融从业人员和公司高级管理人员行为准则去查处。

第二，加强对各种媒体财经新闻信息的自律管理。在坚持新闻报道的来源真实、观点准确和报道充分自由的基础上，着重对财经金融新闻的立场倾向、语义表述、采编渠道加强规范，对于财经金融新闻中有明确性投资、金融指向的新闻不仅要显著标示出是基于媒体的个别性观点，还应严格掌控哪些属于新闻信息，哪些属于新闻评论；哪些是代表性、普遍性观点，哪些是个别性观点，哪些是转载性观点，哪些是个性化观点；对于金融投资机构、证券上市机构花钱刊登的软新闻、软广告更有必要严格治理,不能在当中赤裸裸地鼓吹某个金融机构、某种金融产品、某家上市公司、某只股票会有多好的前景,将有怎样的走势;也不能允许个别机构、公司通过媒体来爆料,故意渲染公司的情况,或者夸大地宣传自身金融产品的好处,模糊金融风险,诱使投资者购买,将传媒的公器变为私器[①]。

第三,对于官方机构和人士,要强调金融管理规范和宣传纪律,经法定程序、责任授权才能发布言论,不能越位发表有关金融市场的言论。即使是好心,也可能是帮错忙。由于中国民众对官方表态的崇敬性,官方言论有着很大的影响力,因此,官方人士对可能影响金融市场和金融产品价格的各种言论和宣示应当格外谨慎,甚至是不介入,以免造成事实性的影响[②]。国外在这方面的做法值得我们学习,如美联储一些高层人士的谈话通常只对宏观经济形势作出分析,最多只能对是否加息进行模糊性、例行性的陈述,更多的讨论则留给媒体和学术界进行辩论,以避免干预市场。而我国的一些政府官员却在一些论坛、媒体上发表倾向明显的谈话,直接对金融市场下"指导棋"。2014年底以来,我国证券市场发生狂热行情,一些官方声浪完全是推波助澜,号召投资者勇敢参与政策牛市。中国证监会负责人2015年3月在接受媒体采访时表示:中央全面深化改革的各项举措稳定了市场预期,是股市上涨的主要动力,投资者信心明显增强,反映了投资者对改革开放红利释放的预期。改革红利将是推动资本市场进一步健康发展的最强大动力。从这个意义上讲,我赞同"改革牛"的观点。中国人民银行负责人同时也罕见地公开表态:资金进入股市也是支持了实体经济。不久后的3月20日,证监会发言人又表示:近期股市上涨,是市场对经济增长"托底"金融风险可控的认同,也是全面深化改革、市场流动性充裕、资金利率下行、中小企业上市公司盈利情况改善等多种因素的综合反映,有其必然性与合理性。其后,5月25日权威人士在《人民日报》谈经济形势,表示"要打通投融资渠道,挖掘民间资金潜力,让更多储蓄转化为投资"。《人民日报》文论还明确

---

① 崔连红:《试论金融自律与约束》,《金融理论与实践》1998年第5期。
② 杨雪冬:《恐慌管理与政府信用》,《决策》2015年第8期。

宣称:这轮牛市"背后的原因是中国发展战略的宏观支撑以及经济改革的内在动力","4000 点才是 A 股牛市的开端"。6 月 12 日证监会负责人在党校再次肯定"改革牛"。2015 年 6 月、7 月股票市场巨幅波动时,这种声音还没有改弦更张,进一步演变成国家队会救市,投资者不要恐慌、放弃的论调,不遗余力地强调政府对金融市场的干预能力。还有一些极端言论,如认为谈论股灾是"否定改革成效,唱空中国经济,动摇市场信心的不负责传言和言论,扰乱市场秩序"。这种人为的金融市场解释,违反收益与风险相平衡原理、一厢情愿地给金融市场打鸡血的行为,实际上是对历史教训的无视,对金融风险的漠视。实际上,官方的本意不是单边性的操控金融市场的走势,而各种不当、不慎的发言不但影响了投资者的判断,也为政府采取灵活性的金融调控措施制造了障碍,加剧了政府—市场之间的不信任,也使得中国金融市场尤其是证券市场难以摆脱政策市的恶名。相比舆论发酵以后再来收拾局面,稳定市场,还不如早期大力提示金融风险,保持金融市场独立运行,保留市场主体和投资者的独立决策空间,多泼冷水,少泼热水①。

第四,金融智库和学者们应当独立思考,发表有深度、有证据、负责任的言论,共同关注金融风险的治理。当前一批金融研究机构和学者活跃在金融市场当中,有些人士还充当着金融投资机构的顾问、经济学家、独立董事等职位,他们对于金融市场的分析有其学术性的一面,也有迎合政策、迎合市场的一面。学术研究和探讨是自由的,但学术言论应当经得起市场和历史考验,不能成为即兴表演。当前金融市场中经济学家的影响力远远超过了法学家,前者俨然成为市场的判官,但不少专家学者的意见也存在失真的一面,也有不少专家学者只谈机遇、走势,不谈风险,只教局部性、策略性避险,不谈长期性、系统性的风险防范,只挑金融市场、金融投资者爱听的话说,不谈市场、投资者怕听的问题②。虽然这些言论还不足以操纵金融市场的整体走势,但在不适当的时间发表不适当的言论,会混淆视听,造成群聚效应,会使广大的投资者深受其害,也会淹没那些正告金融市场和投资者重

---

① 邱兆祥、安世友:《完善金融制度,维护金融安全》,《理论探索》2012 年第 5 期。
② 周月秋:《建设中国特色新型金融智库》,《中国金融》2015 年第 11 期。

视风险的逆耳忠言。比如在 2015 年股票狂热期间，吴敬琏先生、吴晓波教授、许小年教授等学者都相继发出"要当心"、"市场疯了"、"泡沫将会破裂"的言论，但是受到了集体漠视甚至围攻。尽管他们的看法可能比较小众，但在市场狂热、股民亢奋的情况下，这些言论显出其可贵之处。如果更多的学者针对金融风险问题加强观察、研究，平等辩论，对于官方作出决策、对于投资者合理安排自己的行为无疑是有利的，也可以尽早、尽快地防范一些金融风险，以免酿成大患。相反，一些学者的言论无异于制造泡沫，对于他们的言行不但要进行学术上的否定评价，还应当要求他们对金融市场和投资者作出道歉，以利于金融市场和投资者充分辨别。

第五，加强对各种社交媒体的治理。在微博、微信、QQ 群中讨论金融市场和金融行为已成为人们日常生活中的普遍性行为。基于宪法规定的表达自由的精神，这种行为无可厚非，但当前社交媒体中经常充斥着一些假消息和片面性消息，也不排除一些金融机构借助新型媒体进行金融产品营销，一些个人利用社交平台提供盈利性咨询、顾问，发表倾向性意见。因此，对于社交媒体中的假金融消息要进行源头性查处、清除，对互联网金融行为实施必要的许可，同时也有必要发挥传统媒体的互联网功能，引导网络金融舆论。当前一些国外传媒出于各种目的看空中国的金融市场，打压中国的一些金融产品，他们的说辞在网络上传播非常迅速，我们自身的网络传媒有必要加以鉴别，针锋相对地加以回击[①]。社交媒体可以积累关于金融市场发展的正能量，可以联络和团结金融主体，凝聚共识，提示风险，稳定人心。

在加强对影响金融风险的各种社会舆论和媒体的治理，净化金融市场环境的同时，加强金融市场的信息供应数量和质量，扭转信息不对称局面也是非常有必要的。政府对金融市场负有责任，这种责任不是指令、不是抽取利益，而是保证健康。政府在实施公开市场操作业务以调控金融市场时，或者推出应急措施纠正市场不良倾向时，应当主动、自信地向社会大众、金融投资者披露信息，指出政府行动的决策依据，提出市场配合政府行动的主要规则。政府发表的言论确定性越强，市场的反应就会越正面，市场中的不正

---

① 杨东：《互联网金融风险规制路径》，《中国法学》2015 年第 3 期。

常情绪、不理性行为就会相应收缩,形成良性的反馈。对于金融市场上惯有的投机行为、操纵市场行为,政府单纯地提出规范市场、严肃查处,但实际效果并不理想。如果采取信息战的手法,以规范化、获得授权的信息海洋来遏制利用稀缺信息牟利的行为,将市场中少为人知的交易空间和规则加以放大,对于克服追涨杀跌、羊群效应可以收到显著的效果,还能进一步促进金融市场消纳、平衡各种信息的能力,推动市场实现更高水准的成熟、稳定。香港特别行政区政府在应对 1997 年亚洲金融危机时,特区政府财政司、香港联交所在关键时期就放送了大量信息,给予投机金融势力很大的压力,也堵住了一些投机力量可能钻的信息空子,这种逆势调控发挥了很大的用处①。公共信息资源如果得以妥善利用,将一些市场设定为敏感领域的信息加以脱敏,引领市场情绪风潮,对于金融市场建设和金融风险的防范,有着积极的意义。

---

① 程远:《论金融法治环境的构建——以金融生态治理为中心》,《经济研究导刊》2008年第 10 期。

第八章　结　语

社会治理水平的提升是一个长期的过程,社会治理的环境是不断变化的,政府、经济体系、社会力量在社会治理问题上的立场也发生着渐进变化。在互联网经济的冲击下,人员、信息、金融资本处于快速流动、多元组合的状态,金融风险的传递更加迅速和隐秘,金融、经济、社会风险交织在一起;互联网还使得更多处于远距离位置的人群卷入金融活动,扩大了金融风险的传染面,增加了治理难度。今天,政府、社会也卷入互联网当中,在互联网的帮助下,一方面政府可以更便捷地开展开放型政府、服务型政府、回应型政府的建设,另一方面,责任型政府的建设难度更为巨大。在互联网的影响下,社会既迎来难得的整合机会,自治、自律氛围日益浓厚,同时,社会也面临被阻隔、分割,被信息话语权所把持,被个体主义所侵蚀的危机。面对上述这些双面性的影响,社会治理理念的推动,社会治理方法的创新尤为必要。互联网影响下的国家、社会、个人三维关系,法律、道德、行为习惯三维路径是社会治理发展中遇到的新挑战,如果单纯强调意识形态和社会环境的特殊性,忽略社会治理的普适性,在社会治理上宣传不够,着力不均,将导致金融风险绕开社会治理、金融风险传播速度快于社会治理布置进度、金融违法犯罪势力压制金融风险防范力量的局面。金融风险的防范和金融安全环境的营造将成为一盘死棋。

我国的经济改革受到民众的普遍支持和积极参与,但改革、发展过程中屡屡出现物质利益至上、社会对立面增加、特殊群体的小集团利益和社会大众利益对立化等问题,社会主流价值受到了严重挑战。在金融部门,围绕着资本增值所带来的眼前利益和维护好金融安全所带来的长远价值之间也出现激烈的交锋。金融活动是一种经济活动,而社会治理是一种公共性活动,它不仅仅要确保多数利益的实现,更要考虑如何实现有利于经济、社会稳定发展的长远价值。也就是说,社会治理必定要改变物质利益导向,建立社会价值准则。社会治理与经济金融活动之间的利益格局具有一定的差别,而政府作为经济金融活动的调控者和社会治理活动的引领者,需要尽可能地去弥合这种利益区隔,调控好两项事业的渐次推进顺序,站在宏观、全球、长远的视角下为金融活动规划好规模壮大、风险可控、持续发展能力强的增长路线。

无论是金融活动,还是社会治理,其最终归依都是社会成员,即以人为本。在社会治理过程中,各种社会主体都需要投入资源,在资源和回报的转换过程中,有一些利益可能会受到抑制和压缩,比如倡导金融机构改变单纯逐利目的,承担社会责任,可能受到一些急切追求资本回报的股东的漠视。股东利益实现的要求本身是符合社会治理终极目标的,但不能将其作为社会治理的首要目标。当前,社会矛盾和社会风险随着改革的深化将不断出现和释放,无论是政府的管制还是金融体系的自我运行,都会存在一些失灵的状况,需要以社会治理的眼光、社会治理擅长的手段介入金融事务,发挥收集各种诉求、协调各种利益、缓冲各种矛盾、根治迫切风险、实现多元利益的功能。社会治理成为金融风险防范和金融安全营建的必要选择。

有些观点认为,在金融领域开展社会治理实际上是想方设法维稳,减少金融纠纷引发的群体性事件,控制金融犯罪对社会秩序的冲击。我们的看法是,金融领域的社会治理既有助于解决金融违法犯罪问题,更着眼于更长远的金融发展,促进金融安全。信任是金融体系正常发展的基础,只有投资者信任金融体系、信任金融机构、金融从业者之间相互信任,他们才愿意拿出资产投入金融流通,才愿意接受金融信用产品,金融机构才有生意可做,资产收益权益才有望实现。但是,金融业的繁荣并不意味着投资者均等受益,金融体系中往往会出现一些控制金融上游产业链的资本力量从不对等的金融竞争中获得收益,并且让实力不强的投资者承受亏损的事例。这种状况下金融体系照样能实现规模增长,但是会加剧金融不稳定,破坏金融信用土壤,为更大的危机酿成埋下祸根。金融风险的社会治理需要帮助中小型投资者更好地维护金融权益,避免金融风险伤害到他们,这种作用的发挥带有维稳的色彩。同时,金融风险的社会治理着眼于塑造安全的金融环境,调控金融体系中的利益对立,净化金融市场的行为方式,提示投机性行为带来的隐患,使所有参与金融活动的主体能够均能受益。这种功能的发挥已不再局限于维稳,而是维"安"。维稳是维安的基础,是金融安全促进环节中的阶段性使命。

因此,在金融体系增长到一定规模,金融法治供给逐步完善的状况下,进行金融领域的内部建设,促进金融安全和金融公正,将金融稳定性和金融活力性两种优势充分发挥出来,为深化改革提供强大的金融安全红利,将是金融风险社会治理的根本目的。在全面社会改革的过程中,我们需要充分利用社会治理体系给金融领域带来的"安全红利",促进金融服务于经济发展,减少和控制金融犯罪现象。

主要参考文献

[1] Adams, Jo-Ann M. Controlling cyberspace: Applying the computer fraud and abuse act to the Internet [J]. *Santa Clara Computer & High Tech. LJ*, 1996(12): 403.

[2] Admati, Anat R., Paul Pfleiderer & Josef Zechner. Large shareholder activism, risk sharing, and financial market equilibrium [J]. *Journal of Political Economy*, 2005, 102(6): 1097-1130.

[3] Anderson, David A. The aggregate burden of crime [J]. *The Journal of Law and Economics*, 1999, 42(2): 611-642.

[4] Ayyagari, Meghana, Asli Demirgüç-Kunt & Vojislav Maksimovic. How important are financing constraints? The role of finance in the business environment [J]. *The World Bank Economic Review*, 2008, 22(3): 483-516.

[5] Bouchaud, Jean-Philippe & Marc Potters. *Theory of Financial Risk and Derivative Pricing: From Statistical Physics to Risk Management* [M]. Cambridge: Cambridge University Press, 2003.

[6] Calavita, Kitty & Henry N. Pontell. The state and white-collar crime: Saving the savings and loans [J]. *Law and Society Review*, 1994, 28 (2): 297-324.

[7] Calavita, Kitty, Henry N. Pontell & Robert Tillman. *Big Money Crime: Fraud and Politics in the Savings and Loan Crisis* [M]. Oakland: University of California Press, 1997

［8］Calomiris，Charles W. Is deposit insurance necessary? A historical perspective［J］. *The Journal of Economic History*，1990，50(2)：283-295.

［9］Caprio，Gerard & Daniela Klingebiel. Bank insolvencies：cross-country experience［R］. World Bank Policy Research Working Paper，1996.

［10］Clair，Robert T. Loan growth and loan quality：some preliminary evidence from Texas banks［J］. *Economic Review*，1992(Q III)：9-22.

［11］Clinard，Marshall & Peter Yeager. *Corporate Crime*，*Vol.* 1［M］. Piscataway，NJ：Transaction Publishers，2011.

［12］Cummins，J. David，Christopher M. Lewis & Ran Wei. The market value impact of operational loss events for US banks and insurers［J］. *Journal of Banking & Finance*，2006，30(10)：2605-2634.

［13］Engel，Kathleen C. & Patricia A. McCoy. Turning a blind eye：Wall Street finance of predatory lending［J］. *Fordham Law Review*，2007，75(4)：2039-2103.

［14］Fama，Eugene F. & Kenneth R. French. Common risk factors in the returns on stocks and bonds［J］. *Journal of Financial Economics*，1993，33(1)：3-56.

［15］Friedrichs，David. *Trusted Criminals：White Collar Crime in Contemporary Society*［M］. Boston：Cengage Learning，2009.

［16］Froot，Kenneth A. & Jeremy C. Stein. Risk management，capital budgeting，and capital structure policy for financial institutions：an integrated approach［J］. *Journal of Financial Economics*，1998，47(1)：55-82.

［17］Garmaise，Mark J. & Tobias J. Moskowitz. Bank mergers and crime：The real and social effects of credit market competition［J］. *The Journal of Finance*，2006,61(2)：495-538.

［18］Hardouin，Patrick. Banks governance and public-private partnership in preventing and confronting organized crime, corruption and terrorism financing [J]. *Journal of Financial Crime*, 2009, 16(3): 199-209.

[19] Hillier, David, Mark Grinblatt & Sheridan Titman. *Financial Markets and Corporate Strategy*(2nd ed) [M]. Irwin: McGraw-Hill, 2011.

[20] Hinterseer, Kris. *Criminal Finance: The Political Economy of Money Laundering in a Comparative Legal Context*, Vol. 15 [M]. London: Kluwer Law International, 2002.

[21] Holtfreter, Kristy. Is occupational fraud "typical" white-collar crime? A comparison of individual and organizational characteristics [J]. *Journal of Criminal Justice*, 2005, 33(4): 353-365.

[22] Ivancevich, John M. et al. Deterring white-collar crime [J]. *The Academy of Management Executive*, 2003, 17(2): 114-127.

[23] Jacoby, Hanan G. & Emmanuel Skoufias. Risk, financial markets, and human capital in a developing country [J]. *The Review of Economic Studies*, 1997, 64(3): 311-335.

[24] Jorion, Philippe. Value at Risk: *The New Benchmark for Managing Financial Risk*, Vol. 3 [M]. New York: McGraw-Hill, 2007.

[25] Kuhnen, Camelia M. & Brian Knutson. The neural basis of financial risk taking [J]. *Neuron*, 2005, 47(5): 763-770.

[26] Lars Helge, Maximilian A. Müller & Zhifang Zhang. Corporate fraud and Bank Loan Contracting: Evidence from China [R]. Sustainable Entrepreneurship in China: Ethics, Corporate Governance, and Institutional Reforms, 2015: 1.

[27] Lin, Chung-Yu. Method for prevent crime of finance service system using telephone number codes and identification code [J]. *U. S. Patent Application*, 2008(11): 984, 461.

[28] Lochner Jr, Philip R. Accountants' legal liability: A crisis that must

be addressed [J]. *Accounting Horizons*, 1993, 7(2): 92.

[29] Louzada, Francisco, Mauro R. de Oliveira Jr. & Fernando F. Moreira. The zero-inflated cure rate regression model: Applications to fraud detection in bank loan portfolios [J]. *Social Science Electronic Publishing*, 2015(9).

[30] Masciandaro, Donato & Brigitte Unger. *Black Finance: The Economics of Money Laundering* [M]. Cheltenham: Edward Elgar Publishing, 2007.

[31] Masciandaro, Donato. *Global Financial Crime: Terrorism, Money Laundering, and Offshore Centres* [M]. Abingdon, Oxon: Ashgate Publishing, Ltd. , 2004.

[32] McGuire, Jean B. , Alison Sundgren & Thomas Schneeweis. Corporate social responsibility and firm financial performance [J]. *Academy of Management Journal*, 1988, 31(4): 854-872.

[33] Mishkin, Frederic S. An evaluation of the treasury plan for banking reform [J]. *The Journal of Economic Perspectives*, 1992, 6(1): 133-153.

[34] Naylor, Robin Thomas. *Wages of Crime: Black Markets, Illegal Finance, and the Underworld Economy* [M]. Ithaca: Cornell University Press, 2004.

[35] Nicolas, Francoise. Asia in crisis: The implosion of the banking and finance systems [J]. *Journal of Southeast Asian Economies*, 1999, 16(2): 261.

[36] Pedneault, Stephen et al. *Forensic Accounting and Fraud Investigation for Non-experts* [M]. New York: John Wiley & Sons, 2012.

[37] Rezaee, Zabihollah. *Financial Statement Fraud: Prevention and Detection* [M]. New York: John Wiley & Sons, 2002.

[38] Ryder, Nicholas. A contemporary review of the relationship between

the global financial crisis，financial crime and white collar criminals [DB/OL]. http：//eprints. uwe. ac. uk/25675/7/Amsterdam％20June ％202015. pdf.

[39] Saunders，Anthony，Marcia Millon Cornett & Patricia Anne McGraw. *Financial Institutions Management*：*A Risk Management Approach*，*Vol.* 8 [M]. Irwin：McGraw-Hill，2006.

[40] Schneider，Friedrich. The（hidden）financial flows of terrorist and organized crime organizations：A literature review and some preliminary empirical results [C]. Iza Discussion Papers，2010.

[41] Shiller，Robert J. *The New Financial Order*：*Risk in the 21st Century* [M]. Princeton：Princeton University Press，2009.

[42] Sutherland，Edwin Hardin，Gilbert Geis & Colin Goff. *White Collar Crime*：*The Uncut Version*，*Vol.* 58 [M]. New Haven，CT：Yale University Press，1983.

[43] Wheeler，Richard & Stuart Aitken. Multiple algorithms for fraud detection [J]. *Knowledge-Based Systems*，2000，13(2)：93-99.

[44] Whited，Toni M. & Guojun Wu. Financial constraints risk [J]. *Review of Financial Studies*，2006，19(2)：531-559.

[45] Williams，Robert J. & J. Douglas Barrett. Corporate philanthropy, criminal activity，and firm reputation：Is there a link? [J]. *Journal of Business Ethics*，2000，26(4)：341-350.

[46] Zey，Mary. *Banking on Fraud*：*Drexel*，*Junk Bonds*，*and Buyouts* [M]. Piscataway，NJ：Transaction Publishers，1993.

[47] 巴瑞·亚历山大·肯尼思·瑞德,阎海亭,等. 国际金融犯罪预防与控制[M]. 北京:中国金融出版社,2010.

[48] 鲍新则,李宏杰. 论金融诈骗罪单位犯罪主体之"失"——兼谈 2014 年单位犯罪立法解释新规定[J]. 上海金融,2015(6):84-88.

[49] 北京银监局. 金融犯罪案例选编[M]. 北京:中国金融出版社,2011.

[50] 彼得·泰勒-顾柏,等. 社会科学中的风险研究[M]. 北京:中国劳动社

会保障出版社,2010.

[51] 曹坚. 金融犯罪刑事治理中应注意的三个问题[J]. 犯罪研究,2011(3):12-14.

[52] 柴振国,赵新潮. 社会治理视角下的社会组织法制建设[J]. 河北法学,2015(4):29-42.

[53] 陈辐宽. 金融证券犯罪疑难问题解析[M]. 北京:中国检察出版社,2009.

[54] 陈刚,冯萌萌,周春. 犯罪对金融发展的影响研究——基于中国经验的实证研究[J]. 贵州财经学院学报,2012(2):38-44.

[55] 陈伶俐,等. 金融犯罪前沿问题审判实务[M]. 北京:中国法制出版社,2014.

[56] 陈龙鑫. 金融犯罪控制研究——以国际金融中心建设为背景[J]. 公安研究,2013(10):35-39.

[57] 陈雪强. 浅议后金融危机时代我国金融犯罪的界定[J]. 犯罪研究,2012(5):62-64.

[58] [法]迪皮伊-达侬. 金融犯罪[M]. 北京:中国大百科全书出版社,2006.

[59] 段伟平. 遏制金融犯罪须筑四道高墙[J]. 金融经济,2012(19):61-62.

[60] 范如国. 复杂网络结构范型下的社会治理协同创新[J]. 中国社会科学,2014(4):98-120.

[61] 范忠信. 健全的纠纷解决机制决定和谐社会——传统中国社会治理模式对我们的启示[J]. 北方法学,2007(2):138-147.

[62] 冯留坡. 后金融危机背景下保险诈骗犯罪的有关问题研究[J]. 湖北广播电视大学学报,2012(7):96-97.

[63] 傅跃建,傅俊梅. 互联网金融犯罪及刑事救济路径[J]. 法治研究,2014(11):17-23.

[64] 高旭,张阳. 金融犯罪罚金刑的升格和配置研究[J]. 中国刑事法杂志,2014(6):39-44.

[65] 戈璐. 后金融危机时期经济犯罪打防对策研究[J]. 公安学刊(浙江警

察学院学报),2011(1):70-73.

[66] 龚维斌. 北京:中国社会治理研究[M]. 北京:社会科学文献出版社,2014.

[67] 郭德香. 网上银行金融犯罪法律防治措施新探[J]. 中国刑事法杂志,2013(9):108-113.

[68] 韩大元. 宪法实施与中国社会治理模式的转型[J]. 中国法学,2012(4):15-25.

[69] 何荣功. 社会治理"过度刑法化"的法哲学批判[J]. 中外法学,2015(2):523-547.

[70] "后危机时代金融犯罪的惩治和预防"研讨会会议综述[J]. 犯罪研究,2011(3):109-112.

[71] 胡洪春,万志尧. 涉金融机构侵财犯罪问题研究[J]. 海峡法学,2012(4):67-75.

[72] 胡启忠,石奎. 修正金融刑法适用研究:立法·理论·实务[M]. 北京:法律出版社,2013.

[73] 胡雁云. 论网络金融欺诈犯罪的刑事规制研究[J]. 金融理论与实践,2011(5):73-77.

[74] 黄辛,李振林. 互联网金融犯罪的刑法规制[J]. 人民司法,2015(5):31-35.

[75] 江必新,王红霞. 社会治理的法治依赖及法治的回应[J]. 法制与社会发展,2014(4):28-39.

[76] 姜晓萍. 国家治理现代化进程中的社会治理体制创新[J]. 中国行政管理,2014(2):24-28.

[77] 黎明,王家柏. 利用金融平台支持预防和打击经济犯罪的探讨[J]. 西南金融,2011(3):66-68.

[78] 李培林. 社会改革与社会治理[M]. 北京:社会科学文献出版社,2014.

[79] 李硕,李浣. 关于非法集资等涉众型金融犯罪适用法律问题研究[J]. 河北法学,2011(6):183-192.

[80] 李一凡. 金融犯罪认定与处理中的若干疑难问题研究[J]. 中国检察

官,2011(6):23-26.

[81] 李永升.金融犯罪研究[M].北京:中国检察出版社,2010.

[82] 李振林."互联网金融犯罪的防控与治理"犯罪学沙龙综述[J].犯罪研究,第 2014(4):110-112.

[83] 刘明祥,冯军.金融犯罪的全球考察[M].北京:中国人民大学出版社,2008.

[84] 刘旺洪.社会管理创新与社会治理的法治化[J].法学,2011(10):42-46.

[85] 刘宪权.金融犯罪刑法理论与实践[M].北京:北京大学出版社,2008.

[86] 刘宪权.论我国金融犯罪的刑罚配置[J].政治与法律,2011(1):10-18.

[87] 刘宪权.金融犯罪案例研析[M].上海:上海人民出版社,2011.

[88] 刘宪权.金融犯罪刑法学新论[M].上海:上海人民出版社,2014.

[89] 刘宪权.互联网金融时代证券犯罪的刑法规制[J].法学,2015(6):83-92.

[90] 刘宪权,卫磊.涉信用卡犯罪刑法理论与实务[M].上海:上海人民出版社,2013.

[91] 刘轩.金融违法行为犯罪化标准研究[J].湖北警官学院学报,2013(12):183-184.

[92] 卢勤忠.非法集资犯罪刑法理论与实务[M].上海:上海人民出版社,2014.

[93] 鲁篱,凌潇.论法院的非司法化社会治理[J].现代法学,2014(1):30-43.

[94] 罗曦.论场外金融衍生产品交易欺诈犯罪——以美国《证券法》和《证券交易法》为视角[J].中国刑事法杂志,2012(10):36-42.

[95] 麻宝斌,任晓春.从社会管理到社会治理:挑战与变革[J].学习与探索,2011(3):95-99.

[96] 马金芳.社会组织多元社会治理中的自治与法治[J].法学,2014(11):87-94.

[97] 毛玲玲. 金融犯罪的实证研究：金融领域的刑法规范与司法制度反思[M]. 北京：法律出版社，2014.

[98] 美国金融危机调查委员会. 美国金融危机调查报告[M]. 北京：中信出版集团股份有限公司，2012.

[99] 彭少辉. 我国刑法中的背信类犯罪及其立法完善——关于增设金融行业从业人员背信罪的再思考[J]. 金融教学与研究，2011(5)：29-31.

[100] 彭少辉. 浅议我国当前金融犯罪的刑事政策[J]. 海南金融，2011(6)：66-71.

[101] 彭志刚. 我国金融犯罪调查模式本土化问题[J]. 江西社会科学，2013(10)：162-168.

[102] 齐文远. 社会治理现代化与刑法观的调整——兼评苏永生教授新著《区域刑事法治的经验与逻辑》[J]. 法商研究，2014(3)：32-44.

[103] 乔耀章. 从"治理社会"到社会治理的历史新穿越——中国特色社会治理要论：融国家治理政府治理于社会治理之中[J]. 学术界，2014(10)：5-20.

[104] 任超，梁洋. 涉众型金融犯罪预防机制研究[J]. 北华大学学报（社会科学版），2015(4)：86-89.

[105] 上海市徐汇区人民检察院，上海市人民检察院侦查监督处. 金融犯罪法律适用研究[M]. 上海：上海交通大学出版社，2010.

[106] 宋贵伦. 中外社会治理研究报告（上、下集）[M]. 北京：中国人民大学出版社，2015.

[107] 苏虎超. 民间借贷活动与金融犯罪相关问题探析[J]. 中国刑事法杂志，2011(6)：33-36.

[108] 孙晓莉. 西方国家政府社会治理的理念及其启示[J]. 社会科学研究，2005(2)：7-11.

[109] 唐爱军. 社会治理体制创新路径探析[J]. 开放导报，2014(1)：67-70.

[110] 田鹤城，惠怡. 涉众型金融犯罪中检察、银监部门合作模式探析[J]. 西部金融，2012(2)：82-85.

[111] 王东. 论网络金融犯罪的成因与法律监管[J]. 中国经贸导刊，2011

(14):83-84.

[112] 王戬. 检察机关审查金融犯罪案件的证据防御与拓展视角[J]. 中国刑事法杂志,2012(11):93-99.

[113] 王浦劬. 国家治理,政府治理和社会治理的含义及其相互关系[J]. 国家行政学院学报,2014(3):11-17.

[114] 王全. 银行与公安联合防范和打击金融犯罪机制研究[J]. 重庆科技学院学报(社会科学版),2011(11):57-58.

[115] 王旭. 金融犯罪的经济学分析[J]. 重庆科技学院学报(社会科学版),2011(5):40-42.

[116] 王勋爵. 简论金融职务犯罪的预与防[J]. 中国刑事法杂志,2012(11):108-113.

[117] 吴琼,冯静生. 金融犯罪与银行业风险刍议[J]. 贵州农村金融,2012(6):6-10.

[118] 吴文嫔,张启飞. 论互联网金融创新刑法规制的路径选择——以非法集资类犯罪为视角[J]. 中国检察官,2015(11):38-41.

[119] 肖文涛. 社会治理创新:面临挑战与政策选择[J]. 中国行政管理,2007(10):105-109.

[120] 谢杰. 论融资犯罪金融风险的刑事控制[J]. 新疆警官高等专科学校学报,2012(2):36-39.

[121] 徐汉明. 推进国家与社会治理法治化[J]. 法学,2014(11):14-19.

[122] 杨乐. 网络金融违法犯罪行为的特点与防范[J]. 时代金融,2013(27):296-297.

[123] 殷宪龙. 我国网络金融犯罪司法认定研究[J]. 法学杂志,2014(2):110-119.

[124] 喻名峰. 伪造类犯罪的扩张现实与限缩适用——以伪造金融票证罪司法实践为视角[J]. 政治与法律,2014(12):27-34.

[125] 张康之. 论主体多元化条件下的社会治理[J]. 中国人民大学学报,2014(2):1-13.

[126] 张康之. 论高度复杂性条件下的社会治理变革[J]. 国家行政学院学

报,2014(4):52-58.

[127] 张磊. 借贷合同与非法集资的公证实务界分——以预防金融犯罪为视角[J]. 犯罪研究,2011(3):7-9.

[128] 张亮. 金融职务犯罪的惩防对策[J]. 人民检察,2012(17):77.

[129] 张睿. 金融刑法与金融犯罪的理性分析[J]. 法制与社会,2011(10):24-25.

[130] 张守涛,张慧. 金融风险与金融犯罪被害[J]. 犯罪研究,2011(6):59-66.

[131] 张铁军. 金融领域刑民聚合案件的解决进路——一起民事调解结案的票据诈骗犯罪案件引发的思考[J]. 法学杂志,2015(1):106-114.

[132] 张巍. 后危机时代检察机关预防与惩治金融犯罪的对策[J]. 犯罪研究,2011(3):2-3.

[133] 张小宁. 刑法谦抑主义与规制缓和——以日本金融犯罪的规制为鉴[J]. 山东社会科学,2015(6):164-171.

[134] 赵志华等. 金融犯罪的定罪与量刑(修订版)[M]. 北京:人民法院出版社,2008.

[135] 郑家昊. 政府引导社会管理:复杂性条件下的社会治理[J]. 中国人民大学学报,2014(2):14-21.

[136] 周平. 转型期金融犯罪忧思录[M]. 上海:上海财经大学出版社,2008.

[137] 周少华. 社会治理视野下的刑事政策[J]. 法学论坛,2013(6):62-73.

[138] 周望. 社会治理创新的地方经验研究[M]. 北京:中国法制出版社,2014.

[139] 周晓丽,党秀云. 西方国家的社会治理:机制,理念及其启示[J]. 南京社会科学,2013(10):75-81.

[140] 周怡婷. 我国金融犯罪的特点与预防[J]. 天津市经理学院学报,2011(1):14-15.

[141] 朱冠恒. 金融领域职务犯罪情况的调查与思考[J]. 南方论刊,2011(5):37-39.

术语索引

图书在版编目（CIP）数据

社会管理创新视野下的金融犯罪防控研究 / 李娜著.
—杭州：浙江大学出版社，2016.5
ISBN 978-7-308-15816-9

Ⅰ．①社… Ⅱ．①李… Ⅲ．①金融犯罪－预防犯罪－
研究－中国 Ⅳ．①D924.334

中国版本图书馆 CIP 数据核字（2016）第 096982 号

社会管理创新视野下的金融犯罪防控研究

李 娜 著

责任编辑	张颖琪	
责任校对	朱 玲	
封面设计	春天书装	
出版发行	浙江大学出版社	
	（杭州市天目山路148号 邮政编码310007）	
	（网址：http://www.zjupress.com）	
排 版	杭州中大图文设计有限公司	
印 刷	杭州日报报业集团盛元印务有限公司	
开 本	710mm×1000mm 1/16	
印 张	14.25	
字 数	212 千	
版 印 次	2016 年 5 月第 1 版 2016 年 5 月第 1 次印刷	
书 号	ISBN 978-7-308-15816-9	
定 价	38.00 元	